KB274057

차크라를 정화해서
자신을 치유하세요

차크라를 정화해서 자신을 치유하세요

ⓒ2024~, Kim Michaels

킴 마이클즈를 통해 전해진, 한국의 미래를 위한 상승 마스터들의 메시지를 '그리스도 의식을 추구하며' 카페에서 공부하는 상승 마스터 학생들이 번역하고 디자인 및 편집을 해서 직접 이 책을 펴냈습니다. 이 책의 한국어판 저작권은 저작권자인 킴 마이클즈와 계약을 한 '그리스도 의식을 추구하며' 카페에 있습니다.
아이앰 출판사(http://cafe.naver.com/iampublish)는 '그리스도 의식을 추구하며' 카페에 의해 상승 마스터의 가르침들을 널리 알리기 위한 목적으로 설립되었으며, 2015년 9월 4일(제 2015-000075호)에 등록되었습니다. 주소는 서울시 송파구 장지동 송파파인타운 11단지 내에 있으며, 인터넷 카페는 http://cafe.naver.com/christhood입니다.

2024년 2월 20일 펴낸 책(초판 제1쇄)

번역 및 디자인, 편집, 출판: 아이앰 편집팀
이 책은 최대한 내용의 명확한 전달에 초점을 맞추어 번역되었음을 알려드립니다.

ISBN 979-11-92409-13-9

이 도서의 국립중앙도서관 출판시도서목록(CIP)은 서지정보유통지원시스템 홈페이지 (http://seoji.nl.go.kr)와 국가자료공동목록시스템 (http://seoji.nl.go.kr/kolisnet)에서 이용하실 수 있습니다.

차크라를 정화해서 자신을 치유하세요

Heal Yourself by Clearing the Chakras

킴 마이클즈

I AM

킴 마이클즈(Kim Michaels)

1957년 덴마크 출생. 킴 마이클즈는 60여 권의 책을 펴낸 저자이자 이 시대의 가장 탁월한 메신저 중의 한 사람입니다. 15개국에서 영적인 컨퍼런스와 워크숍을 이끌면서 많은 영적인 탐구자들의 상담자 역할을 해왔으며, 영적인 주제를 다루는 다수의 라디오 프로그램에 출연하기도 했습니다. 그는 다양한 영적 가르침을 광범위하게 연구해 왔으며, 의식을 고양하는 다양한 실천 기법들을 수행했습니다. 2002년 이래로 그는 예수를 비롯한 여러 상승 마스터들의 메신저로 봉사하고 있습니다. 그는 신비주의 여정에 관한 광범위한 가르침을 전해주었으며, 그 가르침은 그의 웹사이트에서 무료로 제공되고 있습니다.

공식 한국어 번역 사이트 (네이버 카페)

cafe.naver.com/christhood

비영리 단체인 '그리스도 의식을 추구하며' 네이버 카페에서는 킴 마이클즈가 지난 10년 이상 웹사이트에 공개한 상승 마스터들의 메시지 및 기원문을 번역해서 제공합니다. 누구나 가입해서 자유롭게 내용을 볼 수 있으며, 상승 마스터들의 가르침을 따라 스스로 내면의 여정을 걸어갈 수 있는 환경을 만들려고 노력하고 있습니다. 카페에서는 정기적인 온라인/오프라인 모임과 상승 마스터 컨퍼런스, 자아통달의 수행 과정을 진행하고 있습니다. (상세 내용은 책 끝부분 참조)

차례

소개

　　초월 툴박스의 기본 개념은 의식 전환을 위한 효과적인 도구를 제공하는 것입니다. 많은 영적인 서적이 여러분에게 이해를 제공하고 영감을 주지만, 반드시 실질적인 변화를 가져오게 하지는 않습니다. 이 책은 영적인 빛을 기원하는 기법인 기원문과 가르침의 독특한 조합으로 구성되어 있습니다. 이 모든 가르침과 기원문들은 인류의 보편적이고 영적인 스승인 상승 마스터들로부터 주어진 것입니다. 가르침과 실습의 조합은 여러분을 개인적인 여정에서 더 높은 수준으로 데려가며, 진정한 변형을 이루게 하는 잠재력이 내재되어 있습니다.

　　이 책은 여러분이 육체 및 심리적인 문제 치유에 대해 완전히 새롭고 영적인 전체론적 접근방법을 개발하도록 돕기 위해 고안되었습니다. 이 접근법은 여러분의 육체가 더 큰 에너지장 중에서 가장 밀도가 높은 부분이라는 사실에 기반을 두고 있습니다. 육체는 전체 에너지장에 의해 생성되는데, 이는 이 에너지장의 더 높은 수준에서 일어나고 있는 일이 여러분의 육체에 깊은 영향을 미친다는 의미입니다.

　　이 책의 가르침과 도구는 일곱 영적인 광선 각각의 대리자에 의해 주어졌습니다. 여러분이 상승 마스터와 그 가르침에 익숙하지 않다면

“영원한 나를 찾아가는 여정[1]“이라는 책을 읽어 보기를 권합니다. 이 책은 상승 마스터들이 누구인지, 여러분을 어떻게 도울 수 있으며, 어떻게 마스터가 제시하는 자아통달(Self-mastery) 과정을 따라갈 수 있는지 잘 설명하고 있습니다. “상승 마스터의 빛[2]“ 웹사이트에서 더 많은 정보를 얻을 수 있습니다. 여러분은 또한 “생명의 노래 – 힐링 매트릭스[3]“라는 책에서 치유를 위한 강력한 도구들을 발견할 것입니다.

이 책은 세 부분으로 구성되어 있습니다:

· **파트** 1: 상승 마스터들이 치유에 접근하는 방법을 소개합니다. 차크라라고 불리는 에너지 신체의 7개의 주요 센터에 대한 소개입니다.

· **파트** 2: 에너지장, 차크라들에 대한 더 깊은 이해와 차크라 정화가 심리적, 신체적 건강에 어떻게 영향을 미칠 수 있는지를 알려주는 상승 마스터들의 담화들입니다.

· **파트** 3: 기원문들이라고 불리는 영적인 수행법으로써 차크라들을 정화하기 위해 고안되었습니다. 이 기원문들을 사용해서, 여러분은 자신의 의식을 변형시키고 여러분을 오래된 패턴 너머로 데려가는 엄청난 힘을 가진 영적인 에너지를 요청합니다.

파트 3의 기원문들은 여러분이 소리 내어 읽게 되어 있습니다. 기원문을 느리고 명상적인 방식으로 읽거나 목소리에 힘을 실어 더 빨리 읽을 수도 있습니다. 기원문들을 낭송하는 데 올바른 방법은 없지만, 소리 내어 읽어야 분명하게 작동합니다. 어떻게 기원문들을 낭송하는지 더 자세한 지침이 필요하다면 “초월 도구들[4]” 웹사이트를 방문하세요. 또한 기원문들의 녹음이 기원문을 낭송하는 데 도움이 되기

도 합니다. 모어 출판사[5] 웹사이트에서 녹음된 기원문들을 구입해서 다운로드할 수 있습니다.

상승 마스터들이 치유와 차크라들에 대해 말하는 내용에 익숙해지도록 파트 1을 읽은 후 이 책을 사용하는 것을 추천합니다. 그런 다음 두 가지 다른 접근 방식을 취할 수 있습니다. 한 가지 접근법은 주어진 순서대로 파트 2를 읽는 것입니다. 이를 통해 영적인 광선들과 차크라들을 잘 이해할 수 있습니다. 그런 다음 파트 3에서 기원문들을 낭송할 수 있습니다. 만약 여러분이 상승 마스터의 가르침에 익숙하지 않다면, 이 접근 방식이 가장 생산적일 것입니다.

두 번째 방법은 파트 2의 해당 담화를 공부하면서 파트 3의 첫 번째 기원문부터 하루에 한 번씩 낭송하는 집중 기원을 시작하는 것입니다. 파트 3의 기원문들은 나오는 순서대로 하기를 추천합니다. 먼저 3광선에 대한 장을 공부하고 가슴 차크라와 가슴 차크라의 비밀 공간(secret chamber)을 정화하는 기원문들을 낭송합니다. 이후 다음 기원문들을 계속합니다. 각 기원문을 하기 전에 해당 장을 읽고 참조할 수 있습니다.

첫 번째 또는 두 번째 접근 방식을 취하면서, 특정한 차크라에 대한 기원문을 적어도 9일 동안 수행하는 것을 추천합니다. 따라서 해당 담화를 공부하는 9일 동안 하루에 한 번씩 가슴의 비밀 공간(secret chamber)을 정화할 수 있는 기원문을 낭송합니다. 그런 다음 동일한 담화를 공부하면서 9일 동안 하루에 한 번 가슴 차크라를 정화할 수 있는 기원문을 낭송합니다. (매일 담화의 일부만 읽을 수도 있습니다). 그런 다음 하루에 한 번 9일 동안 태양신경총 차크라를 정화하는 기원문을 낭송하는 것으로 이동합니다.

모든 학생은 파트 3에서 주어진 순서대로 차크라를 통과하는 것을

---

[5] www.MorePublish.com

추천합니다. 각 기원문을 연속 9일 동안 하루에 한 번씩 낭송합니다. 이것은 어떤 차크라가 추가적인 정화가 필요한지 직관적으로 알 수 있는 기본적인 차크라 정화입니다. 그런 다음 하나의 차크라에 집중하고 하루에 한 번 33일 연속으로 해당 차크라에 대한 기원문을 낭송할 수도 있습니다. 또한, 33일 동안 모든 기원문을 하루에 한 번씩 낭송함으로써 모든 차크라에 대해 더 큰 정화를 이룰 수도 있습니다.

속도에 따라 다르지만, 한 기원문을 낭송하는 데 보통 15분에서 25분이 걸립니다. 이것은 두 시간이 조금 넘는 시간 안에 모든 기원문을 낭송할 수 있다는 의미인데, 이것은 매우 강력한 의례입니다. 이렇게 하기로 결정했다면 각 기원문의 도입부와 봉인을 매번 낭송할 필요가 없습니다. 시작할 때 도입부를 낭송하고 마지막 기원문을 마치고 나서 봉인을 낭송합니다.

이 책에 포함된 도구를 창조적이고 자유롭게 사용하세요. 예를 들어, 여러분은 치료받기를 원하는 다른 사람들을 위해 매트릭스를 제공할 수 있습니다. 여러분은 심지어 행성의 에너지장이나 여러분 나라의 에너지장의 차크라를 정화하기 위해 도구를 사용할 수 있습니다.

초기에 내면에서 오는 저항을 극복하고 기원문을 낭송하는 추진력을 구축하기 위해 노력한다면, 기원문들이 지금까지 사용해 본 도구 중에서 가장 강력하고 효과적인 영적인 도구임을 알게 될 것입니다. 이 도구를 기꺼이 자신의 심리를 들여다보고 제한된 믿음을 놓아버리려는 의지와 결합하면, 여러분의 삶을 상향나선으로 바꿀 수 있고 심리적인 질병과 육체적인 질병을 모두 치유할 수 있습니다. 상승 마스터들이 말했듯이 진실로 모든 것은 여러분의 자유의지를 중심으로 돌아가고 있습니다. 여러분이 초월이 가능하다고 받아들일 수 있다면, 그 결과들이 구현될 것입니다. 기원하세요. 그러면 받게 될 것입니다.

파트 1
치유와 차크라

파트 1의 목적은 상승 마스터들이 치유에 접근하는 방법에 대한 가르침을 소개하고 차크라들과 그 특성을 소개하는 것입니다. 만약 여러분이 이미 상승 마스터 가르침을 알고 있다면, 여기에는 새로운 것이 거의 없을 수도 있지만, 여러분이 상승 마스터들에 대해 익숙하지 않다면, 다음 장에서 설명하는 아이디어를 아는 것이 중요합니다. 2장은 차크라에 대한 간략한 개요를 제공하며, 이 정보는 파트 3에서 기원문들을 낭송함으로써 최상의 결과를 얻을 수 있는 기초를 형성합니다.

1
치유를 위한 상승 마스터의 접근법

이 책을 읽는 대부분 독자는 아마도 보통 오라(aura)라고 불리는 육체 주변의 에너지장에 이미 친숙할 것입니다. 또한, 오라가 7개의 주요 센터 또는 차크라를 포함한 많은 에너지 센터를 가지고 있다는 것을 알고 있을 것입니다. 이 장의 목적은 에너지장에 대한 상승 마스터들의 가르침에 대해 간략한 요약을 제공하는 것입니다. 이러한 가르침은 오라와 차크라에 대한 일반적인 오해를 극복하는 데 도움을 줄 수 있으므로 여러분이 이 가르침을 아는 것이 중요합니다. 이러한 오해들은 자신을 치유하는 여러분의 능력을 막을 수 있습니다.

몸은 오라를 만들어내지 않습니다

오라에 대한 가장 일반적인 오해는 대부분의 사람이 학교에서 자석에 대해 배운 사실에서 기인합니다. 우리는 막대자석이 그 주위에 보이지 않는 자기장을 생성한다고 배웠습니다. 나중에 우리가 육체 주위의 에너지장에 대해 듣게 되면, 육체가 에너지장을 만든다고 가정하기 쉽습니다. 이것은 원인과 결과를 혼동하게 만들기 때문에 스스로 치유하는 능력을 직접적으로 차단하는 이미지입니다. 물질은 원인이고 에너지는 결과라고 생각하게 됩니다.

알베르트 아인슈타인이 상대성 이론을 공식화한 이래로 육체 주위의 에너지장 존재는 과학적으로 타당했습니다. 그는 우리가 에너지와 물질이라는, 두 개의 분리된 상태의, 이원적인 우주에서 살고 있지 않다는 것을 증명했습니다. 대신, 우리는 모든 것이 에너지로 만들어진 통합된 세계에 살고 있습니다. 우리의 감각에 고체로 느껴지는 물질은 실제로는 진동하는 에너지입니다. 아인슈타인의 유명한 공식인 $E = mc^2$을 적용해서 우리가 학교에서 배운 대로 하면, 다음 공식을 얻을 수 있습니다:

$$\frac{E}{c^2} = \frac{mc^2}{c^2}$$

이제 등호 오른쪽에 c^2이 두 번 나오는데, 이는 그들이 서로 상쇄된다는 의미입니다. 그러면 최종 공식을 얻습니다.

$$\frac{E}{c^2} = m$$

이 새로운 공식은 아인슈타인의 공식과 다른 것이 아닙니다. 그것은 단순히 상대성 이론에 내포되어 있지만, 종종 간과되는 요점을 보여줍니다. 이 공식의 요점은 질량 또는 물질은 매우 높은 진동 에너지로부터 만들어지며 이 진동이 물질 우주를 구성하는 주파수 스펙트럼 수준으로 낮추어지거나 감소했다는 것입니다. 우리가 물질이라고 부르는 것은 단지 더 낮은 진동을 가진 에너지라는 것을 명확하게 보여주며, 이것을 아는 것은 치유에 필수적입니다. 이것은 우리가 물질 세계라고 부르는 것이 순수한 에너지의 세계에 종속되어 있다는 것을 보여줍니다.

에너지는 원인이고, 물질은 결과입니다. 여러분이 육체가 진동하는 에너지로 만들어졌다고 생각할 수 있으려면 아마 약간의 정신적인 전환이 필요할 것입니다. 이러한 인식의 전환을 통해 얻을 수 있는 보상은 육체가 여러분이 믿어왔던 것처럼 "견고"하거나 변하기 어려운 것이 아니라는 사실을 깨닫기 시작한다는 것입니다. 우리 모두는 물리적인 질병이 반드시 물리적인 원인이 있어야 하며, 따라서 물리적인 치료법이 있어야 한다고 믿도록 프로그램되었습니다. 서구 세계에서 치유에 대한 표준적인 접근 방식은, 마음의 힘으로 몸을 치유하는 것이 불가능하다고 말합니다. 분명히, 여러분이 이 견해를 따른다면, 이 책에서 아무런 결과도 얻지 못할 것입니다.

위의 과학 공식을 고려하면, 여러분은 심지어 과학에서도 마음과 물질이 분리되어 있다는 이원론적 관점에 도전했다는 것을 알 수 있습니다. 몸과 마음은 모두 에너지로부터 만들어지고, 마음은 분명히 가장 높은 형태의 에너지입니다. 이것은 마음이 육체를 구성하는 에너지보다 더 높은 진동을 가지고 있다는 의미입니다. 이것은 아인슈타인이 상대성 이론을 발표한 이래로, 좋게든 나쁘게든 마음이 육체의 건강에 직접적으로 영향을 미칠 수 있다는 것이 과학적으로 입증되었습니다.

마음으로 치유가 가능한 이유

결론은 분명합니다. 육체는 주위에 에너지장을 가지고 있지만, 오라는 육체에 의해서 만들어지는 것이 아닙니다. 그와 반대로, 육체는 오라의 산물입니다. 또한, 육체는 전체 에너지장에서 가장 밀도가 높은 측면이라고 말할 수 있습니다. 이것은 에너지장이 원인이고 육체가 결과라는 의미입니다. 육체의 질병은 에너지장의 높은 수준에서 발생한 원인에 의해 시작됩니다. 질병은 대부분의 경우 육체 수준에서 발생하는 것이 아니라, 더 높은 수준인 에너지장에서 발생합니다. 이것은 두 가지 이유로 중요합니다:

· 높은 수준의 에너지장은 분명히 물리적인 수준보다 밀도가 낮습니다. 이것은 육체보다 에너지체를 바꾸기가 더 쉽다는 의미입니다. 일단 여러분이 에너지체의 원인을 바꾸면, 육체의 결과도 변할 것입니다. 이러한 변화는 불가피한 것이지만, 경우에 따라서는 육체가 에

너지장의 변화를 따라가는 데 시간이 걸릴 수 있습니다.

· 마음이 육체의 세포와 분자를 직접 바꿀 수 있는 능력이 거의 없는 것처럼 보일 수 있습니다. 그러나 오라는 덜 견고하므로 마음이 오라를 바꿀 수 있는 능력이 있다는 것을 쉽게 알 수 있습니다. 그러므로 여러분은 의식적으로 그리고 의도적으로 자신의 오라에 변화를 줄 수 있다는 것이, 훨씬 더 믿을 만할 것입니다. 일단 여러분의 육체가 오라에 의해 생성된다는 것을 받아들이기 시작하면, 여러분은 또한 에너지장을 바꾸는 것이 필연적으로 육체에 변화를 가져오리라는 사실을 받아들이기 시작할 것입니다. 결과는 반드시 원인을 따라야 합니다.

에너지가 어떻게 여러분의 에너지장으로 흘러 들어가나요

과학은 우리에게 우주가 계층구조로 되어 있다는 것을 보여주었고, 상승 마스터들은 이것을 확인해 주었습니다. 앞서 언급했듯이, 아인슈타인의 상대성 이론은 우리가 물질이라고 부르는 모든 것은 진동이 낮추어진 진동 에너지로부터 만들어진다고 말합니다. 이것은 우리가 육체의 감각으로 보는 물질은 에너지로부터 만들어지고 에너지의 작용을 안내하는 법칙을 따라야 한다는 의미입니다.

눈에 보이는 예로, 철로 많은 다른 물건들을 만들 수 있다는 것을 생각해 보세요. 어떻게 철을 녹이고 모양을 만들 수 있는지에 대한 일련의 법칙이 있지만, 이 법칙들은 원자와 아원자 입자가 어떻게 작동하는지를 안내하는 법칙의 틀 안에서 작동합니다. 대장장이는 철로 많은 유형의 물건을 만들 수 있지만, 원자와 아원자 법칙을 바꿀 수는 없습니다. 그 법칙은, 종종 거시적 수준인, 철이라고 부르는 물질의 더 큰 수준에서 할 수 있는 것과 할 수 없는 것에 대한 매개 변수를 설정하기 때문에, 그는 법칙 안에서 작업해야 합니다.

상승 마스터들은 우리에게 의식이 있고 마음으로 무엇이든 할 수 있는 이유는 우리가 높은 진동 에너지의 흐름을 받고 있기 때문이라고 가르칩니다. 이 에너지는 물질세계보다 더 높은 영역에서 오며, 그곳은 보통 영적인 영역으로 불립니다. 여러분이 개인적으로 받는 에너지는 여러분 마음의 더 높은 부분, 즉 마스터들이 여러분의 I AM 현존(Presence)이라고 부르는 것으로부터 흘러옵니다.

이 I AM 현존은 물질 우주의 눈에 보이는 수준에서 일어나는 어떤 것에도 영향을 받을 수 없는 영역에 존재합니다. 이 사실의 중요성은 여러분이 여기 물질세계에서 어떤 것을 경험했든 간에, 이번 생애와 전생에 그 어떤 것도 여러분의 I AM 현존을 손상시키지 못했다는 것입니다. 현존으로부터 에너지를 받을 수 있는 가능성은 줄어들지 않았지만, 현재 받는 에너지의 양은 줄어들었을 수 있습니다. 차크라를 정화하면 자연스럽게 에너지 흐름이 복원됩니다.

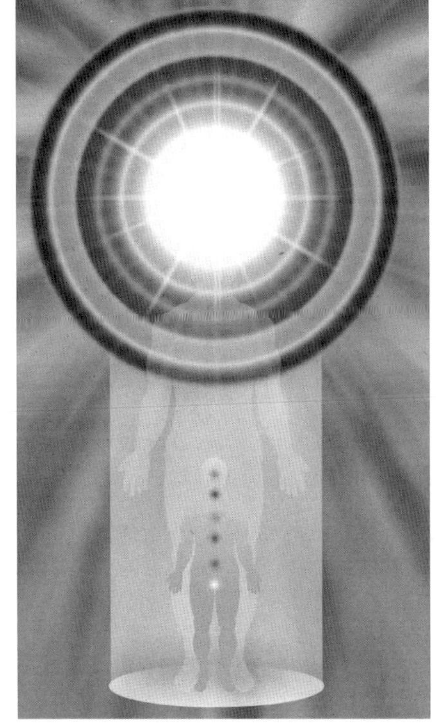

이것은 여러분이 이 세상에서 무언가를 할 수 있게 해주는 영적인 에너지인데, 이것은 여러분의 육체나 하위 마음을 치유하기 위해서는, 여러분 I AM 현존의 에너지를 사용해야 한다는 의미입니다. 이 에너지는 모든 질병의 치료제이며, 여러분의 I AM 현존은 여러분의 몸에 일어나는 일에 영향을 받지 않기 때문에, 여러분의 몸을 치유할 수 있는 잠재력을 결코 잃어버릴 수 없습니다.

여러분의 I AM 현존은 끊임없이 그리고 자연스럽게 여러분의 하위 존재에게 에너지를 방출하겠지만, 여러분이 의식하는 마음으로 내리는 결정들은 이 에너지 흐름을 막을 수 있습니다. 어떤 의미에서는 모든 질병이 여러분의 I AM 현존에게서 나오는 자연적인 에너지 흐름을 차단함으로써 발생한다고 말할 수 있습니다. 치유의 핵심 열쇠는 이 흐름을 개방하는 것입니다. 따라서 흐름이 어떻게 차단될 수 있는지 살펴보겠습니다.

에너지장의 네 수준

상승 마스터들은 우리의 마음이 4단계를 가지고 있다고 가르칩니다. 모든 것이 에너지라는 아인슈타인의 발견을 돌이켜보면, 여러분은 에너지 진동을 낮은 곳에서 높은 곳으로 나열하는 척도나 연속체를 설정하는 것이 가능함을 알 수 있습니다. 낮은 진동은 우리의 육체를 포함한 물질세계를 구성합니다. 우리의 생각과 감정은 분명히 물질보다 밀도가 낮은 에너지 형태입니다. 즉, 그것들은 물질세계보다 더 높은 진동 영역에서 발생한다는 의미입니다.

상승 마스터들은 물질세계가 특정한 스펙트럼 내에서 진동하는 에너지로 만들어진다고 말합니다. 그 위에는 더 높은 진동의 에너지, 즉 영적인 영역이 있습니다. 물질 스펙트럼과 영적인 스펙트럼 사이에는 세 가지 다른 단계 또는 스펙트럼이 있습니다. 다섯 가지 스펙트럼은 다음과 같이 설명할 수 있습니다:

· 영적인 영역. 이 영역은 다양한 수준을 가지고 있지만 중요한 점은 모든 물질의 수준을 구성하는 에너지가 영적인 영역의 가장 낮은 수준에서 나온 다음 물질의 수준으로 "흐른다."라는 것입니다. 개인적인 수준에서, 여러분의 I AM 현존은 영적인 영역에 상주하며 높은 진동 에너지 흐름을 여러분 마음의 낮은 수준으로 향하게 하고 있습니다.

· 정체성층. 물질세계의 가장 높은 수준입니다. 개인적인 수준에서, 그것은 여러분의 마음 또는 에너지장의 가장 높은 수준입니다. 여기가 여러분의 가장 깊은 정체성 감각이 저장된 곳입니다. 이것이 여러분의 마음에서 가장 높은 수준이기 때문에, 여러분이 어떻게 자신을 설정하는지에 따라 낮은 수준에서 일어나는 모든 일에 대한 범위를 설정할 것입니다. 여러분의 I AM 현존에서 나오는 에너지가 여러분의 마음에 있는 이 수준으로 들어갈 때, 그것은 다음 영역으로 들어갈 수 있도록 진동이 낮추어집니다. 진동이 낮아질수록 창조력이 감소합니다.

· 멘탈층. 이것은 여러분의 생각 수준이며, 특히 여러분이 물질세계에서 하고 싶은 것을 어떻게 할 수 있는지와 관련이 있습니다. 예를 들어, 만약 여러분의 정체성체가 여러분이 물질적인 존재이고 여러분의 힘이 육체로 할 수 있는 것으로 제한된다는 믿음을 갖고 있다면, 이것은 여러분이 질병을 치료하는 방법에 대한 제한을 설정할 것입니다.

· 감정층. 이것은 분명히 여러분의 감정의 수준입니다. 다시 말하지만, 그것은 두 개의 더 높은 수준을 따릅니다. 만약 여러분이 물질적인 존재라고 생각하고, 여러분의 치유를 위한 선택이 물질적인 수단으로 제한된다면, 여러분은 무력함, 좌절 또는 분노의 특정한 감정에 취약할 것입니다.

· 물질층. 이것은 육체와 두뇌의 수준입니다. 상승 마스터들은 육체

와 두뇌가 여러분의 정신적인 처리 과정에 영향을 미치는 특정한 능력을 가지고 있다고 가르칩니다. 이상적으로, 우리는 마음의 이 부분을 통제해야 하지만, 대부분의 사람은 그렇게 하지 못합니다.

자연스러운 시나리오에서, 우리는 I AM 현존으로부터 오는 순수한 에너지의 흐름을 가질 것이고, 이것은 우리가 물질적인 존재가 아니라는 것을 의식적으로 인식한다는 의미입니다. 대부분의 사람은 이러한 인식을 잃어버렸고, 그것이 우리가 더 큰 힘을 가진 영적인 존재들이라는 것을 더 이상 명확하게 경험하지 못하는 이유입니다. 어떤 사람들은 그들의 현존으로부터 오는 에너지 흐름을 너무 효과적으로 차단해서 그들은 육체 수준에서 기능하며, 따라서 모든 실용적인 목적을 위해 동물처럼 행동합니다.

삶의 영적인 측면에 열려 있는 사람들은 그들의 I AM 현존과 어느 정도 연결되어 있습니다. 치유의 열쇠는 그 연결을 확장하는 것입니다.

무엇이 에너지 흐름을 차단하는가?

여러분의 I AM 현존에서 나오는 순수한 높은 진동 에너지가 여러분의 정체성체로 들어가면, 그 에너지는 그 마음의 수준에서 발견되는 조건들의 영향을 받게 됩니다. 상승 마스터들은 삶의 목적에 대해 심오한 가르침을 주었습니다. 간략하게 요약하면, 우리는 의식 수준을 높일 수 있는 특정한 경험을 하기 위해 지구상에서 육화 중이라는 것입니다. 자신에 대해 우리가 형성한 믿음이 우리에게 이러한 경험을 주며, 이러한 믿음은 마음의 네 수준에 모두 존재합니다. 여러분의 I AM 현존에서 나오는 에너지가 정체성 마음으로 들어갈 때, 그 진동은 이 수준에 있는 자신에 대한 믿음에 의해서 영향을 받습니다. 이것에는 두 가지 효과가 있습니다:

· 진동 에너지가 낮추어집니다. 진동이 낮아질수록, 에너지가 다음

단계로 내려갈수록 창조력이 감소합니다.

· 에너지 흐름의 양이 감소합니다. 낮은 수준으로 흐르는 에너지가 적어질수록 창조력이 감소합니다.

예를 들어, 한 사람이 자신이 단지 인간이고 진화된 유인원이며, 오직 육체의 창조적인 힘만을 가지고 있다고 확신한다고 가정해 보세요. 이것은 실제로 영적인 존재가 떠맡기에는 매우 제한적인 정체성 감각인데, 이는 이 견해를 유지하는 데 에너지가 필요하다는 의미입니다. 따라서 이 사람의 I AM 현존에서 오는 에너지 중 일부는, 그 사람이 정체성체의 관점을 유지하는 데 사용됩니다. 시간이 지남에 따라, 이 에너지는 정체성체에 축적될 것이고, 그것은 점차 I AM 현존에게서 오는 에너지 흐름을 막습니다. 따라서 점점 더 적은 창조적인 에너지만 멘탈체로 흘러 들어갈 수 있을 것입니다.

멘탈 수준에서, 여러분이 인간 존재라는 정체성 감각은 또한 일련의 믿음을 일으킬 것입니다. 여러분의 창조력을 제한하는 것은 무엇이든 부자연스럽게 느껴질 것입니다. 즉, 그것을 유지하는 데 에너지가 필요하다는 의미입니다. 다시 말하지만, 창조적인 에너지의 일부는 멘탈 수준에 묶여 있게 되고 감정체로 들어가는 양이 더욱 줄어들 것입니다.

두 개의 상위 수준에서 발생하는 제한적인 믿음은 여러분의 창조력을 감소시킬 것이고, 이것은 물질세계에서 여러분의 상황을 통제하고 변화시키는 능력을 떨어뜨린다는 의미입니다. 변화에 영향을 미치는 이 제한된 능력은 필연적으로 여러분을 좌절하게 만들 것입니다. 즉, 특정한 상황에서 분노로 반응하는 것이 정당하다거나 피할 수 없다는 감정 수준의 믿음을 발전시킨다는 의미입니다. 다시 말하지만, 이 믿음을 유지하려면 에너지가 필요하며, 육체 수준에 도달하는 창조적 에너지의 양은 더욱 줄어들 것입니다.

앞서 언급했듯이, 육체에 도달하는 창조적 에너지의 양이 최저 수준으로 줄어들 때, 사람들은 동물들보다 조금 나은 정도로만 기능할 것입니다. 이것의 한 예는 동굴인 사회입니다. 상승 마스터들은 우리가 창조력의 이런 낮은 수준으로 내려갔을 때, 우리는 자기실현적 예언이 된다고 가르칩니다. 본질적으로, 우리는 자신을 외부 환경의 희생자인 제한된 존재로 묘사하는, 마음의 네 수준에 있는 일련의 믿음을 채택하게 되었습니다. 바로 이러한 믿음이 우리의 마음에 스며들 수 있는 창조적 에너지의 양을 너무 낮은 수준으로 줄였기 때문에, 우리는 더 이상 우리의 물질적 상황을 의식적으로 바꿀 수 없습니다. 우리는 정말로 외부 환경의 희생자가 되었습니다.

우리의 제한된 믿음은 육체 수준에서 우리가 경험하는 모든 것에 의해 검증되는 것처럼 보입니다. 특정한 관점에서 우리는 정말로 매우 제한된 존재가 됩니다. 하지만 더 깊은 현실은 I AM 현존에게서 오는 창조적 에너지의 양이 마음의 세 상위 수준에서 차단되었기 때문에 우리가 제한된다는 것입니다. 그래서 너무 적은 에너지가 물리적 수준에 도달하기 때문에 우리는 단순히 우리의 외부 환경을 바꿀 비전이나 창조력을 가지고 있지 않습니다.

앞서 말했듯이, 물질 우주에서 일어나는 어떤 일도 I AM 현존에게 영향을 미칠 수 없습니다. I AM 현존에게서 나오는 에너지의 양이 영구적으로 차단되지는 않았습니다. 우리는 우리의 창조적인 힘을 회복하는 능력을 절대 잃을 수 없습니다. 이렇게 하는 방법은 간단합니다:

· 마음의 네 수준에 축적된 에너지를 정화하세요.

· 의식적으로 마음의 네 수준에서 제한된 믿음을 떨쳐버리세요.

인류 문명이 동굴인 수준 이상으로 올라섰다는 바로 그 사실은, 임계수치의 사람들이 영적인 영역으로부터 창조적 에너지의 자연스러운 흐름을 회복하기 시작했다는 것을 증명합니다. 분명히, 이것은 주로 물질적인 기술을 개발함으로써 일어났지만, 이것조차도 우리가 물질 세계가 어떻게 작동하는지에 대한 더 명확한 비전을 달성해야만 일어날 수 있습니다.

상승 마스터들은 이 시대에 수백만 명의 사람이 우리가 마음의 창조적인 힘을 더 의식하게 되는, 훨씬 더 높은 수준으로 문명을 가져가게 되어 있다고 가르칩니다. 이것은 우리를 물질적 기술에 덜 의존적으로 만들 수 있는데, 특히 이것은 치유 분야에서 중요합니다.

더 높은 형태의 치유

네 하위체는 계층구조를 형성하며 육체는 그 흐름상 가장 낮은 부분입니다. 육체에 질병이 생기는 이유는 육체의 세포가 비정상적인 매트릭스를 형성하기 때문입니다. 이 매트릭스는 마음의 세 상위 수준에서 투사된 정신적인 매트릭스(psychic matrix)입니다. 그것은 정체성 수준에서 시작하여 멘탈 수준에서 더욱 구체화되고 감정 수준에서 추진력이 부여됩니다. 이 매트릭스가 일정 기간 동안 세포에 투사되기 때문에, 많은 물리적인 생애 동안 매트릭스가 강화되었을 것이고, 결국 세포의 기능을 자연스럽게 작동할 수 없을 정도로 방해할 것입니다. 대신, 세포들은, 그것들에 투사된 매트릭스에 의해 결정된, 부자연스러운 형태를 취합니다.

서양 의학의 주류가 지금까지 해온 것은 육체의 수준, 즉 결과의 수준에서 질병을 다루는 것이었습니다. 과학이 분명히 밝혔듯이, 결과를 다루는 것은 원인을 다루는 것보다 훨씬 생산적이지 않습니다.

상승 마스터들은 이미 전체론적인 접근법에 열려 있는 사람들이, 치유하기 위해 더 높은 수준의 접근 방식에 대한 가르침을 활용할 수 있기를 바랍니다. 이 접근법은 육체만을 다루는 대신, 네 하위체[6] 모두를 다루는 방법을 배우는 것입니다. 이 책의 가르침과 연습은 여러분이 이런 과정을 시작하도록 돕기 위해서 고안되었습니다.

---

[6] four lower bodies, 정체성체, 멘탈체, 감정체, 육체를 말함

치유에 대한 상승 마스터 접근법에는 두 가지 요소가 있습니다. 첫 번째는 마음의 네 수준에 축적된 에너지를 다루는 것입니다. 두 번째는 실제로 낮은 에너지를 생성하는 근본적인 믿음을 해결하는 것입니다. 많은 경우에, 축적된 에너지는 너무 강렬한 수준에 도달해서 근본적인 믿음을 볼 수 있는 능력을 차단합니다. 이것은 마스터들이 딜레마(catch-22)라고 부르는데, 해결책이 없어 보이는 상황을 말합니다.

그 해결책은, 축적된 에너지를 조금씩 변형시켜서 그것이 여러분의 근본적인 믿음에 대한 비전을 가리지 않을 때까지 그 양을 줄이는 것입니다. 그러면 믿음을 보고 무시하기가 훨씬 쉬워집니다. 하나의 제한된 믿음을 해결하면 더 큰 창조력이 열리게 되고, 지속적으로 에너지를 변형해서 믿음을 해결하면, 결국 특정한 질병이 마음의 힘을 통해 치유될 수 있는 지점에 도달하게 됩니다.

상승 마스터들이 진료를 거부하라는 말을 하는 것이 아니라는 점에 유의하세요. 반대로, 그들은 여러분이 이용할 수 있는 모든 치료 방법을 사용할 것을 추천합니다. 상승 마스터 접근법은 분명히 더 장기적인 접근법이며, 생명을 다루거나 심각한 문제를 다루는 데 있어서 필요한 치료를 거부하는 데 사용되어서는 안 됩니다.

마스터들은 일단 여러분이 축적된 에너지의 충분한 양을 변형하고 근본적인 믿음을 해결하면, 여러분의 세포에 투사된 정신적인 매트릭스가 용해될 것이라고 가르칩니다. 이 매트릭스가 더 이상 세포에 투사되지 않기 때문에, 아마도 물리적 형태의 치료로 그들의 자연적인 기능을 재개할 수 있을 것입니다. 치유란 단순히 증상을 억제하는 것이 아니라 모든 질병의 진짜 원인인 네 층의 매트릭스를 정화하는 것입니다.

상승 마스터의 치유는 어떻게 작동하나요

상승 마스터의 치유 과정에서 첫 번째 단계는, 여러분의 네 하위체에 축적된 낮은 에너지를 변형하는 방법을 배우는 것입니다. 여러분은 이미 이 일을 할 수 있는 타고난 능력을 가지고 있으며, 상승 마스터들은 여러분이 이 능력을 사용하고 연마하는 데 도움이 되는 도구를 제공합니다.

낮은 진동 에너지를 변형하는 것은 간단하며 그 과정은 과학이 잘 설명하고 있습니다. 두 에너지 파동이 만나면, 그것들은 간섭 패턴을 형성하고 그 결과 새로운 에너지 파동이 형성됩니다. 이 파동은 두 에너지 파동의 조합입니다.

여러분의 감정체에 분노와 같은 낮은 진동 에너지가 축적되어 있다고 상상해 보세요. 이 에너지를 없애는 방법은 분노 에너지보다 더 높은 진동을 가진 에너지 파동을 그것으로 보내는 것입니다. 높은 주파수의 파동이 분노 에너지와 만나면서 간섭 패턴이 생성되고 그 결과 분노 에너지보다 진동이 높은 새로운 파동이 발생합니다. 이것은 분노 에너지의 진동이 얼마나 낮은지, 그리고 그것을 향해 보내는 파동이 얼마나 높은지에 대한 문제입니다. 물론 여러 생애에 걸쳐 얼마나 많은 분노 에너지가 축적되었는지에 대한 문제도 있습니다. 높은 진동 에너지를 반복적으로 기원하고 흐름을 지휘해서 축적된 낮은 에너지로 보내어 그것을 모두 변형하려면 단호한 노력이 필요할 수 있습니다.

자연적인 상태에서, 여러분의 네 하위체는 I AM 현존에게서 오는 높은 진동 에너지의 지속적인 흐름에 열려 있을 것입니다. 그러므로 우리는 이상적으로는, 여러분이 이 에너지의 흐름에 조율해서 의식하는 마음으로 그 흐름을 지휘할 수 있어야 한다고 말할 수 있습니다.

일부 사람들은 실제로 이렇게 할 수 있지만, 대부분의 사람은 너무 많이 축적된 에너지를 가지고 있어서 이것을 의식적으로 할 수가 없습니다. 이 딜레마(catch-22)에서 벗어날 수 있도록 상승 마스터들은 우리의 현재 의식 수준에서 영적인 에너지를 기원할 수 있는 다양한 도구를 제공합니다.

영적인 에너지를 기원하는 대부분의 가장 강력한 도구는 목소리를 사용하는 것입니다. 그것들은 강력하게 그리고 때로는 빠른 속도로 반복되는 말로 하는 확언이나 디크리(decree) 형태를 취합니다. 상승 마스터들에 의해 주어진 일부 기법들은 디크리들이라고 불립니다. 그것들은 빠른 속도로 반복되는 리듬이며, 따라서 영적인 에너지를 기원하는 강력한 추진력을 구축할 수 있습니다. 이러한 디크리들은 에너지를 기원하는 데 매우 효율적이며, 초월 도구들[7] 웹사이트에서 다양한 도구를 선택할 수 있습니다.

에너지를 기원하는 것은 한 가지 측면이고, 그 에너지 흐름을 유도하는 것은 또 다른 측면입니다. 상승 마스터들은 또한 에너지를 기원하고 그 에너지를 특정한 상황으로 유도하는 데 도움이 되는 기법도 발표했습니다. 이러한 유형의 도구를 기원문이라고 하며, 이것은 디크리들과 확언들의 조합으로 만들어집니다. 파트 3에서는 8개의 주요 차크라 각각을 정화하기 위해 특별히 고안된 다수의 확언을 확인할 수 있습니다.

에너지를 변형하는 것은 상승 마스터 치유의 한 측면일 뿐입니다. 또 다른 측면은 낮은 진동 에너지를 생성하게 한 제한된 믿음을 해결하는 것입니다. 그러한 믿음의 해결은 여러분이 자신의 네 하위체 안에 있는 낮은 에너지의 양을 줄임으로써 어느 정도 자발적으로 일어날 것입니다. 갑자기, 여러분의 의식하는 마음은 여러분이 이전에는 전혀 눈치채지 못했던 패턴을 보게 될 것이고, 그것이 여러분을 어떻게 제한하고 있는지 보게 될 것입니다.

이 과정을 빠르게 하도록, 상승 마스터들은 우리의 창조적인 표현을 제한하는 믿음에 대해 우리가 인식하도록 돕는 가르침을 제공합니

---

[7] www.TranscendenceToolbox.com

다. 이러한 가르침은 담화들의 형태로 주어지는데, 이것은 훈련된 인간 메신저를 통해 마스터들이 하는 말을 기록한 메시지입니다. 여러분은 파트 2에서 그러한 담화들을 발견할 것이고, 그것들을 공부함으로써 여러분이 주요 차크라를 통한 에너지 흐름을 제한하는 믿음에 대해 더 많이 인식하도록 도울 것입니다.

그 과정을 더 빠르게 하려고, 담화들의 가르침은 파트 3에서 기원문들과 통합되어 있습니다. 이것은 여러분이 기원문을 낭송할 때, 높은 진동 에너지를 요청하는 것이고, 그것을 특정한 차크라로 흐르게 하고, 자신이 가진 제한된 신념을 고려하도록 인도를 받는다는 의미입니다. 따라서 이러한 도구는 차크라를 정화하고 창조적인 능력을 복원하는 데 매우 효율적입니다. 일단 이러한 능력이 회복되면, 여러분은 그것들을 여러분의 마음과 몸을 치유하고 여러분의 외부 상황을 바꾸도록 지시할 수 있습니다.

차크라들과 영적인 광선들에 대한 이해

상승 마스터 치유 과정을 완전히 이해하기 위해서는 지금까지 우리가 '영적인 빛'이라고 부르는 것이 여러 가지 특성들로 나타난다는 것을 이해할 필요가 있습니다. 상승 마스터들은 일반적으로 이러한 특성들을 "영적인 광선들(spiritual rays)"이라고 부릅니다. 각 광선은, 특정한 주파수 스펙트럼 내에서 진동하는, 높은 주파수의 영적인 에너지로 구성됩니다. 물질 우주는 일곱 영적인 광선들을 결합하여 만들어집니다.

개인적인 차원에서, 여러분이 I AM 현존으로부터 받는 빛은 모두 일곱 광선으로 구성되어 있습니다. 빛이 에너지장의 네 수준으로 어떻게 들어갈까요? 빛은 일반적으로 차크라라고 불리는 7개의 센터 또는 관문(portals)을 통해서 들어갑니다. 각 차크라는 특정한 광선의 빛을 위한 관문입니다. 차크라는 꽃잎 또는 날개가 달린 엔진과 유사하게 생겼으며, 그 밸브를 열거나 닫음으로써 빛이 흐르게 하는 구멍으로 볼 수 있습니다. 여러분은 이것을 금속 날개가 공기 흐름을 조절하는 제트 엔진과 비슷하게 상상할 수 있습니다.

우리가 영적인 광선에 관해 이야기할 때, 우리는 단순히 기계적인 에너지에 대해서 말하는 것이 아닙니다. 영적인 영역에 있는 모든 존재는 그곳에 기계적이라고 할 수 있는 것은 아무것도 없다는 것을 분명히 알고 있습니다. 물질 우주조차도 의식하는 존재에 의해 창조되었으며, 이 영적인 존재들이 끊임없이 창조하지 않으면, 우주는 존재하지 못할 것입니다. 각 일곱 광선에는 그 광선에 봉사하는 영적인 또는 상승한 존재들의 계층구조(hierarchy)가 있습니다. 물질 우주가 존재하도록 유지하기 위해 사용되는 각 광선의 에너지는 그 광선의 영적인 존재들의 계층구조를 통해서 옵니다. 이것이 중요한 이유는 우리가 상승 마스터 치유의 필수적인 측면을 이해하도록 돕기 때문입니다.

빛을 기원하기 위한 상승 마스터들에 의해 주어진 기법들은 확실히 물질세계에 책으로 출판되어 있으며, 누구나 그것들을 찾을 수 있다는 의미입니다. 물질 기술과 같이 완전히 기계적인 효과를 내는 도구라면 쉽게 오용될 수 있습니다. 분명히, 핵에너지는 기계적이며, 도시를 밝히거나 도시를 폭파하는 데 사용될 수 있습니다. 상승 마스터들은 그들의 도구가 이기적인 목적이나 파괴적인 의도를 가진 사람들에 의해 오용되지 못하도록 분명히 했습니다.

이 도구들이 작동하는 방식은, 해당 영적인 광선으로부터 빛을 기원하려면 그 광선을 제공하는 계층구조나 영적인 존재들을 통해서 기원해야 한다는 것입니다. 이것은 여러분이 기원문이나 디크리를 통해 기원할 때, 빛을 방출하는 존재들이 바로 이 영적인 존재들이라는 의미입니다. 그러므로 그들은 여러분의 의도를 읽고 여러분의 동기가 순수하지 않다면 빛의 흐름을 차단할 수 있습니다. 그들은 또한 여러분의 현재 의식 수준에서 단지 여러분이 다룰 수 있는 양의 빛만을 방출할 수 있습니다. 즉, 여러분이 다룰 수 있는 것보다 더 많은 빛을 기원하기는 어렵습니다.

해당 광선에 봉사하는 상승 마스터들은 세 가지 다른 수준에서 일하고 있다고 말할 수 있습니다:

· 엘로힘은 종종 형태의 구축자라고 불립니다. 왜냐하면 일곱 엘로힘은 그들이 창조한 청사진에 따라 일곱 광선의 에너지를 결합함으로써 행성 지구를 창조한 존재이기 때문입니다. 여러분은 창조적인 에너지와 여러분의 창조적인 비전을 증가시키기 위해서 엘로힘에게 요청합니다.

· 해당 광선의 대천사는 인간 존재들이 광선을 사용하도록 돕고, 또한 광선의 오용으로부터 인간들을 자유롭게 하는 역할을 합니다. 여러분은 대천사에게 오용된 에너지를 소멸하고 외부의 세력들이나 여러분 자신의 에고로부터 자유로워질 수 있게 도와달라고 요청할 수 있습니다.

· 해당 광선의 초한은 주로 인간들에게 영적인 여정과 특히 자신의 광선에 대해 가르치는 일을 담당합니다. 여러분은 영적인 여정에서 진전을 이루는 방법과 개인적인 심리에서 특정한 장애물을 극복하는 방법을 배우기 위해 초한에게 요청할 수 있습니다.

상승 마스터들은 일반적으로 한 마스터가 남성적인 극성을 유지하고 다른 한쪽이 여성적인 극성을 유지하며 쌍으로 일합니다. 엘로힘과 대천사들은 모두 그러한 파트너를 가지고 있는데, 종종 트윈 플레임 또는 쌍둥이 광선이라고 합니다. 이것은 그들을 부를 때 두 존재의 이름을 사용한다는 의미입니다. 대부분의 초한은 상승한 트윈 플레임이 없습니다. 즉, 초한에게 요청할 때는 하나의 이름만 사용합니다.

상승 마스터 치유의 핵심은 일곱 광선에서 봉사하는 마스터들과 함께 일하는 방법을 배우는 것입니다. 도구를 사용하여 낮은 진동 에너지를 변형하면 하나 또는 그 이상의 차크라가 점차 정화됩니다. 여러분의 특정한 차크라가 정화되면 차크라에 해당하는 영적인 광선에서 일하는 마스터들과 직관적으로 더 잘 연결됩니다. 이런 연결을 통해서 여러분은 여러분이 가진 제한된 믿음과 그것들을 초월하는 방법에 대해 매우 유용한 통찰력을 얻게 될 것입니다.

여러분이 그러한 믿음을 놓아버림으로써, 여러분은 육체의 질병을 일으킨 바로 그 원인을 해결할 것입니다. 즉, 마음의 세 상위 수준을 통해 여러분의 세포에 투사된 정신 매트릭스를 해결하게 됩니다. 이것은 육체의 치유로 이어질 뿐만 아니라, 더 큰 감정적인 행복, 더 명확한 사고, 그리고 영적인 존재인 여러분이 분명한 목적을 가지고 육화 중이라는 더 깊은 감각으로 이어질 것입니다. 이것은 여러분이 물질세계에서 경험하는 모든 측면에서 삶을 점차 풍요롭게 해줄 상향나선으로 바꿀 것입니다.

2
차크라들과 영적인 광선들

이 장의 목적은 차크라들과 각 차크라가 일곱 영적인 광선에 어떻게 대응하는지를 간략하게 소개하는 것입니다. 그 목적은 파트 3에서 기원문들을 낭송하기 전에 차크라들과 광선들의 특성들을 공부할 수 있는 기초를 다지는 것입니다.

영적인 것에 관심이 있는 대부분의 사람은 적어도 하나의 차크라가 상당히 열려 있으며, 이것은 우리에게 영적인 성장의 필요성을 인식하도록 해줍니다. 또한, 우리는 종종 상당히 닫혀 있는 차크라를 적어도 하나 이상 가지고 있으며, 이것은 우리가 초월할 수 없는 것처럼 보이는 특정한 패턴들을 가지게 하는 원인입니다.

일부 차크라들이 다른 차크라들보다 더 열려 있을 때, 우리는 창조적인 능력을 불균형한 방식으로 표현하는 경향이 있습니다. 전형적인 예로써, 목 차크라가 어느 정도 열려 있지만, 사랑과 연민의 센터인 가슴 차크라가 닫혀 있는 경우입니다. 그 사람은 사랑으로 균형이 잡히지 않은 힘을 표현하는 경향이 있으며, 이것은 분명하게 힘의 오용으로 이어집니다. 세계의 역사는 이런 불균형이 만들 수 있는 고통의 예들로 가득합니다.

각각의 주요 차크라는 일곱 영적인 광선 중 하나에 해당합니다. 전체 물질 우주는 이러한 일곱 광선의 에너지 주파수들의 조합으로 창조되었습니다. 상승 마스터들은 행성 지구가 원래 일곱 에너지 사이에 완벽한 균형을 가지고 창조되었다고 가르칩니다. 그 당시는 자연재해도 없고 식량이나 자원의 결핍도 없이 자연에는 균형이 있었습니다. 육체는 아프지 않았고 늙지도 않았습니다.

이 최초의 균형 잡힌 상태를 잃어버리게 만든 것은 인류가 불균형한 방식으로 여러 시대 동안 창조적인 능력을 표현했기 때문입니다. 일곱 광선 각각은 어떤 순수한 특성들을 가집니다. 여러분의 차크라 중 하나를 통해서 해당 광선의 빛을 받고 사랑의 상태에서 그것을 표현할 때, 여러분은 균형을 유지하면서 창조적으로 될 수 있습니다. 여러분이 사랑의 수준 아래로 내려갈 때 불균형이 생성됩니다.

인류에 의해 일곱 광선의 순수한 특성들을 왜곡함으로써 창조된 많은 불균형을 지구상에서 볼 수 있습니다. 특정한 차크라를 닫는 것은 해당 영적인 광선의 순수한 특성에 대한 왜곡입니다. 다음 장에서는 차크라의 주요 특성들을 설명합니다.

이름:

다양한 체계에서 차크라의 이름들은 미미하게 다를 수 있습니다. 다음은 상승 마스터들이 정한 이름입니다:

크라운 차크라(Crown Chakra)

제3의 눈 차크라(Third Eye Chakra)

목 차크라(Throat Chakra)

가슴 차크라(Heart Chakra)

태양신경총 차크라(Solar Plexus Chakra)

영혼 차크라(Soul Chakra)

베이스 차크라(Base Chakra)

위치:

대부분의 가르침에서, 주요 일곱 차크라는 육체의 그림 위에 겹쳐져 표시됩니다. 차크라들은 척추를 따라 늘어서 있으며, 가장 낮은 곳의 차크라는 생식기 위에 위치하고 가장 위의 차크라는 머리 꼭대기에 위치합니다. 중심 차크라는 언제나 가슴 차크라입니다.

모양:

차크라들은 종종 다수의 꽃잎이 달린 꽃을 닮은 형상으로 묘사됩니다. 그것들은 또한 앞서 언급한 바와 같이 밸브나 공기 흐름을 조절하기 위해 금속 날개가 개폐되는 제트 엔진과 유사하다고도 할 수 있습니다.

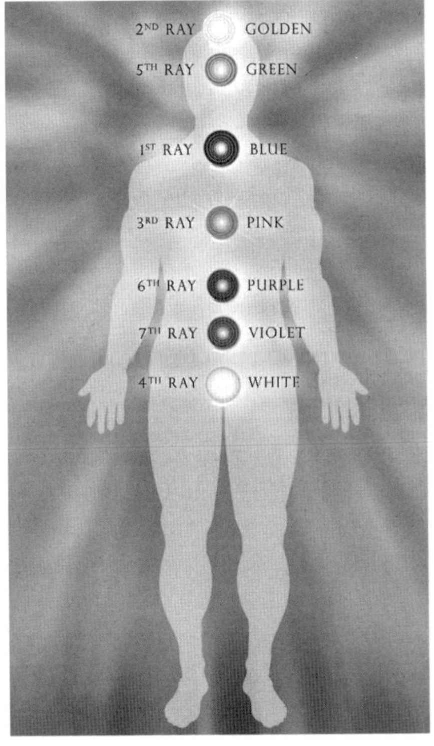

해당 영적인 광선:

상승 마스터들은 각각의 차크라가 특정한 영적인 광선에 대응된다고 가르칩니다. 각 차크라는 여러분의 하위 존재를 통해서 표현될 수 있는 광선의 영적인 특성을 위한 열린 문이 되어야 합니다. 모든 차크라가 최적으로 기능할 때, 최대의 창조적인 흐름을 가지며, 균형 잡힌 방식으로 창조력을 표현할 것입니다. 균형은 상위자아로 돌아가는 흐름을 보장하며, 그런 다음 증식되어 여러분에게 다시 보내질 것입니다. 여러분이 균형을 유지하는 한 여러분의 창조력은 기하급수적으로 확대된다는 의미입니다.

색깔:

일곱 주요 차크라들 각각은 대응하는 색상이 있습니다. 다양한 체계에서, 색상들이 다르게 묘사됩니다. 하나의 일반적인 체계는 베이스 차크라를 빨간색으로, 가슴 차크라를 녹색으로 묘사합니다. 여기서 어떤 체계가 옳다거나 잘못되었다고 말하려는 의도는 없습니다. 이 책에서 차크라들은 해당 영적인 광선과 같은 색으로 묘사됩니다. 막혔거나 오염된 차크라들은 다른 색상으로 나타납니다.

순수한 특성:

각 차크라는 대응되는 영적인 광선에 의해 정의된 일련의 순수한 특성을 가집니다. 만약 여러분이 이러한 특성의 일부를 표현하는 능력이 있다는 것을 인식한다면, 여러분은 어떤 차크라가 더 순수한지 측정할 수 있습니다. 만약 어떤 특성이 부족하면, 대응되는 차크라가 열리지 않았다는 것을 나타냅니다. 그러면 적절한 도구를 사용하여 해당 차크라를 정화할 수 있습니다.

왜곡:

각 차크라는 해당 광선의 순수한 특성의 왜곡들인 일련의 특성들을 가지고 있습니다. 만약 여러분이 이러한 패턴 중 일부를 인식한다면, 여러분은 해당 차크라에 대한 기원문들을 사용하여 그 차크라의 정화와 균형을 요청할 수 있습니다. 여러분은 또한 자신이 제한된 패턴으로 들어가는 것을 막기 위해 의식적인 결정을 내리기 시작할 수 있습니다. 여러분은 애초에 순수한 특성을 왜곡한 근본적인 믿음을 발견하기 시작할 수 있습니다.

차크라 및 광선을 설명하는 순서

차크라를 나열하는 한 가지 방법은 신체에서 가장 낮은 위치부터 시작하여 올라가면서 차크라의 위치에 따라 묘사하는 선형적인 방식입니다. 또 다른 방법은 1광선에서 7광선까지 해당 광선에 따라 차크라를 나열하는 것입니다. 실제로 파트 2의 담화들은 1광선부터 7광선까지 순서대로 나열됩니다.

다음 차크라에 대한 설명은 기원문들과 순서가 다르게 주어집니다. 그 이유는 상승 마스터들이 I AM 현존에게서 나오는 빛이 먼저 가슴 차크라의 비밀 공간(secret chamber)으로 들어가고, 그다음에 가슴 차크라로 들어가고, 그다음에 쌍을 이루는 차크라들로 들어간다고 가르치기 때문입니다. 가슴 차크라 위와 아래의 차크라들이 한 쌍으로 연결되어 있습니다. 예를 들어 크라운 차크라와 베이스 차크라는 연결되어 있습니다.

일부 동양의 가르침들은 영적인 성장의 열쇠가 베이스 차크라에서 시작해서 다른 차크라들을 통해 크라운 차크라로 쿤달리니 에너지를 올리는 것이라고 말합니다. 상승 마스터들은 서구 세계의 사람들, 특히 영적인 여정에 새로 온 사람들에게는 이 방식이 최선의 접근법이 아니라고 가르칩니다. 많은 영적인 구도자의 경험에서 확인되었듯이,

쿤달리니를 강요하는 것은 다양한 형태의 불균형, 심지어 정신 질환으로까지 이어질 수 있습니다. 쿤달리니를 오르게 하기는 쉽지만, 그것을 유지하기는 매우 어렵다는 것을 경험한 사람들도 있습니다. 그이유는 균형이 부족하기 때문입니다.

상승 마스터들은 차크라를 정화하기 위한 균형 잡힌 접근법, 즉 가슴 차크라와 가슴 차크라의 비밀 공간(secret chamber)으로 시작할 것을 권장합니다. 그런 다음, 태양신경총 차크라와 목 차크라를 정화합니다. 그다음에는 영혼 차크라와 제3의 눈 차크라를 정화합니다. 마지막으로, 베이스 차크라와 크라운 차크라를 정화합니다. 이렇게 하는 목적은 먼저 빛이 들어오는 지점을 정화하고 나서, 빛이 분배되는 순서대로 차크라를 정화하는 것입니다. 이로써 훨씬 균형 잡힌 정화가 가능합니다. 차크라가 모두 정화되면 영적인 빛이 더 쉽게 올라갈 수 있고, 시간이 지남에 따라 더 높은 의식 상태를 유지할 수 있습니다.

가슴 차크라와 가슴 차크라의 비밀 공간(secret chamber)

가슴 차크라 위쪽의 세 차크라는 우리가 보통 마음이라 부르는 자리, 즉 명확하고 상세한 생각과 설명을 만들어내는 능력의 자리입니다. 대조적으로, 가슴 차크라 아래의 세 차크라는 우리가 왜 그런지 설명할 수 없이 흐르는 경향이 있는 감정의 자리입니다. 그것들은 바르다고 느끼는 것 또는 왜곡된 경우에는 좋다고 느끼는 것에 따라서 흐릅니다. 가슴 차크라는 위쪽의 차크라와 아래쪽의 차크라 사이에 자리잡고 있습니다. 그 이유는 순수한 가슴 차크라를 통해서만 종종 좌뇌와 우뇌로 불리는 마음과 감정의 균형을 맞출 수 있기 때문입니다.

전통적으로, 가슴 차크라는 사랑, 연민, 관용, 아름다움과 헌신에 대한 감사의 자리로 볼 수 있습니다. 그러나 가슴 차크라의 더 깊은 이해는 균형의 자리입니다. 가슴 차크라 뒤에는 가슴의 비밀 공간으로 불리는 여덟 번째 차크라가 있습니다. 이 차크라로 여러분 I AM 현존의 빛이 내려옵니다. 그러면 그 빛은 가슴 차크라로 들어가서, 다른 차크라들로 분배됩니다. 만약 가슴 차크라가 순수하지 않은 사랑의 표현들로 오염된 경우, 다른 차크라들로 흐르는 빛은 시작부터 오염된다는 의미입니다.

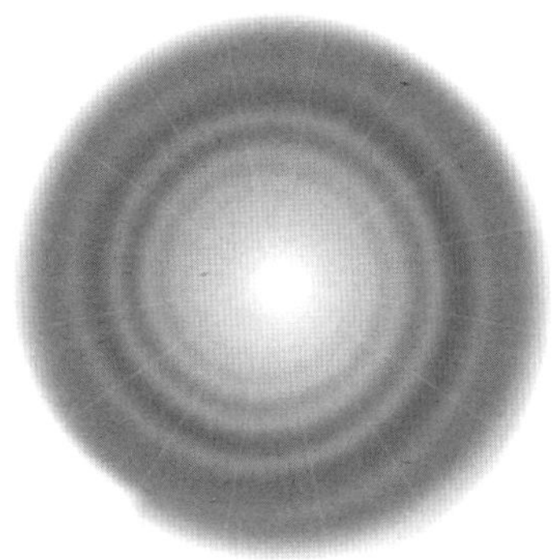

사랑은 삶의 균형을 잡는 힘으로 볼 수 있고, 창조의 두 가지 기본적인 힘, 즉 확장하는(남성적인 또는 아버지 추동력) 힘과 수축하는(여성적인 또는 어머니 추동력) 힘의 균형을 맞출 수 있습니다. 이 두 가지 힘이 균형을 이루지 못하면, 둘 중 하나는 극단으로 가는 경향이 있을 것입니다. 이는 불균형에서 만들어진 모든 것이 불균형이 너무 심해서 산산조각 나거나 충분히 받아들이지 못한다는 뜻이며 이는 결실을 맺지 못하고 결국 수축해서 자멸한다는 의미입니다.

순수한 가슴 차크라는 여러분에게 이원성 마음이 창조한 두 극단을 넘어서는 하나의 실재인, 절대성을 경험할 수 있는 능력을 제공합니다. 여러분은 자세한 내용을 파악하도록 권한을 부여하는 제3의 눈 차크라와 크라운 차크라를 여러분이 순수하게 정화하지 않았더라도 무엇이 이원적인지 감지할 수 있습니다. 여러분은 가슴속에서 신과 실재의 조건 없는 본질을 경험하고 있으므로, 자연스럽게 조건적인 것은 옳지 않다고 느끼게 됩니다.

순수한 가슴 차크라는 모든 생명과 함께 더 깊은 내면의 하나됨이라는 느낌으로 이끕니다. 이것은 모든 생명을 높이려고 하므로 고양된 느낌이 들거나, 또는 생명의 한 부분을 높이기 위해 다른 생명을 끌어내리려고 하므로, 고양된 느낌이 들지 않을 때 이것을 분별할 수 있는 능력이 생깁니다. 심지어 위쪽의 차크라들인 마음으로는 이유를 설명할 수 없지만, 가슴 차크라에서 하려는 일이 옳은지 알 수 있습니다. 아래쪽 세 차크라가 이기적인 추진력으로 구동될 때 가슴 차크라가 이것을 감지할 수 있고, 아래쪽 차크라들의 균형을 잡도록 힘을 줍니다.

왜곡

가슴 차크라의 주된 왜곡은 균형의 결여이지만, 이것은 많은 미묘한 방식들로 표현될 수 있습니다. 그중 한 가지 방식은 많은 사람이 사랑이라고 부르지만 실제로는 타인을 통제하고 소유하려는 시도입니다. 이것이 극단적인 형태를 띠면, 통제당하기를 거부하는 사람들을 처벌하거나 파괴하고 싶어 하는 욕망과 증오로 표현될 수 있습니다. 예를 들면, 많은 사람이 사랑에 빠진 후에, 자신이 사랑한다고 말하는 사람에게 소유욕을 드러내기 시작합니다.

또 다른 왜곡은 목적이 수단을 정당화할 수 있다는 확고한 믿음입니다. 이것은 자신이 찬미하는 훌륭한 대의명분이 있으므로 이것을 실현하기 위해서라면 타인에게 강요하거나 죽이는 행위도 정당화할 수 있다는 의미입니다. 이 왜곡된 형태의 사랑이 인류 역사에서 일부 최악의 잔혹 행위들을 초래했습니다. 가슴 차크라가 불균형한 사람들보다 설득하기 어려운 사람은 거의 없습니다. 그것은 사람들에게 신에 대한 자신의 사랑을 증명하려면 다른 사람들을 죽여야 한다고 믿게 만듭니다.

해당 광선: 3광선

색상: 핑크

엘로힘: 헤로스(Heros)와 아모라(Amora)

대천사: 차무엘(Chamuel)과 채리티(Charity)

초한: 베네치아의 폴(Paul the Venetian)

태양신경총 차크라와 목 차크라

다음 그림은 태양신경총 차크라와 목 차크라 사이에 존재하는 무한 8자 형상의 흐름을 보여줍니다. 이 두 차크라를 정화하는 작업을 하는 동안 이 흐름을 심상화하는 것이 중요합니다.

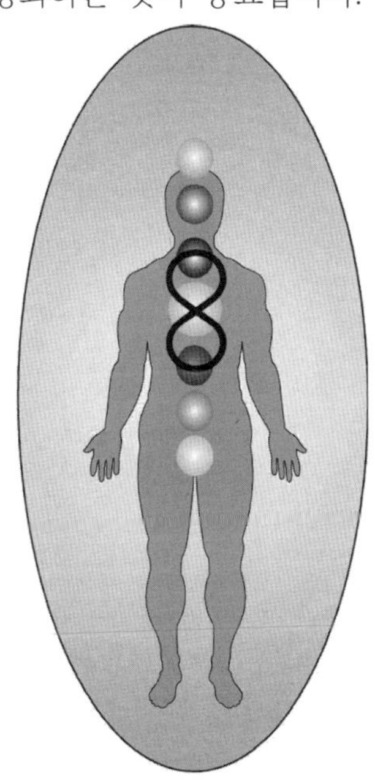

태양신경총 차크라

전통적으로 평화의 자리이지만, 그것은 "이해를 넘어서는 평화"입니다. 이해는 가슴 위쪽의 차크라들을 통해 이루어집니다. 평화는 사방으로 끌어당기는 이원적인 모습에 동요되지 않는 내면의 감각입니다. 그것은 격렬한 갈등 한가운데 서서 내면의 고요함을 느낄 수 있는 능력입니다. 그것은 분노라는 불균형한 표현으로 끌고 가는 힘을 인지하는 능력이지만, 여러분은 마음 중심에 머물며 그 상태에 빠지고 싶지 않다고 결정할 수 있습니다.

이 평화에 있을 때, 여러분은 모든 상황에 조화를 가져오기 위해 직관적으로 일할 것이므로, 진정한 사심 없는 봉사를 제공할 수 있습니다. 조화는 사람들이 이원적 투쟁을 넘어서 공통점을 보도록 도와주는 열쇠입니다. 순수한 태양신경총 차크라를 가진 사람은 항상 공통점을 찾고 있으며, 특히 위쪽 차크라들도 순수할 때 사람들을 합의와 협력으로 이끌 수 있는 능력이 있습니다.

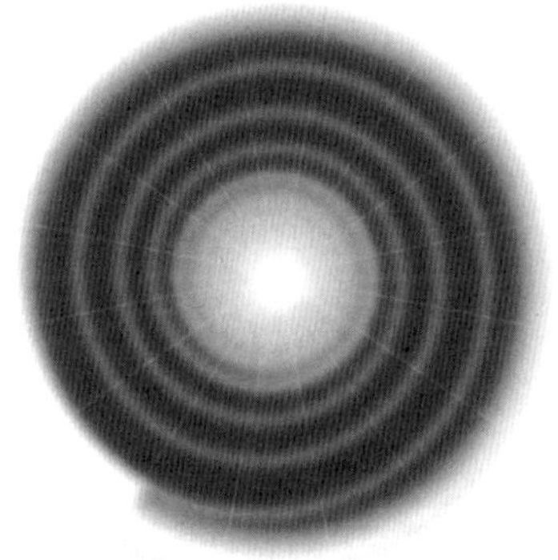

왜곡

태양신경총 차크라의 즉각적인 왜곡은 분노와 동요로, 다른 사람들에게 변화를 강요하거나 변화에 저항하는 사람들을 처벌하려는 매우 공격적인 추진력으로 표현됩니다. 이것은 이해할 수 없는 비평화(non-peace)입니다. 왜냐하면 불안감에 휩싸인 태양신경총 차크라를 가진 사람을 설득하는 것은 불가능하기 때문입니다. 그들은 분노의 감정에 따라 맹목적으로 행동하며, 나중에 후회할 말이나 행동을 반복해서 합니다. 그들은 다른 이들이 잘못됐다고 알고 있는 행동을 할 것이지만, 그 순간에는 잘못된 사실을 전혀 모를 것입니다.

또 다른 왜곡은, 일부 사람은 평화라고 여기지만, 정말 어떤 것에도 태도를 밝히기 꺼리는 소극성입니다. 이 왜곡을 가진 사람들은 외부의 힘에만 반응할 수 있는 피해자로 행동하는 경향이 있고, 그들은 자기 삶에 대한 책임을 지기를 거부합니다. 또한 개성을 잃고 "군중 심리"의 일부가 되어 맹목적으로 행동하거나, 강한 지도자를 맹목적으로 따르는 사람들도 있습니다. 또 다른 왜곡은, 폭력과 전쟁이 실행 가능한 해결책을 제공할 수 있다는, 혹은 어떤 상황에서는 그것만이 그들이 반응할 수 있는 유일한 방법이고 심지어 정당한 대응 방법이라는 맹목적인 감각입니다.

해당 광선: 6광선
색상: 자주색과 황금색
엘로힘: 피이스(Peace)와 알로하(Aloha)
대천사: 유리엘(Uriel)과 오로라(Aurora)
초한: 마스터 나다(Lady Master Nada)

목 차크라

전통적으로 힘과 의지의 자리이며, 목 차크라의 깊은 이해는 창조적인 추진력입니다. 이것은 자기-표현에 대한 갈망이며, 순수한 형태로 여러분의 영적인 개성을 표현하는 것입니다.

순수한 목 차크라는, 실험의 결과를 미리 알 수 없는 경우에도, 실험하려는 의지로 표현되는 창조적인 추진력을 발생시킵니다. 또 다른 예는 삶과 함께 흘러가고 모든 경험으로부터 배우려는 의지입니다. 순수한 목 차크라는 또한 모든 것에 목적이 있고, 삶이 흥미진진하며, 개인이 진정으로 긍정적인 변화를 만들 수 있다는 느낌을 줍니다. 목

차크라는 또한 여러분 자신만 높이는 대신 전체를 높이기 위해 노력
하는 의지의 자리입니다.

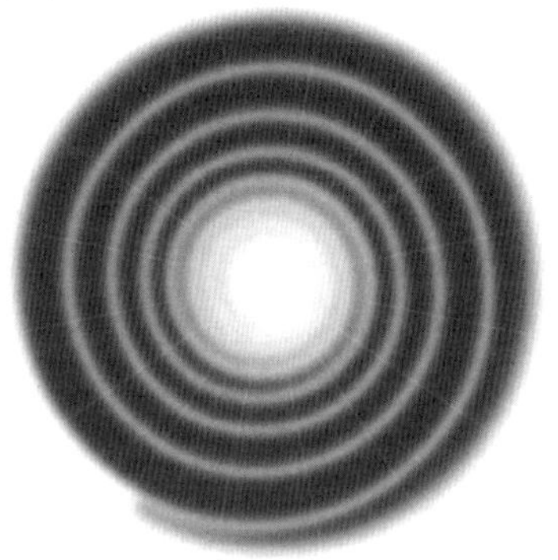

왜곡

창조적 의지의 왜곡은, 타인을 포함한 자신의 상황을 통제하기 위
해 권력을 남용하는 능력으로 표현되는, 미지에 대한 두려움입니다.
결과가 예측되거나 보장되지 않는 활동에 참여하기를 두려워하며, 이
는 분명히 창조력을 억제합니다.

목 차크라가 오염된 사람들은 종종 다른 사람들과 다양한 파워 게
임을 하는데, 이 게임들은 모두 결과를 통제하려는 열망에 기초합니
다. 이것은 항상 자기-초월을 지향하는 생명력 자체를 잠재우며, 대신
이 세상에서 소유할 수 있다고 생각하는 것과 분리된 자아를 보호하
려고 합니다. 이것은 이 행성에서 갈등의 주요 원인 중 하나인, 다른
사람들에 대한 소유권의 감각으로 이어질 수 있습니다. 좀 가벼운 경
우에는 창조적으로 사는 것을 두려워하면서 무력감을 느낍니다. 정말
아무것도 중요하지 않다고 느끼며, 한 개인이 변화를 가져올 수 없는
데 왜 힘들게 노력해야 하는지를 알지 못합니다.

해당 광선: 1광선
색상: 밝은 금속성 청색(electric blue)

엘로힘: 헤라클레스(Hercules)와 아마조니아(Amazonia)

대천사: 미카엘(Michael)과 페이쓰(Faith)

초한: 마스터 모어, 또는 엘 모리야(El Morya), 모리야, 마스터 M, M, 또는 바푸(Bapu)로 알려져 있습니다.

영혼 차크라와 제3의 눈 차크라

다음 그림은 영혼 차크라와 제3의 눈 차크라 사이에 존재하는 무한 8자 형상 흐름을 보여줍니다. 이 두 차크라를 정화하는 작업을 하는 동안 이 흐름을 심상화하는 것이 중요합니다.

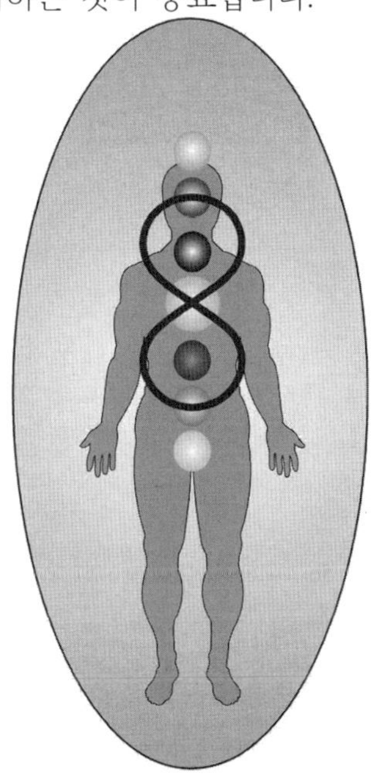

영혼 차크라

전통적으로는 자유, 용서와 정의의 자리로 여겨집니다. 더 깊은 이해는 영혼 차크라가 "어린아이가 되지 않는 한, 여러분은 결코 신의 왕국에 들어갈 수 없다."라고 말한 예수님의 의지에 따라 삶에 접근하려는 즐거움의 자리라는 것입니다.

순수한 영혼 차크라는 사람들에게 삶에 대한, 특히 창조적인 표현에 대한 즐거운 감각을 줍니다. 여러분은 기본적으로 좋은 세상에 살고 있다고 느끼고, 자신을 표현하고 가용한 것을 가지고 놀기 위해서 여기에 있습니다. 여러분은 인생과 미래에 대해 걱정하거나 불안해하지 않으며, 영이 자신을 보호해 주고 어머니가 양육해 준다고 믿습니다. 여러분은 샘솟는 자유를 느끼며, 세상이 제공하는 것들을 경험하고, 여러분 자신만의 창조적인 표현을 통해, 세상에 보탬이 되고자 하는 열망을 느낍니다. 여러분은 모든 상황에서 기꺼이 실험하고 배우려고 합니다.

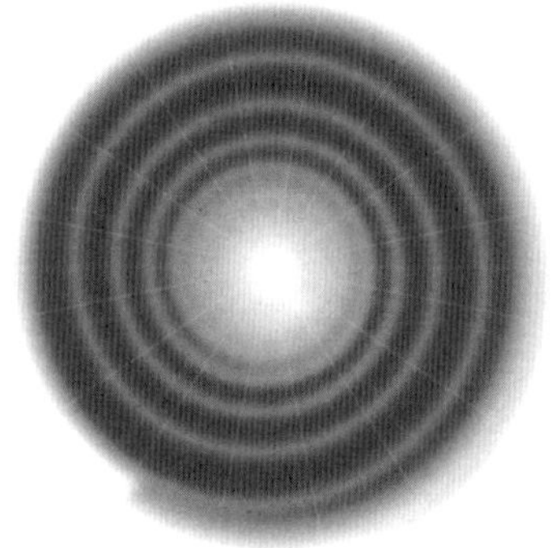

왜곡

영혼 차크라의 주된 왜곡은 삶을 아주 심각하게 보는 경향입니다. 이것은 자유와 정의의 왜곡으로 표현될 수 있습니다. 이것은 여러분이 모든 것이 투쟁인 세상에 살고 있다는 의미와 결합됩니다. 그것은 아마도 부당하게 여러분의 자유를 빼앗으려는 세력과의 투쟁일 수도 있습니다.

"악마를 비웃으면 악마는 멀리 달아난다."라는 속담이 있습니다. 무언가를 너무 심각하게 받아들이면 그것에게 자신을 지배하는 힘을 주게 된다는 의미에서, 그 말에는 진리가 담겨 있습니다. 물론 세상에는 여러분의 자유를 제한하려는 많은 불공평한 것들이 있다고 말할 수도 있습니다. 그렇다고 여러분이 그것들을 진지하게 받아들여야 한다는 의미인가요? 예수의 말씀에서 진리를 깨닫는 곳에 균형이 있습니다. "뱀처럼 지혜롭고 비둘기처럼 무해하라." 세상의 일시적인 조건을 순진하게 대하는 것과 그 조건을 심각하게 받아들이면서 그것이 변하기 전에는 자유를 느낄 수 없다고 생각하는 것 사이에는 미묘한 균형이 존재합니다.

영혼 차크라의 극단적인 왜곡은, 세상이 선과 악의 싸움에 갇혀 있다고 생각하는 서사적 사고방식으로, 악을 파괴하기 위한 싸움에서 무엇이든 정당화될 수 있다는 의미입니다. 이것은 생명에 대한 완전한 무감각으로 이어져 인간의 잔인함을 보여주는 최악의 사례로 이어졌습니다. 모든 것이 그러하듯, 타인에 대한 무감각은 자신에 대한 무감각에서 비롯됩니다.

여러분의 영혼 차크라가 오염되었을 때, 여러분은 다른 사람들이 여러분처럼 상황을 심각하게 받아들이지 않아서 세상의 문제들이 존재한다고 생각하는 경향이 있습니다. 이 불균형을 극복하면 여러분은, 사람들이 상황을 너무 심각하게 받아들이고 물질세계의 조건이 자신의 영(Spirits)을 지배한다고 생각하기 때문에, 조건이 여전히 존재한다는 것을 깨닫게 됩니다.

사실, 우리는 모두 영적인 존재이며, 지구에서 우리의 궁극적인 임무 중 하나는, 물질적인 조건이 세상에서 우리의 영과 그 표현을 제한하도록 허락하지 않겠다는 것을 보여주는 일입니다. 우리의 상위자아가 우리를 통해 표현하도록 허용하는 것이 자유에 이르는 열쇠입니다. 그것은 신성한 아버지와 하나임을 알고, 신과 함께하면 모든 것이 가능함을 아는 신성한 어린아이의 즐거움이기도 합니다.

해당 광선: 7광선

색상: 보라색

엘로힘: 악튜러스(Arcturus)와 빅토리아(Victoria)

대천사: 자드키엘(Zadkiel)과 애머시스트(Amethyst)

초한: 성 저메인(Saint Germain)과 관음(Kuan Yin)

제3의 눈 차크라

전통적으로 진리와 비전의 자리로 여겨집니다. 그러나 무엇에 대한 비전입니까? 예수께서 말씀하신 것처럼, 제3의 눈은 단일한 비전의 자리입니다: "네 눈이 온전하면, 온몸이 빛으로 가득할 것이다." 제3의 눈(single-eyed) 비전은 이원성과 분리를 넘어서 보는 그리스도의 비전입니다. 이것은 물질세계의 "진리"에 대한 어떤 표현도 진리의 영보다 못하다는 깨달음에 기반을 둡니다. 따라서 진리를 경험하려면 모든 외적인 표현 너머를 보아야 합니다.

정화된 제3의 눈 차크라를 통해 저 너머를 바라볼 때, 모든 분열이 비실재라는 것을 보고, 모든 생명을 높여야 할 필요성을 봅니다. 이것은 다른 사람들을 끌어내림으로써 생명의 한 부분을 높이려는 이원성의 거짓말을 즉시 식별하고 꿰뚫어보는 능력인 그리스도 분별력을 일으킵니다.

이 예는 뱀이 이브에게 말한 에덴정원의 상황에서 잘 드러납니다: "너는 반드시 죽지 않을 것이다."라고 말하며 그녀의 의식에 의심의 요소를 주입합니다. 제3의 눈 차크라가 정화될 때, 여러분은 이 뱀 논리를 볼 수 있습니다. 또한 여러분은 물질세계의 모든 현상이 단지 일시적인 것임을 알 수 있고, 따라서 사람이나 상황이 변형될 수 있다는 무결한 비전을 유지할 수 있습니다.

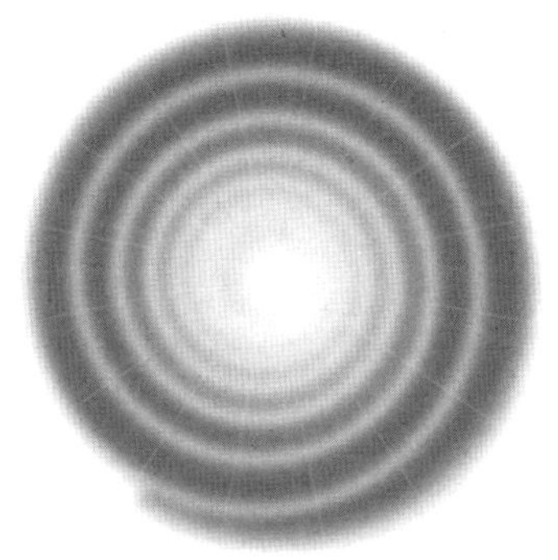

왜곡

5광선의 왜곡은 비전의 결핍이며, 하나의 비-이원적인 진리와 수많은 이원적인 "진리 주장들" 간의 차이를 분별하는 능력의 결핍입니다. 이로 인해 절망감이나 진리가 없다는 느낌과 의심을 하게 됩니다. 또 다른 왜곡은, 오직 하나의 진리만 존재하며, 그 진리가 바로 자신들이 아는 진리라는 믿음입니다.

또 다른 왜곡은 우리가 유일한 진리를 가지고 있으므로, 다른 사고 체계를 주장하는 사람들과의 투쟁에 빠져 있다는 감각입니다. 우리가 그들의 체계를 비판하거나 심지어 파괴하는 것은 필요하고 정당한 일입니다. 다른 사람이나 아이디어에 비판적인 사람들은 오염된 제3의 눈 차크라를 가지고 있습니다. 또 다른 왜곡은, 사람들이 어떤 일을 하거나 믿으면 나쁜 사람들이라고 말하는 경향인데, 이는 일시적인 현상 너머를 보지 못하는 것입니다.

해당 광선: 5광선

색상: 에메랄드그린

엘로힘: 사이클로피아(Cyclopea)와 버지니아(Virginia)

대천사: 라파엘(Raphael)과 성모 마리아(Mother Mary)

초한: 힐라리온(Hilarion)

베이스 차크라와 크라운 차크라

다음 그림은 베이스와 크라운 차크라 사이에 존재하는 무한 8자 형상 흐름을 보여줍니다. 이 두 차크라를 정화하는 작업을 하는 동안 이 흐름을 심상화하는 것이 중요합니다.

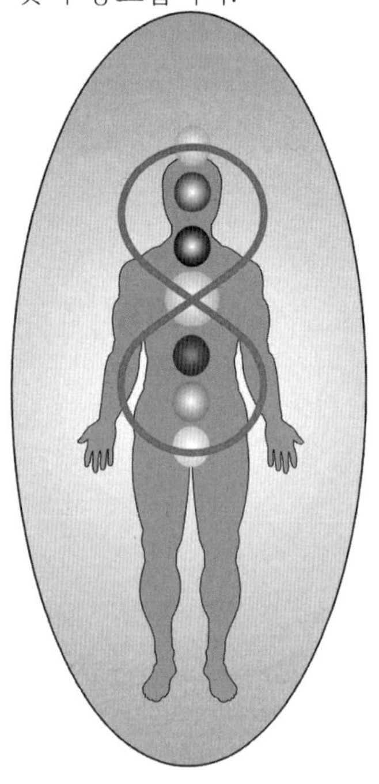

베이스 차크라

전통적으로 순수함, 희망과 자기 수양의 자리로 여겨집니다. 더 깊은 차원에서, 베이스 차크라는 여러분의 영과 육체(물질세계) 사이의 접점입니다.

영혼 차크라의 수준에서 요구되는 질문은 물질세계가 여러분의 영을 넘어서는 힘을 가지도록 허용하고, 이 세상에서 여러분의 표현을 제한할지 여부입니다. 베이스 차크라 수준의 질문은 물질세계의 현재 조건이 실제이고 영구적이며 변경할 수 없다고 믿느냐? 아니면 현재의 상황을 넘어서 물질세계(어머니 요소)를 가속하기 위해 여러분의 창조력을 발휘할 의지가 있느냐는 것입니다.

베이스 차크라가 순수하면, 물질세계의 겉모습들이 실재라거나 영구적이라는 환영에 빠지는 것을 피하게 됩니다. 여러분은 더 낮고, 육체적이며, 세속적이거나 인간적인 욕구를 충족하려는 끝없는 순환에 갇히지 않고 피할 수 있게 됩니다. 대신에, 여러분은 이 세상을 여러분의 자기-의식의 성장을 위한 도구로 볼 것입니다. 여러분은 이런 목적에 부합하지 않는 활동을 쉽게 피할 수 있습니다. 여기에 더 깊은 이해의 수준이 있습니다. 그것은 모든 인간이나 물질적인 활동을 피하는 문제가 아니라, 그것들을 영성화하는 문제임을 깨달아야 합니다.

모든 차크라가 순수할 때, 여러분은 영적인 여정에서 극복할 마지막 환영은 영적인 활동과 물질적인 활동, 영적인 영역과 물질세계 사이가 나뉘어 있다는 생각임을 알 수 있습니다. 그 대신에, 하나가 되어 있는 상태에 머물러 있으면서도, 여러분이 하는 모든 행위가 영적인 활동이 되게 할 수 있습니다. 이것은 우선 육화하는 목적 즉, 우주가 영적인 영역의 영구적인 부분이 될 수 있는 더 높은 수준으로 전체 물질세계의 진동을 가속하는 데 도움이 될 것입니다.

왜곡

전통적으로 왜곡은 불순함과 혼돈으로 볼 수 있습니다. 더 깊은 차원에서, 왜곡들은 현재의 조건들이 실재이고 그 조건들은 여러분이 변경할 수 있는 능력을 넘어서 있거나 그것들이 그래야만 한다는 감각입니다. 이 세상이 영적인 세계와 분리되어 있으며, 심지어 이 세상은 악마의 것이고 이 세상을 변화시키려 하지 말고 내버려두어야 한다는 생각입니다. 여러분은 이 세상에서 여러분이 영적인 사람이 될 권리가 없다거나, 이 세상에서 여러분의 영적인 힘을 표현할 권리가 없다고 믿을지도 모릅니다. 그 대신에, 현재 상황을 받아들이고, 여기에 적응해야 한다고 생각하게 됩니다.

궁극적인 왜곡의 사례로서, 심지어 자신이 단지 물질적인 존재이며 물질 우주의 산물이어서, 흙에서 나와 흙으로 돌아간다고 믿을 수도 있습니다. 물론, 이 마음 상태로는 더 높은 상태로 가속할 가능성이 전혀 없습니다. 삶 자체가 더 높은 수준으로 가속한다는 의미임을 고려하면, 이것은 예수께서 말씀하신 "죽음"이라는 마음의 상태로 영적인 죽음을 의미합니다.

해당 광선: 4광선
색상: 흰색
엘로힘: 아스트레아(Astrea)와 퓨리티(Purity)
대천사: 가브리엘(Gabriel)과 호프(Hope)
초한: 세라피스 베이(Serapis Bey)

크라운 차크라

전통적으로 지혜, 영감, 자기-이해의 차크라로 여겨집니다. 더 깊은 차원에서, 이 차크라는 분리된 자아가 비실재이고 분리가 환영이라는 것을 볼 수 있게 해줍니다.

크라운 차크라를 통해서 어떤 것도 모든 곳에 존재하는 창조주로부터 분리할 수 없으므로 모든 생명은 하나라는 근본적인 실재를 경험할 수 있게 해줍니다. 하나(oneness)라는 동일한 근본적인 실재를 가리키는 진리에 대한 유효한 표현이 많다는 것을 깨닫는 것과 같은 더 높은 이해에 대한 개방성 역시 크라운 차크라의 특성입니다.

왜곡

크라운 차크라의 왜곡은 모든 것을 알고 있거나 궁극적인 진리를 가지고 있다고 생각하는 잘못된 지혜입니다. 이 환영은 이원성의 중심적인 환영에 근거합니다. 즉, "실재"는 분리된 구획으로 나눌 수 있고 분리된 마음은 어떤 것이 진실이고 거짓인지, 좋고 나쁜지를 결정할 권리와 능력을 가지고 있다는 것입니다.

크라운 차크라가 오염되었다는 표시는 그들이 옳다고 절대적으로 확신하는 사람들에게서 볼 수 있습니다. 특히 광적인 사람들은 다른 사람들이 규정을 따르도록 강요합니다. 또 다른 왜곡은 지성주의로, 지성주의에 사로잡힌 사람들은 말을 초월한 영에 대한 직접적인 경험 없이 어떤 개념에 대해 찬반 논쟁을 벌입니다.

해당 광선: 2광선

색상: 황금색

엘로힘: 아폴로(Apollo)와 루미나(Lumina)

대천사: 조피엘(Jophiel)과 크리스틴(Christine)

초한: 로드 란토(Lord Lanto).

파트 2
치유의 힘을 주장합니다

상승 마스터들께서 프랑스 루르드 컨퍼런스에서 이 담화들을 주셨습니다. 루르드는 힐링 센터로 알려져 있습니다. 19세기에, 성모 마리아는 한 어린 시골 소녀에게 나타나, 기적적인 약효가 있다고 여겨지는 샘물을 발견하도록 도와주셨습니다. 그 이후로, 가톨릭 교회는 원래의 동굴을 왜소하게 만드는 거대한 바실리카(basilica)를 건설했습니다.

파트 2에서 일곱 광선, 주요 차크라, 그리고 특정한 불완전한 믿음으로부터 마음을 비우는 것이 어떻게 새로운 치유 접근 방식을 열 수 있는지에 대한 너 깊은 가르침을 제공합니다. 여러분은 차크라를 통한 창조적인 에너지의 흐름을 막는 많은 믿음에 대해 배울 것입니다. 이러한 믿음들을 의식적으로 보고 제거함으로써, 창조적인 흐름을 열어줄 뿐만 아니라, 여러분의 I AM 현존과 더 깊이 연결되어 있다고 느낄 것입니다. 이러한 하나됨의 감각은 궁극적인 행복과 내면의 평화를 위한 열쇠입니다.

3
분리된 자아를 넘어서서 필요로 하는 것

성모 마리아의 담화

사랑하는 가슴들이여, 나, 마리아는 아주 상서로운 이 장소에 여러분을 맞이하러 왔습니다. "상서로운(Auspicious)"이란 붓다의 동양 가르침들에서 많이 사용되고 있는 개념과 용어입니다. 비록 가톨릭의 성모 마리아(Virgin Mary)의 형태로 나를 경배하러 오는 많은 사람에게는 그 용어가 매우 이질적으로 보일 수도 있겠지만, 나는 신성한 아버지(Divine Father)와 늘 하나인 신성한 어머니(Divine Mother)입니다. 신성한 어머니의 대리자는 지구 행성을 위한 신성한 아버지의 대리자인 세계의 주님(Lord of the World)인 고타마와 하나입니다.

나는 여러분이 붓다의 무조건적인 평화에 조율하기를 바랍니다. "무조건적"이 핵심 단어입니다. 진정한 치유의 길을 가로막고 있는 것이 무엇일까요? 신성한 아버지로부터 분리될 수 있다는 환영, 그 근본적인 하나의 조건을 받아들인 후 그저 단순히 받아들인 조건이 아닐까요? 여러분은 신성한 어머니와 그녀의 존재에 대한 어떤 표현도 신성한 아버지로부터 분리될 수 있다고 생각합니다.

이곳에서 볼 수 있는 많은 조각상의 색상들을 생각해 보세요. 밝은 청색과 백색은 신성한 어머니의 순결함과 신성한 아버지인 신의 의지(Will of God)의 푸른 화염을 나타낸 것으로 이 특별한 발현에서 나를 대표하기 위해 내가 선택한 것입니다. 밝은 청색은 이 발현 당시와 그 이후에도, 심지어 지금까지의 그리스도교 전체 역사에서 아버지의 뜻을 진정으로 받아들이고 정박시키기 위한 열린 마음과 의지가 없었다는 것을 나타냅니다. 그리스도교는, 교회 계층구조와 같은 외부의 권위를 통해서만 닿을 수 있는, 하늘에 있는 외부의 신, 즉 저 멀리 떨어져 있는 존재의 이미지를 조장해 왔습니다.

겸손의 교훈

여러분 중 일부는 겸손의 교훈을 얻기 위해 여기에 왔다는 것을 알고 있으며, 이것은 확실히 여러분 모두에게 적용됩니다. 여러분 각자를 위한 교훈은 여러분의 심리에 따라 약간 다를 수도 있습니다. 여러분이 이 책의 완전한 혜택을 얻기 위해, 즉 개인적으로 도달할 수 있는 최상의 잠재력에 도달하기 위해, 겪고 통달해야 할 겸손의 교훈이 무엇인지 고려해 보기를 바랍니다.

확실히, 여러분은 세상에 살고 있는 영적인 사람들이며, 붓다의 무조건적인 평화에서, 내면에서 여러분의 주의를 빼앗고 분산시키려는 소음이 항상 존재한다는 점을 감안할 때, 어떤 겸손에 대한 교훈을 얻을 수 있습니다. 마라의 데몬들(demons of Mara)은 I AM 현존이라는 보리수나무 아래에서 명상하는 여러분을 끌어내리고, 이러한 물질 조건들과 동일시하게 만들려고 합니다. 실제로 이곳에 오는 많은 사람이 자기 육체와 정신을 황폐화하는 물질적 조건과 완전히 동일시되어, 외부에 있는 기적의 원천에서 치유를 구하는 것을 볼 수 있습니다.

나는 많은 영적인 사람이 이 장소로 오는 많은 가톨릭 신도보다 더 큰 이해력을, 훨씬 더 큰 이해력을 가지고 있다는 것을 잘 알고 있습니다. 비록 개인적인 차이는 있지만, 여러분 대부분에게 적용되는 보편적인 겸손의 교훈을 모두가 숙고하기를 바랍니다. 여러분은 내려가서 여기에서 치유를 구하는 사람들의 행렬을 살펴볼 수도 있습니다. 여러분 중 일부가 이미 느꼈던 것처럼 특정한 사고방식에 갇혀, 스스로 치유하기 위한 어떤 것도 하지 못하는 사람들을 보면서 안타까움을 느꼈을 것입니다. 그들은 다른 방법이 없다고 생각하면서, 그것을 오직 외부의 원천에서 구하고 있습니다. 그들이 따르는 교회는 신의 왕국이 여러분 내면에 있다는 그리스도의 진정한 가르침들을 제거했습니다.

치유를 위해 이곳에 오는 사람들보다 여러분이 조금이라도 더 진보되고, 세련되고, 성숙하다는 감각 또는 다소 우월하다는 감각이 있는지 가슴으로 진지하게 숙고하기를 요청합니다. 나는 겸손의 더 깊은 교훈이 있다는 것을 여러분에게 보여주려 합니다.

많은 사람이 자신을 위한 육체의 치유, 아마도 더 깊은 심리적-영적인 치유의 어떤 형태를 추구하고 있습니다. 여러분 중 일부는 한동안, 이 가르침들을 공부하고 적용해 보았을 것입니다. 비록 여러분이 큰 진전을 이루었다고 해도, 내면의 평화를 포함해서 자신의 최상의 잠재력과 자신 사이에서 무언가가 여전히 가로막고 있다는 것을 여러분은 알고 있습니다. 자신을 붙잡는 그 마지막 조건을 극복하기가 왜 그렇게 어려운지 생각해 볼 수 있습니다. 이 대목에서 여러분은, 사람들이 육체적 치유, 경우에 따라 심리적, 영적인 치유를 위해 이곳을 찾는다고 생각할 수 있습니다.

일부는 치유가 되고 일부는 치유가 안 되는 이유

여기에 오는 사람들 중 일부는 실제로 치유가 되지만, 다른 많은 사람은 치유가 되지 않습니다. 이곳에 치유를 촉진하는 능력이 있는 무언가가 있다고 말할 수도 있습니다. 왜 일부 사람들은 치유가 되지만 다른 사람들은 치유가 되지 않을까요? 가슴의 지혜로 이 문제를 보면, 치유되는 사람들과 치유되지 않은 사람들 사이에는 단 한 가지 차이가 있음을 알게 됩니다. 한 가지 차이점은 치유받은 사람은 자신이 치유되었다는 사실을 '온전히' 받아들일 수 있다는 것입니다. 치유되지 않은 사람들은 그러한 완전한 수용을 방해하는 몇 가지 조건을 가지고 있습니다.

여러분은 자신을 돌아보고 진정한 자기 모습으로 나아가는 데 방해가 되는 것이 무엇인지 살펴볼 수 있습니다. 여러분은 결국, 여기로 오는 사람들과 많이 다르지 않다는 것을 알 수도 있습니다. 또한 여러분 중 일부는 치유를 완전히 받아들이지 못하고, 자신이 치유되는 것을 받아들이지 못하게 막고 있는 조건을 가지고 있습니다. 치유를 받아들일 때 여러분은 더 이상 자신을 온전하지 않은 사람으로 보지 않도록 정체성 감각을 바꾸게 됩니다. 여러분은 자신을, 확실히, 온전한 개인으로서 받아들입니다. 이것이 바로 여러분 모두가 온전한 자신으로 거듭나기 위해 필요한 정체성의 전환입니다. 그것은 한 번의 거창한 순간이 아니라, 새로운 정체성을 받아들이는 수많은 작은 순간들에 걸쳐 일어납니다.

많은 사람이 이 책을 통해 진정으로 큰 치유 경험을 할 수 있는 잠재력을 가지고 있다는 점을 고려해 주기를 바랍니다. 치유가 이루어지려면, 자신을 온전한 존재로 받아들일 수 있도록 정체성을 전환해야 합니다. 그러려면, 전에는 보지 못했던 어떤 조건, 어떤 믿음을 찾아야 할 수도 있습니다. 나는 여러분의 마음을 모두 알고 있습니다. 진정으로 자신의 조건들을 볼 수만 있다면, 그것들을 놓아버리지 못하는 사람은 없을 것입니다. 조건을 놓아버리지 못하게 가로막는 유일한 것은 여러분이 조건을 본 적이 없거나, 아니면 그것이 무엇인지 보지 못했다는 것입니다.

자신을 낮추고 지금 보이지 않는 것을 기꺼이 보려고 노력하세요. 기꺼이 구루를 찾으세요. 구루는 종종 개미의 형태로 나타나서 스스로는 볼 수 없는 것을 말해 줍니다. 오직 그 전환을 함으로써 완전함(wholeness)을 달성할 수 있습니다. 여러분은 그 완전함이 자신의 외부, 어떤 기적의 원천에서 오지 않음을 충분히 잘 알고 있습니다.

스스로 치유할 수 있는 것과 치유할 수 없는 것

여러분이 숙고해 주기를 바라는 미묘한 점이 있습니다. 여기 있는 사람들이 여러분과는 매우 다른 신의 이미지를 가지고 있음을 볼 수도 있습니다. (그들은 나를 특정한 형태로 알고 있으므로 아마도 신성한 어머니의 공직을 통해) 그들에게 기적을 부여할 수 있는 하늘에 있는 외적인 신의 형상을 붙잡고 자신의 외부를 바라보고 있습니다. 물론 예수께서 말한 것처럼, 여러분은 신의 왕국이 내면에 있다는 실재에 열려 있습니다. 여러분은 자신의 의식을 변형하기 위해 적극적으로 참여할 수 있음을 알고 있습니다.

뱀이 정원에서 이브에게 제시한 미묘한 유혹, 즉 여러분이 선과 악을 아는 신처럼 될 수 있다는, 자기자신만으로 충분하다고 생각하는 유혹을 조심하세요. 여러분은 볼 수 없는 것을 보여주기 위한 신이나 다른 사람들 또는 외부의 구루나 스승이 필요하지 않다고 생각합니다. 이곳에 치유받기 위해 오는 많은 사람은, 치유를 '자신'의 외부의 근원으로부터 받아야 한다고 생각합니다. 여기서 '자신'이라 함은 전체 존재인 자신을 의미합니다. 그들이 전체 존재(total being)를 어떻게 정의하든 말입니다. 물론 여러분은 자신에 대해 더 깊이 이해하고 있지만, 온전해지기 위해서는 여전히 자신 외부의 무언가가 필요하다는 것을 인지해야 합니다. 단지, 그 무언가는 여러분 전체 존재의 외부에서 오는 것이 아닙니다. 지금 주목하세요. 그것은 여러분의 분리된 정체성 감각 외부에서 옵니다.

　분리된 정체성 감각으로 어떤 것을 하더라도 여러분은 결코 온전해지지 못할 것입니다. 여러분은 온전함으로부터, 전체로부터, 생명의 강으로부터 분리된 존재로 자신을 보는 자아를 통해서는 온전해질 수 없습니다. 분리 의식을 통해서 어떻게 온전해질 수 있을까요? 이것은 여러분이 그 분리된 자아를 넘어서야 하는 이유입니다. 분리된 자아를 넘어서서 여러 가지가 필요하다는 말을 깊이 생각해 보기를 바랍니다.

　첫째로, 신성한 아버지와 신의 의지가 있습니다. 그것을 외부의 의지로 보지 말고, 자신의 상위 존재로, 여러분 자신의 상위 존재의 의지로, 진정한 여러분의 의지로 보아야 합니다. 여러분은 이 우주에서 여러분의 조건들을 진정으로 소멸시킬 수 있는 유일한 힘인 신성한 어머니의 사랑이 필요합니다. 그것들을 소멸하기 위해서는 조건들을 놓아버려야 합니다. 그러려면 그리스도의 지혜, 그리스도 마음의 비전이 필요합니다.

중립적이고 무조건적인 베풂

　그리스도 마음의 완전한 지혜를 얻으려면 무엇이 필요할까요? 여러분이 분리된 자아로서 스스로를 위한 성장이나, 치유 또는 완전함을 추구하는 것을 멈추는 전환이 필요합니다. 여러분은 분리된 자아를 넘어 전체 비전을 보고, 그리하여 모든 생명을 높이려고 합니다. 분리된 자아를 높이기 위해서가 아니라 자연스러운 현상으로, 여러분은 생명의 강에 몸을 담그고, 다른 사람을 위해 무조건적으로 행하려고 노력합니다.

　사소해 보일 수 있는 자연스럽고 사심 없는 행동이 있습니다. 그러나 분리된 자아를 높이거나 타인의 눈에 중요하게 보이게 하거나 자기 눈에 좋아 보이려고 하지 않는다는 감각이 중요합니다. 그것은 편안함과 자연스러움에서 비롯됩니다.

자신의 삶을 살펴보면, 여러분 모두 이 자연스럽고 조건 없는 베풂을 한 번쯤은 경험했음을 알 수 있습니다. 그러면 생명의 강 안에 있는 것이 어떤 것인지 알 것입니다. 여러분이 생명의 강 안에 있을 때, 만난 적 없고 다시 만날 일 없어서, 대가를 기대할 수 없는 사람들에게 미소를 짓고, 기쁨을 나누고, 진리를 말하며, 자연스럽게 손을 내밀어 그리스도의 이름으로 찬물 한 잔을 건네줍니다. 그때 바로 우주가 여러분에게 미소를 돌려보내 줍니다. 물질세계로부터 직접적인 보답을 받지 못할 수도 있습니다. 하지만 여러분은 우주가 돌려주는 것을 받을 것입니다. 다른 사람을 돕고자 하는 행위 속에서, 여러분은 분리된 자아에 사로잡혀 있을 때 볼 수 없었던 것, 치유할 수 없었던 것에 도움을 받습니다.

외적인 마음의 비논리적인 논리

때때로 그 외적인 마음, 그 외면의 자아가 더 높은 의미에서 보면 상당히 모순되고 비논리적인 논리를 가질 수 있다는 점도 고려해 보기를 제안합니다. 여러분 중 일부는 신체적 부담을 느끼고 있습니다. 이곳은 많은 사람이 치유하러 오는 곳입니다. 그들은 어떻게 치유를 추구할까요? 그들은 치유의 물웅덩이를 걸으면서 치유를 추구합니다.

여러분 중 일부는 외면의 마음으로 이렇게 말했을 것입니다 "나는 거기에 안 갈 거야. 난 그런 짓 안 해." 외면의 마음이 가진 논리에 대해 생각해 보세요. 그래야 여러분이 그것에서 벗어날 수 있습니다. 여러분 중 일부는 의료계가 여러분과 여러분의 몸에 무엇을 하는지 경험해 보았을 것입니다. 의사들이 여러분의 신체 일부를 잘라내고, 방사선과 독성 화학물질에 노출하고, 부작용이 있는 약을 주사했다는 것을 생각해 보세요. 이 모든 것을 겪었지만, 옷을 벗고 차가운 물웅덩이를 걷는 것을 생각할 때, 갑자기 그것이 의사들에게 노출되었던 것보다 더 어려워 보입니다.

나는 웅덩이를 걸어야 한다고 말하는 것이 아닙니다. 나는 단지 여러분이 내면에서 오는 답을, 가슴을 따라야 한다고 말하는 것입니다. 개인적으로 그 답을 들으려면, 이미 앞서 이렇게 말한 외면의 마음을 무효화시켜야 합니다: "오, 아니, 나는 그렇게 하지 않을 거야." 여러분은 아마도 삶의 다른 측면에서도 이런 말을 하는 경향이 있다는 것을 알게 될 것입니다: "오, 안 돼, 나는 절대로 그럴 수 없어." 여기에 개인적인 환영을 발견하는 열쇠가 있습니다.

완전함을 방해하는 조건은 무엇입니까? "오, 안돼, 그것은 도저히 나에게 적용할 수 없어. 나는 그럴 자격이 없어. 나는 그렇게 할 수 없어"라고 말할 때입니다. 또는 스스로에게 하는 말이 무엇이든 상관없습니다. 이것은 여러분이 근원으로부터, 다른 사람들로부터, 전체로부터, 생명의 강으로부터 분리되어 있다는 이미지를 강화하는 특정한 조건입니다.

나는 여러분과 분리되어 있지 않습니다. 나는 생명의 강 안에 있을 뿐만 아니라, 신성한 어머니와 하나로서 나는 생명의 강입니다. 여러분이 생명의 강에서 자신을 분리할 때, 나와 자신을 분리하는 것입니다. 자유의지의 법칙에 따라, 나는 여러분을 도울 수 없습니다. 분리된 자아를 넘어서서 도움을 받아들일 의지가 없다면 나는 여러분을 도울 수 없습니다. 이곳에 와서 치유받은 사람들조차 의식적으로 알지 못하고, 여러분이 가진 이해도 없었지만, 분리된 자아를 넘어서서 무언가를 받아들일 수 있도록 자신의 정체성 감각을 전환했습니다. 그러한 수용이 치유입니다.

이 말을 숙고해 보세요. 내가 여러분이 진정으로 말씀에 귀담아 들음으로써 이전에는 해보지 않았던 방식으로 여덟 겹 치유 기원문을 해보기를 요청할 때, 이 말을 숙고해 보세요. [초월 도구들[8] 참조]. 내

---

[8] www.TranscendenceToolbox.com

가슴에서 나온 이 기원문을 듣거나 읽을 모든 사람이, 각자의 특정한 환영을 보고 그 환영을 깨트리는 데 도움을 줄 수 있는 한 문장이 기원문 안에 있을 것이라고 확신합니다. 그러면 여러분은 분리에서 벗어나 하나됨으로 나아가는 것이 아니라, 여러분은 이제 항상 존재했던 하나됨을 받아들이는 것임을 깨닫게 될 것입니다.

　나를 비롯한 나머지 상승 마스터들은 여러분이 이 책에 온 것을 진심으로 기쁘게 생각합니다. 여러분 각자에게 모든 것이 이루어지기를 바랍니다. 어머니 가슴의 무조건적인 기쁨과 붓다 가슴의 무조건적인 평화에 봉인되었습니다.

4
카르마는 여러분이 생각하는 그런 것이 아닙니다

킴 마이클즈

나는 언젠가 자신이 나쁘거나 악한 사람이 아닌지 생각해 봤다고 말하는 사람과 토론을 한 적이 있습니다. "만약 그렇다면요?" 하고 물었더니, 그는 이렇게 반응했습니다. "그렇다면 적어도 나는 그것에 대해 걱정하는 대신 확신을 가질 수 있을 것입니다."

나는 그 반응을 이해했습니다. 왜냐하면 두려움을 마주하기 전까지 우리는 그것을 극복할 수 없는 것이 현실이기 때문입니다. 만약 우리가 어떤 조건에 대한 두려움을 가지고 있고, 그 조건이 너무 끔찍해서 우리가 두려움을 가지고 있다는 것을 인정하지 않고 도망치려 한다면, 우리는 두려움을 마주할 수 없고, 그러면 그것을 극복할 수 없습니다. 우리는 의문의 이 중간 지대[9]에 갇혀 있습니다: "내가 정말 나쁜 사람입니까? 나는 이것인가요 아니면 저것인가요?"

그 사람과의 다음 대화에서 그의 자아상과 그의 관점에 이상한 점

---

[9] no-man's land, 무인지대. 소속감이나 정체성을 잃어버린 상태를 말함.

이 있음을 알았습니다. 그는 자신과 세상을 어떤 유리한 주관적 관점 (vantage point)에서 보고 있었습니다. 나는 우리가 자유로워지려면 인식의 전환이 필요하다고 믿습니다. 오랫동안 나는 그의 인식을 바꾸려 했고, 그에게 다른 관점을 제시하고, 그가 그것을 보는 방식에서 벗어나, 다른 관점에서 바라보게 하려고 노력했습니다. 나는 내가 생각할 수 있는 모든 것을 하고 있었지만, 30분 정도 지나자 마침내 이렇게 깨달았습니다: "나는 아무것도 얻지 못하고 있다!"

그 시점에서 무엇을 해야 할지 몰랐습니다. 그저 내 가슴속에 집중했고 그때 나에게 이것이 떠올랐습니다: "그거 알아요? 이것으로 충분합니다. 당신을 바꾸려는 것이 전혀 아니라는 것을 알았으면 합니다. 나는 바로 지금 진정한 당신을 무조건적으로 사랑하고 받아들입니다."

그는 말했습니다: "음, 하지만 이런 기분이 듭니다." 나는 말했습니다: "좋아요. 그렇게 느끼는 당신을 무조건 사랑하고 받아들입니다." 그는 말했습니다: "예, 하지만 지금은 이런 기분이 듭니다." 나는 말했습니다: "좋아요. 나는 이런 감정을 느끼는 당신을 무조건적으로 사랑하고 받아들입니다." 우리가 이것을 마칠 때까지 나는 얼마나 많이 말했는지 모릅니다. 그는 마침내 말했습니다: "오, 이제 알겠어요. 나는 원 주위를 돌고 있었어요."

우리는 왜 자신을 나무랄까요

내가 그 경험을 통해 깨달은 것은 영적인 여정에는 두 종류의 사람들이 있다는 것입니다

일부 사람들은 아직 기꺼이 자신을 살펴보고 자기 눈에서 들보를 보려고 하지 않습니다. 그들은 자신이 완벽하지 않거나 충분히 선하지 않을 수도 있다는 것을 보지 않으려고 합니다. 어떻게 보면, 교만하거나 거만해 보일 수 있지만, 실제로는 자존감이 매우 낮습니다. 그들은 영적인 여정과 가르침을 사용하여 자존감을 높이려고 합니다.

실제로 여러분은 자기 눈에서 들보를 보기 전에 어느 정도 자존감을 가져야 하고, 자신이 완벽하지 않다고 또는 자신이 변할 필요가 있을지도 모른다고 생각해야 합니다.

대부분의 영적인 사람은 기꺼이 자기 눈에서 들보를 살펴보고, 심지어 우리 자신을 나무라고 우리에게 이런저런 잘못이 있다고 느낄 정도로 오랫동안 그렇게 해왔습니다. 그 의식은 자신에게서 잘못된 것을 기꺼이 찾으려 하고 항상 자신에게서 잘못된 것을 찾습니다.

내가 이것을 숙고한 다음, 갑자기 나에게 떠오른 말은 다음과 같습니다: "당신에게 있는 유일한 문제는 당신에게 문제가 있다는 의식입니다."

우리는 의식하는 존재들이며, 신의 확장들입니다. 우리는 내면의 존재이며 순수합니다. 우리는 원래 신에 의해 창조되었을 때처럼 지금도 순수합니다. 신은 불순한 무언가를 만들 수 없습니다. 우리는 우리에게 특정한 문제가 있다는 어떤 믿음을 가지고 있습니다. 우리는 순수함으로 돌아가기 위해 우리가 가진 잘못된 것을 고치려고 노력하고 있습니다. 우리는 특정한 결함에 초점을 맞추고 있지만 잘못된 것은 결함이 아닙니다. 잘못된 것은 우리가 애초에 순수하지 않다는 믿음, 우리에게 뭔가 잘못된 것이 있다는 믿음입니다.

에고와 거짓 교사늘은 우리가 그렇게 하기를 원합니다. 그들은, 우리가 외부에 집중하기를 원하며, 따라서 우리가 그것을 고칠 수 있다면, 우리는 완벽해질 것이고 신은 우리를 받아들여야 할 것이라고, 생각하기를 원합니다. 하지만 신은 이미 우리를 받아들였습니다. 태초에 신은 우리를 창조했고, 그 이후 성서에서 다음과 같이 말했습니다. "신이 보시기에 좋았다."

신은 우리를 선하게 창조했습니다. 신이 보기에 우리는 선합니다. 우리는 우리가 창조되었을 때처럼 순수합니다. 세상에는 우리가 선하지 않다고 말하는 의식이 있습니다. 그 의식은 우리가 이 세상의 이런저런 조건이나, 우리가 부응하지 못하고 있는 이런저런 기준 때문에, 우리가 선하지 않다고 말하면서 스스로를 위장해 왔습니다. 그것은 절대로 불순하게 될 수 없는 우리의 실재에 집중하지 못하게 우리의 주의를 빼앗습니다.

우리의 진짜 모습

그런 이유로 마스터들이, 창조된 목적대로 존재하는 의식하는 자아라는 개념을 주었습니다. 바로 지금, 여러분의 마음속에서 여러분은 여러분이 생각하는 자신입니다.

세상에는 분리의 환영이나 이원성 의식이 만들어낸 이런 종류의 의식들이 많이 있습니다. 그것은 마치 극장에 들어가는 것과 같습니다. 극장에는 그곳에서 연기할 수 있는 다양한 배역의 의상을 걸어두는 작은 금속 선반이 있습니다. 여러분이 경험하고 싶다면, 자신이 원하는 어떤 의상이든 선택할 수 있습니다.

우리는 의식하는 존재들로 창조되었고, 의식하는 존재들로서 자신을 경험합니다. 그것이 우리가 여기에 있는 이유입니다. 바로 경험하기 위해서 여기에 있습니다. 신은 우리에게 완전한 자유의지를 주었습니다. 우리는 스스로 원하는 경험을 창조할 수 있고, 신은 우리가 어떤 경험을 하든 우리를 사랑하고 받아들입니다. 그는 우리에게 자유의지를 주었고 우리가 경험하고 싶은 것은 무엇이든 자유롭게 경험할 수 있다고 말했습니다. 그는 우리에게 물질 우주를 주었으며, 이것은 우리가 원하는 경험이 무엇이든, 투사한 것을 우리에게 되돌려 주는 거울입니다.

우리가 한 일은 "오, 나는 이것을 경험하고 싶다." 또는 "나는 이 의상을 입고 있다."라고 말한 것입니다. 하지만 그다음에 거짓 교사, 즉 뱀이 찾아와서 이렇게 말합니다. "오, 당신이 그 의상을 입은 것에 문제가 있습니다. 당신은 그러지 말았어야 해요. 당신은 은혜에서 추락

했고, 금지된 과일을 먹었군요. 이제 당신에게 문제가 생겼습니다.”

여러분이 햄릿 의상을 입었다고 가정해 봅시다. 여러분은 햄릿의 캐릭터에 초점을 맞추고 이렇게 말합니다. “햄릿은 무엇이 문제인가? 그가 무엇을 잘못했나? 햄릿을 고쳐야 해! 그를 고쳐야 해.”

여러분이 의상의 잘못된 점을 고친다고 해도, 절대로 의상에서 벗어날 수는 없을 것입니다. 여러분은 이것을 깨달아야만 그것에서 벗어날 수 있을 것입니다: “이것은 내가 아니다. 나는 그저 그 의상을 입었을 뿐이다. 내가 의상을 입은 것은 아무 문제가 없다. 신은 나에게 자유의지를 주었다. 나는 그 의상을 입었다. 왜냐하면 그 의상을 입고 세상을 보는 것이 어떤 것인지, 그 의식의 상태를 경험하고 싶었기 때문이다. ‘무대인 온 세상’에서 특정한 역할을 하는 것이 어떤 것인지 알고 싶었다. 그 특정한 주관적인 지점에서 세상을 보는 것은 어떤 느낌일까?”

거기에는 아무런 문제가 없습니다. 여러분이 실제로 그 경험을 더 이상 즐기지 않고, 더 이상 그 특정한 관점에서 세상을 즐기지 못한다면, 그래서 여러분이 그것에서 벗어나고 싶다면, 여러분이 의상이나 외부 조건의 문제를 고치려고 노력해서는 그것에서 벗어날 수 없다는 것을 깨달아야 합니다. 여러분은 이것을 깨달음으로써 그것에서 벗어날 수 있습니다. “이것은 내가 아니다. 이것은 그저 내가 맡은 역할이다. 신이 나에게 그것을 맡을 권리를 주었듯이, 그는 나에게 언제든지 그것을 벗고 떠날 수 있는 권리를 주었다!”

알파와 오메가 상호작용이 있습니다. 환영의 알파 측면은 여러분이 의상을 입은 것에 문제가 있다는 것입니다. 오메가 측면은 그것에서 벗어나려면 대가를 치러야 한다는 것입니다. 여러분은 충분히 고통받아야 하고, 속죄해야 합니다. 여러분은 카르마의 균형을 맞추어야 합니다. 다시 말해, 여러분은 그것으로부터 그냥 떠날 수 없습니다. 에고가 여러분에게 말하려고 하는 것이 이것입니다.

에고는 환영을 받아들여서 창조된 것이므로, 단순히 의상을 벗어버리고 떠나면 에고는 죽을 것입니다. 그것은 죽기를 원하지 않기 때문에 여러분에게 이렇게 말하고 있습니다: "당신은 나를 그냥 떠날 수 없어요! 당신은 죄를 지었습니다. 당신은 죄를 갚아야 하고, 예수는 여러분의 죄를 갚아야 합니다. 당신은 카르마를 갚아야 합니다. 나에게서 떠날 만큼 충분한 자격을 갖기 전에 357번의 육화 동안 자신을 나무라야 합니다."

그것은 거짓말입니다!

카르마의 새로운 관점

누군가가 나에게 카르마에 관해 묻더니, 이렇게 말했습니다: "하지만 전생의 카르마가 있고 잘못을 저질렀기 때문에 내가 지금 이 상황에 처하게 된 것일 수 있습니다." 그것은 카르마에 대한 오래된 전통적인 가르침이고, 나는 최근에 그것에 대한 더 높은 가르침을 받았습니다.

카르마란 무엇입니까? 그것은 물질 우주의 다른 모든 것과 같습니다. 모든 것은 마터 빛 위에 투사된 이미지입니다. 예를 들어, 전생에 여러분은 권력을 남용하고 사람들을 나쁘게 대했던 공주였을지도 모릅니다. 하지만 실제로 일어난 일은 자신이 나쁜 사람이라는 이미지를 갖게 된 것입니다. 이제 여러분은 스스로를 나무라고 벌을 주어야 한다고 생각합니다. 여러분이 스스로를 더 이상 나쁜 사람이라고 느낄 필요가 없을 정도로 충분히 처벌받을 때까지 말입니다. 이제 여러분은 자신이 고통스럽게 한 사람들보다 10배 더 고통받았으니, 이제 괜찮아졌거나 고쳐졌을 것이라고 생각합니다. 우리 자신의 외부 거울에서 오는 이러한 투사는 우리가 우리의 역할에서 그냥 떠날 수 없다는 우리의 믿음을 반영합니다.

성모 마리아의 여덟 겹 치유 기원문에서 물질 우주의 모든 것은 매초마다 여러 번 마터 빛에 투사되는 이미지라고 말합니다. 여러분의 카르마는 어떤 외부의 힘이 아닙니다. 여러분의 카르마는 여러분이 1초에 수백 번 마터 빛에 투사하고 있는 여러분의 의식 속에 있는 이미지입니다. 필름들이나 개별 사진을 절대 볼 수 없으므로 여러분은 그것을 보지 못합니다. 단지 그것을 흐릿하게 봅니다. 여러분은 자신이 이것을 투사하고 있다는 것을 알지 못하기 때문에 이것이 지속적인 움직임이라는, 그것이 자신 외부에서 오는 것이라는 환영에 취약합니다.

5

1광선: 카르마의 비선형적인 관점

마스터 모어의 담화

나는(I AM) 모어입니다. 여러분은 내가 빠르게 오고 빠르게 떠난다는 것을 알아야 합니다. 내가 할 말을 하고 나면, 특정한 방식으로 끝내는 일반적인 예의를 지키는 데 신경 쓰지 않습니다. 충분하다면, 나는 다음으로 넘어갑니다.

그것은 여러분 모두를 위한 힌트입니다. 충분하다면 그냥 넘어가세요. 여러분이 받아들인 의식의 족쇄를 벗어 던지세요. 여러분이 바라는 어떤 경험도 할 권리가 있지만, 여러분이 주어진 경험을 충분히 했다면, 정말 다음으로 나아갈 수 있다는 것을 알아야 합니다.

이것은 진정한 치유의 핵심 열쇠입니다. 그것은 진정한 치유의 회복을 위한 열쇠입니다. 이 행성에서 사람들이 어떻게 치유를 추구하는지 살펴보세요. 오늘날의 의료계를 살펴보세요. 그들이 암암리에 여러분에게 약속하는 것이 무엇입니까? 그들은 여러분의 몸에 질병이 나타났을 때, 그것을 치료할 수 있는 기계적인 방법을 제공할 수 있다고 약속합니다. 여러분은 신체에 질병을 유발한 의식에 대해 말할 필요가 없습니다. 자기 눈에서 들보를 볼 필요가 없습니다.

이것이 그들이 여러분에게 약속한 것입니다. 그것은 많은 종교가 오랫동안 사람들에게 약속했던 것 아닌가요? "당신이 우리의 외적인 종교를 따르고, 우리가 당신에게 준 규칙과 규정을 준수한다면, 언젠가 당신의 눈에서 들보를 보지 않아도 신의 왕국에 들어갈 것입니다."

아, 이것이 바로 그 약속입니다. 얼마나 많은 사람이 그것을 믿었습니까? 육화 후에 그것이 거짓 약속이었고 그들은 지구로 돌아와야 했다는 것을 알게 되었을 때 어떠했을까요? 그들은 심지어 성직자들조차도 외적인 규율을 따르는 것으로 충분하다고 믿는, 그런 종교의 위선을 보면서 종교에 대해 점점 더 의심을 품게 됩니다. 그들은, 예수가 지지했던 모든 것을 모독하는, 아동학대가 만연한 가톨릭 교회와 같은, 교회라는 가면 뒤에 숨어 무엇이든 할 수 있다고 생각합니다. 그는 이 아이들 중 하나를 다치게 하는 것보다 여러분이 맷돌을 목에 걸고 바다에 던져지는 것이 낫다고 말하지 않았습니까?

여러분은 최근 근본주의 교회의 한 목사가 말한 것처럼 다른 많은 교회에서도 이런 말을 하는 것을 볼 수 있습니다: "당신은 신의 사람이 될 수 있고 한쪽에서는 약간의 재미를 즐길 수 있습니다." 여러분이 신을 대표한다고 주장하면서 동료들에게 숨길 수 있는 것이 신에게도 숨길 수 있다고 생각하는 것은 얼마나 위선인가요? 신은 하늘에서 여러분을 내려다보는 것이 아니라, 여러분의 내면에서, 여러분이 사랑하는 아들이나 딸로서 여러분을 사랑하는 신성한 연인(the Devine Lover)을 찾을 때를 기다리고 계십니다.

정직은 진정한 치유의 기반

진정한 치유를 회복하기 위해서는 견고한 기초부터 다져야 합니다. 우리는 신의 의지인 1광선부터 시작해야 합니다. 그렇다면, 1광선의 특성은 무엇일까요? 신의 의지라고 생각할 수도 있고, 신의 힘이라고 생각할 수도 있지만, 정직이라는 또 다른 특성으로 생각할 수도 있습니다.

정직함, 사랑하는 이들이여, 그것은 1광선의 특성이 아닌가요? 그것은 신의 의지와 신의 힘의 표현이 아닌가요? 정직의 핵심은 무엇입니까? 그것은 신의 의지와 함께하는 하나됨이 아닌가요? 진정, 신은 궁극적으로 정직한 존재입니다. 신은 스스로에게 아무것도 숨길 수 없기 때문입니다.

여러분은 아마도 선형적인 마음이 묻는 이런 오래된 질문을 들어봤을 것입니다: "만약 신이 전능하다면, 신이 들어 올릴 수 없을 정도로 큰 바위를 창조할 수 있을까요?" 신은 하나이므로 스스로에게 숨겨진 어떤 것도 창조할 수 없으며, 따라서 정직합니다. 부정직함의 핵심을 생각해 보세요. 그것은 무언가가 숨겨질 수 있다는 믿음, 속으로는 다른 무언가를 생각하면서도 특정한 말이나 행동을 할 수 있다는 것입니다. 실제로 뱀은 이브에게 자신을, 정원에 있는 영적인 스승의 명령이라는 족쇄에서 그녀를 벗어나게 해줄 해방자라고 했습니다. 질병의 기초가 바로 부정직함 속에, 무언가가 숨겨질 수 있다는 환영 속에 있습니다.

삶의 극장에 들어가서 여러분이 경험하기를 바라는 어떤 의상이든 입고, 여러분이 원하는 어떤 경험이든 할 수 있는 자유의지의 메시지와 정직함을 숙고하세요. 삶의 무대에서 많은 다양한 의상을 입어 보는 것에는 잘못 혹은 죄(혹은 여러분이 그것을 뭐라고 부르던)가 없습니다. 이것이 바로 신께서 여러분에게 주신 권리입니다.

여러분이 특정한 의상에 갇혀 있고, 어떤 외부의 힘이 앞으로 나아가지 못하게 막는다는 믿음을 만들기 시작할 때, 부정직함이 그 무대로 들어갑니다. 왜 내가 부정직하다고 말할까요? 현실적인 관점에서 이것을 고려해 보면, 신은 여러분이 원하는 어떤 의상이든지 입어 볼 완전한 자유를 주었다는 것을 깨닫기 때문입니다. 신은 여러분에게 어떤 의상이든 입으라고 강요하지 않는데, 이것이 무엇을 의미할까요? 그것은 여러분 자신이 어떤 의상을 입을지 선택하고 있다는 의미입니다.

여러분이 자신의 현재 상황이 과거와 현재의 자기 선택의 결과가 아니라는 믿음을 형성할 때, 여러분은 우리가 딜레마(catch-22)라고 부르는 상황에 빠지게 됩니다. 어떤 외부의 힘이 여러분을 현재 상황으로 밀어 넣었다고 생각한다면, 누가 그 상황에서 여러분을 자유롭게 해줄 수 있습니까? 논리적으로, 그것은 또한 외부의 힘이어야 합니다. 그렇지 않나요? 그것은 여러분이 자신의 상황을 바꿀 힘을 외부에 주었다는 의미입니다. 어떤 외부의 힘이 대신해 주기를 기다리는 수동적인 상태에 있습니다. 여러분은 또한 할 권리가 있는 일을 했습니다. 즉, 외부의 힘에 여러분의 자유의지를 내어준 것입니다.

다시 말하지만, 신은 여러분에게 자유의지를 주었습니다. 여러분은 이것을 할 권리가 있습니다. 마이트레야께서 그의 책에서 설명했듯이, 여러분은 더 이상 결정하고 싶지 않다고 결정할 권리가 있습니다. 여러분은 더 이상 결정을 내리고 싶지 않다고 결정을 내릴 수 있습니다. 그리하여, 여러분은 여러분의 삶을 지배하는 어떤 외부의 힘이 있다는 고정된 이미지를 만들게 됩니다.

자유의지의 미묘함을 조심하세요

뱀은 여러분에게 이렇게 속삭일 것입니다. 여러분은 그 역할과 의상을 만들 권리가 있고, 무력감을 느껴 볼 권리가 있다고 말입니다. 선형적인 지적 사고의 관점에서 보면 뱀이 옳은 것처럼 보일 것입니다. 하지만 여기서 미묘한 점은 여러분이 힘을 외부에 내줄 때, 어떻게 의상 밖으로 나갈 수 있을까요? 여러분이 어떻게 그것을 그냥 내버려두고 떠날 수 있을까요? 그 미묘함이 보입니까?

선형적이고 분석적인 관점에서 뱀이 잘못했다고 꼭 그렇게 말할 수는 없습니다. 신은 여러분에게 완전한 자유를 주셨고 여러분의 선택을 제한하지 않습니다. 여러분이 어떤 의상이든 입을 수도 있지만, 어떤 의상을 입든 신은 여러분을 자신의 확장으로서 창조된 존재로 받아들입니다. 여러분이 그 낡은 옷을 벗어버리고 그리스도 안에서, 하나됨 안에서 새 옷을 입기를 원할 때, 그 어느 때나, 신은 여러분을 두 팔 벌려 환영할 것입니다. 신은 의상을 입거나 다시 벗을 수 있는 자유를 제한하지 않습니다.

뱀 논리는 정말로 여러분의 자유를 제한합니다. 여러분을 죄 속에 태어나게 한, 하늘의 분노하는 신과 같은 어떤 외부의 힘이 여러분의 상황을 악화시켰다는 거짓과 환영을 받아들일 때, 여러분은 단지 의상을 벗어버리고, 낡은 것을 뒤로하고, 그리스도 안에서 다시 태어나 새로운 존재가 될 수 있다고 믿을 수가 없습니다. 신이 여러분에게 힘과 그 힘을 행사할 자유를 준 반면, 뱀과 뱀 의식은 여러분의 힘을 빼앗는 것이 목표입니다.

나는, 신의 의지를 대리하는 존재로서, 여러분이 자유의지를 행사하고 원하는 어떤 경험이든 창조해서 여러분이 배울 수 있는 기회를 주는 것이 신의 의지라고 말할 것입니다. 그러므로 여러분은 하나됨에서 분리될 수 있고, 뱀의 거짓말을 믿고, 하나됨에서 점점 더 분리되는 살봇된 길, 하향의 길을 따를 수 있는 잠재력이 있습니다.

이것은 여러분의 권리입니다. 나는 그것을 지지합니다. 하지만 내가 말하고자 하는 요점은 어떤 방식이나 형태, 모습이든 여러분이 제한된 정체성 감각에 갇혀 있거나 고통받는 것은 신의 의지가 아니라는 것입니다. 신이 창조하신 순수한 존재보다 자신을 더 작은 존재로 본다는 의미에서 자신을 낮추는 것은, 개인적으로 여러분을 위한 신의 의지가 아닙니다.

치유의 알파와 오메가

완전한 선택의 자유를 준 신의 의지의 알파 측면이 있습니다. 신의 의지에는 오메가 측면이 있는데, 그것은 여러분이 선택의 자유를 여러분이 더 작아지지 않고 그 이상(more not less)이 되기 위해서 사용하기를 바랍니다.

진정한 치유에 대한 교훈은 무엇입니까? 진정한 치유가 무엇입니까? 그것은 스스로 치유하는 것입니다!

삶의 목적이 무엇입니까? 그것은 자아의 성장이고, 자기-의식의 성장입니다. 이것이 바로 여러분이 육체와 같은 물질적 형태와 동일시되는, 매우 국한된 정체성 감각으로 시작할 수 있는, 형태의 세계가 있는 전반적인 목적입니다. 그 정체성이 아무리 제한적일지라도, 여러분 자신이 어떤 존재인지에 대한 의식에 도달할 때까지 자기-의식이 성장할 잠재력이 있습니다. 이 성장은 자기 성장입니다. 그것은 신이 강요하는 것이 아닙니다. 자기 성장은 강요될 수 없기 때문입니다.

진정한 치유의 시작은 진정으로 여러분이 하나됨에서 분리되기로 선택했다는 것을 인식하는 것입니다. 육체나 마음의 치유가 필요한 이유는 자아감을 확장하기보다 자신을 제한하는 선택을 했기 때문입니다. 자신을 더 이상, 물질 우주의 드라마에서 일시적으로 특정한 역할과 의상을 입은, 영적인 존재로 보지 않는 환영에 빠졌습니다. 대신에, 여러분은 이 우주에, 특정한 역할에 갇혀 있다고 생각합니다. 이것은 스스로를 치유할 수 있는 힘을 내어주는 것입니다.

어떻게 여러분이 그 힘을 행사할 수 있을까요? 여러분이 자유의지를 진정으로 이해할 때, 여러분은 그것이 자유롭고, 완전히 자유롭다는 것을 인식하게 됩니다. 사랑하는 이들이여. 신은 여러분에게 완전히 자유로운 의지를 주셨습니다. 이것이 의미하는 바는, 그 의상이 어떤 것이든 특정한 의상을 입기로 선택할 수 있듯이, 언제든 그 의상으로부터 자신을 분리할 수 있는 완전한 자유를 가지고 있다는 것입니다. 그것을 벗어버리고, 놓아버리고, 낡은 것을 죽게 하고, 새로운 자아감으로 다시 태어날 수 있습니다. 이것은 신께서 여러분에게 준 힘을 인식하는 것입니다. 뱀 의식에 있는 거짓 교사들과 에고는 여러분이 그 의상이라거나 그 옷을 그냥 벗을 수 없다고 믿게 함으로써 여러분의 힘을 빼앗으려는 존재입니다.

카르마의 새로운 관점을 열기

여러분이 인류를 살펴볼 때, 관찰할 수 있는 경계선이 실제로 있습니다. 많은 이들은 여전히 가족, 문화, 국적, 종교, 민족, 인종 또는 어떤 구분이든, 특정한 환경에서 성장한 그 육체와 동일시 하고 있습니다. 더 많은 영적인 사람이 그 환영에서 깨어나기 시작했고 그들이 이러한 외적인 정체성과 꼬리표와 그러한 구분 이상임을 깨닫기 시작했습니다. 여전히, 여러분이 깨어나기 시작하고 자신이 그 이상임을 깨닫기 시작할 때, 여러분이 단순히 오래된 정체성에서 떠나버릴 수 없다는 거짓말을 직면하게 됩니다. 여러분은 실수를 저질렀고, 죄를 지었습니다. 어떻게든 여러분의 죄는 갚아야 하고, 카르마는 균형을 잡아야 합니다.

여러분에게 작은 사고 실험에 참여해 달라고 요청합니다. 동양에서 주어진 오래된 가르침, 심지어 상승 마스터들의 이전 시혜에서 우리가 필요하다고 생각했던 가르침, 즉 카르마가 어떤 외부의 힘이라는 가르침을 봅시다. 여러분은 전생에 잘못을 저질렀고 삶에 어떤 종류의 빚을 지고 있으며 저울의 균형을 맞춰야 합니다. 오용한 에너지는 다시 균형을 잡아야 합니다.

자, 이것이 반드시 틀린 것은 아닙니다. 여러분은 원하는 것은 무엇이든 할 자유의지가 있습니다. 하지만 물질세계에서 무엇이든 할 수 있게 해주는 것이 무엇입니까? 그것은 여러분 자신의 I AM 현존으로부터 영적인 빛 일부를 받아 그 빛을 자신의 네 하위체를 통해서 표현하는 것입니다. 물론 여러분은 그 에너지로 하는 것에 대한 책임이 있습니다. 여러분이 반-사랑의 진동으로 오용해서 모든 삶을 제한하고 있는 모든 에너지를 최소한 끌어올릴 때까지 여러분은 영구적으로 지구를 떠날 수 없습니다.

여러분은 이 지구에서 자신의 현존이 최소한 균형을 이루고 다른 생명을 끌어내리지 않는 지점에 도달해야 합니다. 물론, 여러분은 생명을 끌어내리려고 여기 온 것이 아니며, 단지 균형점을 잡고 떠나기 위해 수백 번의 육화를 하면서 투쟁하러 여기에 온 것도 아닙니다. 마이트레야께서 설명했듯이, 여러분은 긍정적인 선물을 가져오기 위해, 물질 우주의 어둠 속에서 여러분의 빛을 비추기 위해, 궁극적으로 이 구체(sphere)를 상승시키고, 신의 왕국을 그려낼 수 있는 곳으로 높이기 위해 여기에 왔습니다. 여러분이 자유의지를 가지고 많은 생애 동안 실험했던 공동창조자라고 생각해 봅시다. 여러분은 특정한 역할을 맡았고, 자신을 분리된 존재로 정의했습니다. 그리고 I AM 현존이 여러분에게 준 에너지를 분리된 자아가 무언가를 소유하기 위해 사용했습니다. 아마도 여러분은 다른 사람들과 비교하여 분리된 자아를 높여서, 여러분이 더 중요해 보이도록 다른 사람들을 아래로 끌어내릴 수 있는, 사회에서 중요한 지위를 얻으려 하는 중일지도 모릅니다.

물론, 그러한 카르마를 만드는 방법은 많이 있습니다. 이제 이것을 현실적으로 살펴보고 단어로 할 수 있는 말 중 뱀 의식과 뱀 논리로 왜곡되고 비틀리지 않을 수 있는 것은 없음을 인식하세요. 이것이 뱀 논리의 본질입니다. 즉, 과일을 먹을 때 여러분은 "신처럼 현명"하게 되고, "선과 악을 아는" 신처럼 된다고 합니다. 이것은 지금 여러분이, 여러분의 에고가 생각하는 이원성 의식에 들어간다는 의미입니다. 그것은 궁극적인 의미에서 선과 악을 정의할 권리가 있다고 합니다.

이것이 바로 지구상에 자신들을 유일한 진정한 종교로 정의하며 그리하여 그 종교를 믿지 않는 모든 사람은 지옥에서 영원히 불탈 것이라는 절대적인 믿음을 가진 종교가 있는 이유입니다. 특정한 정치 철학을 다른 어떤 것보다 우월하다고 지지한 사람들이 있습니다. 따라서 그들은 다른 철학을 억압하는 것이 정당하다는 믿음을 불러일으키고, 그들의 체계를 세상의 나머지에 강요합니다.

뱀 의식은 물질세계에서 보는 형태가 어떤 궁극적인 실재를 가지고 있다는 믿음에 여러분을 사로잡습니다. 여러분은 단순히 그것들로부터 떠날 수 없습니다. 여러분은 형태, 이미지, 의식에 의해서 십자가에 못 박혔습니다. 예수께서 묘사한 것처럼, 여러분은 삶의 드라마에 들어가게 되고, 그들은 여러분을 정말 "십자가에 못 박을" 수 있습니다. 예수조차도 그 역할 외에는 할 수 있는 일이 없었던 것 같습니다.

가톨릭 전통을 통해 묘사된 십자가의 길을 보세요. 예수는 사형선고를 받았습니다. 예수는 그의 십자가를 받아들였습니다. 하지만, 그것조차도 다른 사람들이 그에게 떠넘기려는 것을 받아들이는 수동적인 행위입니다. 예수가 넘어지고, 누군가가 예수가 십자가를 옮기는 것을 돕고, 누군가가 그의 눈물을 닦고, 누군가가 그에게 이것을 겪지 말라고 말하려고 합니다. 그는 십자가에 못 박혀서 죽고, 끌어내려져 무덤에 묻혔습니다. 모두 수동적인 것들입니다. 사랑하는 이들이여.

십자가의 길, 십자가의 계단에서 빠진 것은 무엇일까요? 음, 많은 것들이 있지만, 한 가지는, 예수가 어떤 일이 일어날지 잘 알면서도 예루살렘 입성을 선택했다는 사실입니다. 가장 중요한 것은, 십자가에 매달리는 동안, 그는 유령을 포기하기로 선택했고, 따라서 즉시 그 분리된 자아에 대한 감각을 제쳐두고, 모든 사람이 낡은 존재, 옛 자아를 즉시 죽일 수 있는 잠재력을 보여주었다는 것입니다. 따라서 거짓 교사들과 에고가 믿게 하려 해도, 여러분은 존재하기를 멈추지 않고, 실제로 더 큰 자아감, 신이 보시기에 여전히 존재하는 그 자아로 다시 태어납니다.

카르마에 대한 혁명적인 관점

더 깊은 실재가 있습니다. 카르마의 개념으로 돌아가서, 뱀 마음이 그 개념에 덧씌운 환영은 무엇인가요? 뱀 마음이 분리에 기반을 두고 있다는 것을 이해하세요. 여러분이 근원으로부터 분리되었을 때, 여러분은 신의 힘에 대해서 무엇을 믿어야 할까요? 그것이 자신의 외부에서만 올 수 있다는 것을 믿어야 합니다.

여러분이 자신을 분리된 존재로 볼 때, 여러분은 신의 힘이 자신의 내면에서 나올 수 있음을 받아들일 수 없습니다. 여러분은 한 극단에서 외부의 구원자가 필요하다는 믿음에 취약합니다. 다른 극단에서, 여러분은 분리된 자아로서, 죄를 속죄받거나 카르마의 균형을 잡기 위해 여기 아래 지구에서 뭔가를 해야 합니다.

내가 여러분에게 하는 말을 알아차리세요. 지금 정신을 바짝 차리고, 한 걸음 뒤로 물러서서 여러분의 외적이고 분석적인 마음이 어떻게 여러분을 속여서, 내 말을 듣지 않거나 진정한 의미를 듣지 못하게 하는지 보세요. 이전에 뭐라고 말했나요? 여러분은 신의 왕국에 들어가는 것을 가로막는 어떤 특정한 문제가 있다는 것을, 자신이 무언가 잘못되었다는 것을 받아들이게 되었습니다. 여러분에게 정말로 잘못된 것은 뭔가 잘못이 있다는 개념입니다.

그 개념은 어디에서 왔습니까? 그것은 분리의 환영에서, 분리된 자아의 창조에서 왔습니다! 사실 이원적 관점에서 생각하고 싶다면 분리된 자아에 뭔가 문제가 있다고 말할 수 있습니다. 하지만 진정한 여러분 자신인, 여러분에게는 아무런 문제가 없습니다.

더 큰 관점에서 보면 신은 옳거나 그른 관점에서 생각하지 않기 때문에 분리된 자아조차 아무런 문제가 없습니다. 신은 무엇이 실재인지 비실재인지에 대해서만 생각합니다. 오직 하나됨의 표현으로서 하나됨으로 창조된 것만이 실재입니다. 분리의 의식에서 만들어진 어떤 것도 실재가 아니기 때문에 여러분의 실재 부분에 영향을 줄 수 없습니다. 그것은 제한할 수도 없고, 특정한 역할, 의상, 형태 또는 자아감에 가둘 수도 없습니다.

카르마가 진정 무엇인지 알기 시작했나요? 여러분은 이원론적 마음에 너무 익숙해져 있고 영향을 받아서, 실제로 두 가지 상반되는 것이 있다고 믿게 되었습니다. 그중 하나는 신이고 다른 하나는 신에 반대되는 것입니다. 이것은 그들의 영적인 자만심으로 신에 반항함으로써 실제로 하나됨에서 분리되지 않은 영적인 존재들과 신에 영향을 미쳤다고 믿는 타락한 존재들의 오만함입니다. 신은 분리의 반대 극성에 있지 않습니다. 신은 하나이며, 나누어질 수 없고, 분할될 수 없으며, 무조건적입니다. 어떤 조건이 어떻게 무조건적인 것에 반대가 될 수 있습니까?

하나됨에는 조건이 있을 수 없다는 것을 알겠습니까? 하나됨과 어떻게 분리되나요? 조건을 생성함으로써 분리됩니다! 하지만 어떻게 조건을 만들 수 있나요? 적어도 서로 반대되는 조건을 두 개 이상 만들어야 합니다.

반대가 없다면, 여러분은 여전히 하나이고, 따라서 분리가 없습니다.

나는(I AM) 신의 의지의 마스터입니다. 나머지 6개의 광선에는 사랑하는 친구들이 있습니다. 내가 첫 번째이고 성 저메인이 일곱 번째이기 때문에 선형적인 척도의 반대쪽 끝에 있는 성 저메인과 내가 반대가 될까요? 어떻게 이런 일이 가능할까요? 모든 존재가 자유로워지는 것이 신의 의지이고, 모든 생명을 높이는 신의 의지와 하나됨으로써 자유로워지는 것이 신의 의지인데, 어떻게 신의 의지가 신의 자유를 반대할 수 있겠습니까?

여러분은 전생에 나쁜 카르마를 만들었고 상승하기 위해서는 좋은 카르마를 만들어서 카르마의 균형을 맞춰야 한다고 생각할지도 모릅니다. 하지만 좋고 나쁨은 이원적인 조건입니다. 반대로 들어감으로써 하나의 이원적 조건을 무력화하거나 균형을 맞추거나 무효화할 수 없습니다. 문제를 일으킨 것과 같은 의식 상태로는 문제를 극복할 수 없습니다.

카르마란 무엇입니까? 그것은 여러분이 이원적 자아라는 분리된 필터를 통해 창조력을 사용하는 것입니다. 이 필터를 통해 수행하는 모든 작업은 하나됨과 구분되는 카르마를 만듭니다. 자신을 분리된 존재로 보게 되었기 때문에 자아에 집중하게 되었고, 그러므로 자기중심적이거나 이기적인 행동으로 정의되는 무언가를 했을 수 있으며, 따라서 대부분의 사람이 부정적인 카르마로 간주하는 것을 만들었을 수 있습니다. 여러분의 분리된 존재라는 환영이 이것을 일어나게 한 것입니다.

그렇다면, 분리된 자아를 통해 다른 것을 함으로써 어떻게 대항할 수 있을까요? 여러분이 부정적인 카르마를 분리된 자아로서 창조했고, 그것을 분리된 자아로서 균형 잡아야 한다는 바로 그 개념이 비논리적이고 모순적이라는 것을 알겠나요? 분리된 자아가 만든 카르마를 균형 잡기 위해 노력하는 한, 여러분은 분리된 자아라는 환영을 강화하게 됩니다.

카르마 균형을 유지하는 것이 상승을 방해할 때

여러분은 내가 같은 말을 반복하고 있다고 생각할지도 모릅니다. 하지만 나는 약간 다른 각도로 말하고 있습니다. 왜냐하면 나는 여러분에게 기하학적인 상념체(thoughtform)를 전달하고 있기 때문입니다. 그것을 한가지 관점에서만 보지 않는다면, 아마도 약간 다른 관점에서 볼 수 있을 것입니다. 아이디어는 이것입니다. 카르마를 균형 잡아야 한다는 개념이 여러분이 분리된 존재라는 느낌을 어떻게 강화하는지 생각해 보라는 것입니다. 그것은 여러분이 카르마의 균형을 맞출 때까지는 상승할 수 없다는, 즉, 하나됨으로 돌아올 수 없다는 의미를 내포하고 있지 않나요?

여러분은 마음속에서 이렇게 말하고 있습니다: "나는 분리된 존재이며, 내가 분리된 존재로서 만든 카르마의 균형을 맞추는 미래의 어느 시점까지 분리된 존재로 남아 있어야만 한다. 그리고 나는 어떻게 이런 일이 일어나는지 완전히 이해하지 못한 채 어느 날 펑~ 하고 상승할 것이다." 여러분 중 일부는 실제로 이전 상승 마스터 시혜에서 상승조차도 카르마를 균형 잡으면 나머지는 자동으로 일어나는 다소 수동적인 과정이라는 이미지를 받았거나 수용했다고 말할 수 있습니다.

그렇지 않습니다! 여러분이 어떻게 상승할까요? 여러분 의지의 힘을 되찾음으로써 그렇게 합니다! 여러분은 나 마스터 모어가 여기 하늘에서 사람들이 상승하도록 강요하고 있다고 생각합니까? 그렇게 해서 무엇을 성취할 수 있을까요? 그들은 바로 지금 가지고 있는 것과 같은 의식 상태로 하늘에 들어갈 것입니다. 우리는 하늘에서 어떤 우울한 얼굴도 바라지 않으며, 여러분이 지상에서 볼 수 있는 가면을 쓴 얼굴도 원하지 않습니다. 우리는 하나됨 안에 있는 여러분을 원합니다.

그렇다고 여러분이 온 그대로 하늘로 돌아간다고 말하는 것이 아닙니다. 여러분은 더 밀도가 높은 영역에 있음으로써 배우고, 자신의 자아감을 처음 창조된 것 그 이상으로 확장합니다. 하지만 여러분이 하나됨으로 돌아오면 여러분과 우리가 다르지 않다는 것을 인식하게 됩니다. 여러분은 바로 우리 존재의 확장입니다.

여러분에게 하는 내 제안은 간단합니다. 여러분은 분리된 존재로서, 결국 영적인 존재이며, 하늘에서 왔고, 하늘로 돌아가고 싶다는 결론에 도달했다고 생각해 보세요. 돌아가기 위해서는 카르마를 균형 잡아야 합니다. 그래서 여러분은 동일한 분리의 의식으로 이것을 시작합니다.

이런 방식으로 일부 진전이 있을 수 있습니다. 여러분은 에너지를 균형 잡을 수 있습니다. 에너지, 즉 마터 빛에 겹쳐지는 여러분 의식 상태의 알파 측면이 있습니다. 여러분이 마터 빛 위에 이미지를 겹친 결과로써, 낮은 진동을 가지는 마터 빛의 오메가 측면이 있습니다. 여러분은 실제로 어느 정도 균형 잡힌 행동을 이행할 수 있습니다. 왜냐하면 확실히 사심 없는 행동은 카르마를 균형 잡을 것이기 때문입니다. 하지만 나는 여러분이 스스로를 분리된 자아라고 생각하는 동안에는 이 과정을 완료할 수 없다는 것을 말해야 하겠습니다. 그것은 불가능합니다.

왜 그것이 불가능할까요? 왜냐하면, 내가 설명한 바와 같이, 여러분은 내면에 있는 신의 힘과 하나가 되어야만 하늘에 들어갈 수 있습니다. 여러분이 분리된 자아를 극복함으로써 하나가 될 수 있습니다.

여러분은 상승을 선택해야 합니다. 그것은 외적인 요구사항을 충족시키고 나면 "펑~" 하고 상승 영역에 있게 되는 것이 아닙니다. 그것은 결정과 선택이 있어야 합니다.

카르마를 뛰어넘는 더 빠른 방법

분리된 자아의 의식으로 어느 정도 진전이 있을 수 있지만, 다른 경로를 숙고해 보세요. 외적인 힘으로 카르마의 균형을 잡는데 초점을 맞추기보다는 그리스도의 말씀에 귀 기울이는 것을 고려하세요. 예수께서 이렇게 말하지 않았습니까? "너희는 먼저 신의 나라와 그의 의를 구하라, 그러면 이 모든 것이 너희에게 더해지리라."

신의 왕국이 무엇인가요? 그것은 사실상 여러분이 창조력을 올바르게 사용하는 의로움을 가진, 하나됨에 기초한 그리스도 의식입니다. 여러분은 그것을 분리된 자아 대신 모두를 높일 때 사용합니다. 카르마의 균형을 잡는 외적이고 기계적인 행위보다는 정체성 감각의 전환, 자아 이미지의 전환, 관점의 전환에 초점을 맞추세요. 여러분은 더 이상 분리를 보지 않고 하나됨을 보는 정체성의 엄청난 변화를 겪고 있습니다.

그 과정에서 무슨 일이 일어날까요? 여러분은 자신의 힘을 되찾고, 상위 존재와 다시 연결되며, 이제 예수와 함께 이렇게 말할 수 있습니다. "나와 내 아버지는 하나이다. 내 아버지께서 지금까지 일하시니 나도 일한다."

아직 완전한 그리스도 의식은 아니지만 적어도 어느 정도 하나됨의 상태에 왔고, 여전히 카르마가 남아 있을 때, 신의 힘이 여러분을 통해 흐르고 있으면, 카르마의 균형을 잡는 일이 얼마나 어려울 것으로 생각하나요? 카르마를 균형 잡기 위한 외적인 요구사항을 충족하려고 노력하고, 그래서 하나됨이 저절로 올 것으로 생각하는 것보다 먼저 하나됨을 추구하면 여정을 훨씬 수월하게 걸어갈 수 있습니다. 따라서, 여러분은 아마도 이번 육화의 나머지 기간 동안 진정한 자신인 더 거대한 존재의 힘을 사용하는 대신, 단지 분리된 자아를 통해서 오는 힘을 행사함으로써, 자신을 제한하고 있습니다.

그것은 환영입니다. 사랑하는 이들이여, 환영입니다! 뱀 마음의 논리가 얼마나 미묘한가요? 분리된 자아 안에서 보면 얼마나 미묘한가요. 여러분이 그리스도 마음에 도달하고, 특정한 말이나 가르침으로 표현된 진리를 보지 않는 무조건적인 관점을 얻을 때 그것은 얼마나 명확한가요. 여러분은 그리스도의 부름을 따라왔습니다. "신은 영이시다. 그러므로 예배하는 사람들은 영적으로 참되게 신께 예배드려야 한다."

여러분이 이 진리의 영(Spirit of Truth)을 알고, 진리의 진동을 알게 될 때, 궁극적인 공동 측정[10], 궁극적인 지침, 모세의 지팡이를 가지게 됩니다. 그것은 이원성 의식을 표현하는 사해의 물을 갈라놓을 것입니다. 그러면 여러분은 안전하게 걸어갈 수 있다 하더라도, 죽음의 무

---

[10] co-measurement, 상호작용 및 영향 관계를 파악하여, 혼자서는 발견하지 못했던 새로운 것을 발견할 수 있음.

리가 여러분 뒤에서 다가오면, 그들 자신의 이원성 의식이라는 파도가 그들을 덮칩니다. 여러분이 반대편인 진짜 이스라엘 땅으로 걸어가는 동안, 그들은 혼란에 휩쓸립니다.

환생에 대한 비선형적 관점

마스터 모어, 엘 모리야(El Morya)가 토머스 모어로, 토머스 베켓으로, 이런저런 마스터로, 혹은 이런저런 역사적 인물로 육화했었다는 것에 대해 들어봤다는 것을 생각해 보세요. 마지막으로, 여러분이 거슬러 올라가 보면, 나는 아브라함으로 육화했었습니다. 하지만 토머스 모어는 죽었습니다. 아브라함은 죽었습니다. 여러분은 내가 아브라함으로 육화했었다고 생각할지라도, 사실은 그렇지 않습니다. 아브라함이 있기 전에, I AM이 있었습니다.

그래서 내가 아브라함이라는 이전 육화가 있었다는 것을 부인하는 것일까요? 내가 주어진 가르침을 부인하는 것일까요? 아닙니다. 그렇지 않습니다. 내가 아브라함으로 육화한 존재에서 나와, 더 높이 올라가서, 더 큰 존재와 하나가 되었음을 깨달으라고 요청합니다. 나는 아브라함이나 다른 인물들로 육화했던 자아감을 더 이상 가지고 있지 않습니다. 나는(I AM) 그 이상입니다. 나는 이 세상의 어떠한 자아감도 초월했습니다. 나는 의상을 벗어버렸습니다. 나는 벌거벗은 채로 치유의 물웅덩이 앞에 서서 그 물웅덩이를 지나 반대편으로 걸어갔습니다. 나는 다시 태어났습니다. 여러분이 정말로 다시 태어날 수 있듯이 말입니다. 사랑하는 이들이여.

여러분의 지복을 따르세요! 무엇이 여러분에게 가장 큰 기쁨을 주는지 생각해 보세요. 여러분에게 가장 큰 기쁨을 주는 것은 여러분이 나왔던 여러분 내면의 존재, 신의 불꽃, 더 큰 영적인 존재와 하나됨의 감각이라는 것을 찾을 것입니다. 삶의 이 단계에서 지금 이것을 할지 아니면 저것을 할지 측정할 도구로 그것을 사용하세요.

여러분에게 가장 큰 기쁨을 주는 것은 여러분의 더 큰 존재와 하나 됨에 더 가까이 가는 것입니다. 어떤 것이 여러분의 에너지를 낮추고, 주의력을 분산시키고, 특정한 이미지를 따라야 한다고, 특정한 역할을 맡아야 한다고 느끼게 한다면, 뒤로 물러나 이렇게 말하세요. "이것은 나를 위한 것이 아니다!"

여성 대리자들은 현재 많은 남성보다 신성한 계획과 그들의 영적인 존재들과 더 잘 조율되어 있습니다. 여러분은 한 남자가 여러분에게 다가올 때 좋은 의도를 가지고 있을지도 모른다고 생각합니다. 그러나 그의 마음속에, 그의 제안을 받아들인다면 여러분이 어떻게 해야 하는지에 대한 특정한 이미지를 가지고 있을 때, 여러분은 그가 여러분의 지복을 빼앗아 간다고 느낍니다.

여러분 중 많은 사람이 이미 그랬던 것처럼, 뒤로 물러서서 여러분의 지복이 무엇인지 찾고, 그것을 따르세요. 나는 단지 여러분이 이것을 더 잘 알아차릴 수 있도록, 여러분의 지복이 무엇인지, 여러분의 존재와 존재감, 기쁨을 확장하는 것이 무엇인지, 가슴에서 더 의식적으로 느낄 수 있도록 의식적인 주의를 환기하고 있습니다.

이것은 다양한 방식으로 이루어질 수 있습니다. 여러 시대를 거쳐 많은 사람이 신, 예수, 성모 마리아, 붓다와 크리슈나 또는 다른 진정한 영적인 대리자들에게 헌신한 것처럼 여러분은 실제로 헌신을 통해 그렇게 할 수 있습니다. 힌두교에 기술된 것처럼, 신에게 이르는 여러 가지 방법, 다양한 요가의 형태가 있습니다. 여러분에게 가장 큰 기쁨을 주는 것을 따르고, 다른 사람들이 그들의 지복을 따르는 것이 잘못되었다고 보지 마세요.

사랑하는 이들이여, 내가 신의 의지를 대리하는 존재라고 말하는 것은 내가 신의 의지에 무조건적으로 헌신하기 때문입니다. 나는 신의 의지를 사랑합니다. 나는 모든 생명을 높이는 무조건적인 사랑으로 표현되는 신의 힘을 사랑합니다.

어떻게 하면 신의 의지, 신의 힘과 궁극적으로 하나됨에 이를 수 있을까요? 여러분은 분리된 자아를 통해 신의 힘을 강제로 얻을 수 있습니까? 아닙니다. 여러분은 오직 모든 생명을 높이려는 의지와 힘을 사랑할 수 있습니다. 이것 외에 다른 동기가 없을 때, 신의 힘이 여러분을 통해 흘러서 모든 생명을 높일 것입니다.

사랑하는 이들이여, 여러분을 위해 그리고 신의 의지와 여러분을 위해 나의 사랑에 봉인되세요. 여러분이 자유의지를 가지는 것은 신의 의지이고, 여러분이 "잘못된" 선택을 한다면 내가 여러분을 사랑하지 않을 것으로 생각할 수도 있습니다. 하지만 신은 여러분에게 자유의지를 주었고, 따라서 여러분이 어떤 선택을 했든 나는 여러분을 무조건 사랑합니다.

물론 이것은 내가 여러분을 비난하지 않고, 뱀 마음이 논쟁할 수 없고 비틀거나 뒤집을 수 없는, 공동 측정(co-measurement)의 감각을 주는 엄격한 스승이 되는 것을 막을 수 없습니다. 그것은 그리스도의 반석처럼 굳건합니다. 여러분이 정직할 때, 실재에서 비실재를 갈라버릴 수 있도록, 그리스도의 반석이라는 굳건함을 추구할 것입니다.

사랑하는 이들이여, 나는(I AM) 실재합니다. 여러분도 실재하는 것을 인정하겠습니까? 그러면 실재의 불꽃 속에 봉인됩니다.

6

2광선: 지혜는 치유의 생명력

로드 란토의 담화

지혜가 제일이니, 지혜를 얻으라, 네가 얻은 모든 것을 가지고 앎을 구하라. (잠언 4:7) 나는 여러분에게 지혜를 주러 왔습니다. 내가 예전에 사용했던 이름은 란토이지만, 나는(I AM) 그 이상입니다. 사랑하는 형제인 모어처럼, 나도 지구상에서 입었던 어떤 특정한 현현이나 형태도 초월했기 때문입니다.

먼저 명상으로 시작하겠습니다. 여러분은 내 말 뒤에 흐르는 음악을 들으면서, 말과 음악, 둘 다와 함께 흘러갈 수 있습니다. 얼마나 많은 사회에서 지혜가 책에 기록되어, 먼지 쌓이고 곰팡이 냄새가 나는 도서관에 보관됐는지 상상해 보세요. 사람들은 지혜를 얻기 위해서, 지혜를 담은 이 책들을 모아 놓은 배움의 중심지에 가야 한다고 생각했습니다. 여러분은 이 배움의 사원에 스스로를 고립시키고 격리해야 합니다. 그리고 말하자면, 그 지혜를 외부에서 획득해야 합니다.

나는 여러분을 먼지 많고 곰팡이 냄새가 나는 세상의 도서관에서 데려 나올 것입니다. 내가 도서관의 문을 활짝 열고 밝은 햇빛 속으로 나를 따라오도록 여러분을 초대할 때, 여러분이 책에 열중해 있는 동안 갑자기 봄이 왔음을 깨닫고, 나에게 와서 나와 함께 흘러가세요.

새들은 노래하고, 꽃들은 활짝 피어서 은은한 향기를 발산하고 있습니다. 강요하지 않지만, 매년 나무가 푸르게 변하고 새들이 노래할 때면 반복되는 생명의 기적에 대해 경외심을 느끼게 됩니다. "현명한" 사람들이 말하는 것처럼 새들은 짝을 유혹하거나 자신의 영역을 방어하기 위해 노래하는 것이 아닙니다. 그들은 새들이 이러한 생물학적 요구를 해결하기 위해 노래한다고 말하지만, 새들을 노래하게 하는 것은 그들을 통해 흐르는 생명의 강입니다. 즉, 표현되고 싶은 기쁨입니다. 뒤돌아보지 않고 도서관을 떠날 때, 우리는 키가 큰 녹색 풀들, 수백만 송이의 야생화들, 나비들, 벌들이 있는 아름다운 초원 속으로 걸어갑니다. 새들이 노래합니다. 종달새는 하늘에서 맴돌며, 누군가가 듣든 안 듣든 모두에게 기쁨의 노래를 발산합니다.

우리는 맨발로 부드러운 흙을 느끼며 이 초원으로 걸어가면서 대지를 느끼고, 허리를 숙여 부드러운 꽃잎을 느끼는 그 느낌에, 봄의 감각, 소리, 광경에 몰두하여 진정 귀 기울일 것입니다. 우리는 감각을 초월해서 외적인 감각의 인상 뒤에 봄의 진동이 있음을 감지합니다. 이 멈출 수 없는 힘의 생명력, 나무와 새와 꽃, 그리고 지금 우리 자신을 포함한 모든 것에서 샘솟고 있는 젊음의 샘. 우리는 이 젊음의 샘이 지구에서 우리 몸으로 흘러 들어오고, 다리를 통해 몸통으로, 머리로 흘러, 그리고 우리 머리 주위에 황금빛의 고리를 만드는 것을 느낍니다.

모든 생명체에 활기를 불어넣는 이 생명력의 진동에 조율해 보세요. 스스로에게 물어보세요: "새들은 무슨 노래를 부를지 어떻게 알까?" 종달새는 어떻게 개똥지빠귀와 다른 방식으로 노래할 수 있을까요? 어떻게 특정한 꽃이 파란색이나 빨간색이 아닌 노란색이 되어야 한다는 것을 알고 있을까요? 단풍나무가 우연히 도토리를 맺거나 벚나무가 사과나무로 크지 않도록 나무들은 특정한 종류의 잎을 싹 틔우는 것을 어떻게 알고 있을까요?

이 모든 것을 가능하게 하는 것은 오직 지혜입니다. 그것은 먼지가 쌓인 도서관에서 찾을 수 있는 지혜가 아닙니다. 그것은 생명력 있고 끊임없이 흐르는 지혜입니다. 비록 자연에서는 매년 똑같이 주기가 반복되지만, 지혜 그 자체는 영원히 자신을 초월하고, 그 흐름 속에서 그 이상이 됩니다. 지혜는 생명의 강과 하나이기 때문입니다. 사랑하는 이들이여.

지혜를 살아 있는 힘으로 아는 것

참된 지혜란 무엇일까요? 사람들이 책에 시선을 고정한 채 먼지가 쌓인 도서관에서 자신을 고립시키고 격리하는 것이 지혜일까요? 아닙니다. 사랑하는 이들이여. 그들이 이 세상의 지혜에 그렇게 집중할 때, 그들은 자신을 생명의 강에서 분리합니다. 여러분은 정말로, 교사와 교수들이 사회뿐만 아니라 생명의 강에서도 자신을 고립시킨, 이 행성의 많은 고등 교육 기관들을 볼 수 있습니다. 그들은 위대한 지혜를 얻었기 때문에, 이제 그들은 자립하고, 자급자족하며, 자신이 알아야 할 모든 것을 알고 있다고 생각합니다.

만약 모든 현명하다는 사람이 앞으로 나선다면, 그들이 정말 작은 식물 하나가 꽃을 피우게 할 수 있을까요? 그들이 종달새가 노래하게 할 수 있을까요? 아니요. 그들은 그렇게 할 수 없습니다.

진정한 지혜는 생명의 강으로부터 자신을 고립시키는 것이 아닙니다. 세상의 지혜를 사용해서 분리된 자아가 중요하고 왕좌에 오른 기분을 느낄 수 있는 일종의 궁전을 짓는 대신, 진정한 지혜는 생명의 강에 자신을 담그고 그 지혜와 함께 흘러가도록 끌어당기는 생명력입니다. 세상의 지혜는 주변을, 심지어 전 세계를, 통제하고 있다고 느낍니다. 여러분이 실제로 세상의 "현명한" 남성들 중 일부와 심지어 학계의 "현명한" 여성들 중 일부에서 볼 수 있듯이, 그들은 자신들이 아주 많이 알고 있다고 믿기 때문에 신이 없다고 자신 있게 선언합니다.

그들은 종달새가 노래하는 것을 어떻게 설명할까요? 그들은 봄의 기적이 일어나는 기계적인 원인을 생각해 낼 수 없습니다. 그들에게 정말 지혜가 있을까요? 그들은 이해하고 있을까요? 아니면 전 세계의 많은 사람이 세속의 지혜를 받아들이고, 아주 많은 연구자와 과학자들이 그것에 기여하고 있다면, 그것은 반드시 진짜일 것이라고 느끼면서, 강화하고 연마한 고정된 이미지를 가지고 있는 것일까요.

사람들이 사원을 세우는 이유

"하지만, 황제는 아무것도 입지 않았어요"라고 소리친 어린 소년은 어디에 있습니까? 그러면 내가 그 어린 소년의 역할을 할 것입니다. 나는 여러분 중 많은 사람이 또한 그 역할에 참여하고 다양한 방식으로 외치기를 기대합니다. 나는 그런 말들이 아니라, 단순히 무언가 빠진 것이 있다는 것, 삶의 기적에 대해 더 이해해야 할 것이 있으며, 삶이 기계적 법칙을 따르는 기계로 전락할 수 없다는 것을 지적하는 것입니다.

나는 여러분에게 인간이 어떻게 배움의 사원, 종교의 사원을 지었는지 고려해 보라고 요청합니다. 루르드의 이 장소에 가서 몇 가지 관찰을 해보세요. 세계 최고의 의사들도 기계적인 법칙으로는 설명할 수 없는 루르드의 기적이 시작된 계기는 무엇인가요? 그 시작은 물질 세계 너머의 힘인 성모 마리아의 발현이었습니다. 비록 성모 마리아는 거대한 사원이 있는 인간의 기관에서 존경받았지만, 그녀는 성당이나 교황에게는 나타나지 않았습니다. 그녀는 초원을 걷고 있던 보잘것없는 소녀에게 나타났습니다. 그녀는, 사람들이 돼지가 먹이를 찾으러 보내는 곳이기 때문에 아무도 관심을 기울이지 않는, 초라한 동굴에 나타났습니다.

"현명한" 사람들이 보지 못한 메시지가 있지 않나요? 저 초라한 동굴을 보고 뒤로 물러서세요. 정신적으로, 뒤에 있는 강에 빠지지 않도록 하면서 뒤로 물러나 고개를 들고 자문해 보세요. "오, 하지만 누가 저 바위 위에 커다란 정교한 성당을 건설했을까?" 성모 마리아께서 초라한 곳에서 보잘것없는 소녀에게 나타났다는 것을 고려할 때, 그녀는 정말 그렇게 정교한 건물이 지어지기를 원했을까요? 그녀가 이 치유의 장소의 핵심, 즉 물질 우주 외부로부터 흘러오는 무언가가 있고 그것이 치유가 일어나는 핵심이라는 것으로부터 주의를 빼앗아 가는 무언가를 원했나요? 세상의 지혜로는 설명할 수 없는 일임에도 사람들은 그것을 받아들입니다.

에고와 그 안에 갇힌 사람들이 왜 소박하고 검소한 예배당을 지을 수 없는지를 보세요. 그들은 자신의 에고와 그들이 유일하고 진정한 그리스도의 교회라고 주장하는 기관의 불안정성을, 그 크기로, 실제로 보여줄 무엇인가를 만들어야 했습니다. 세속적인 대학 기관에서도 비슷한 일이 벌어지고 있는 것을 보세요. 정교한 구조를 만들고 방대한 양의 정보와 연구를 축적하려고 하지만, 여전히 왜 꽃이 피는지 설명할 수 없습니다.

따라서 나는 종교적인 기관이든 교육 기관이든, 그것을 갖는 것에 반드시 문제가 있다고 말하는 것은 아닙니다. 왜냐하면 초점을 두는 것에 가치가 있을 수 있기 때문입니다. 내가 말하는 것은 만약 기관 스스로가 지혜의 흐름을 차단함으로써 그 기관이 폐쇄계가 되고, 그 자체가 목적이 된다면, 그 기관은 사람들이 생명의 강에 잠길 수 있도록 도와줌으로써 사람들을 자유롭게 하는 목적을 더 이상 수행하지 못한다는 것입니다. 실제로, 그것은 사람들이 점점 더 세속적인 정체성 감각에 갇혀 있다고 느끼게 하는 반대의 목적을 수행합니다. 가톨릭 사제들과 교황들, 추기경들이 얼마나 특정한 사고방식에 갇혀 있는지를 보세요. 그들이 성모 마리아께서 말하는 것을 자신들의 기관 일부에 속하지 않은 사람들을 통해서 들을 때 얼마나 이질적으로 느낄까요.

그다음 과학과 지적인 세계의 교황과 성직자와 추기경들을 보세요. 그들은 종교와 아주 다르다고 주장하지만, 종교적 기관들과 너무 유사한 기관들을 만들어서 그들 자신은 그 사실을 보지 못한다는 사실에 웃을 수밖에 없습니다. 그들은 자신만의 사제직, 교리들, 의례들을 만들었다는 것을 볼 수 없습니다. 과학계의 지식인들도 또한 물질세계 너머에 어쩌면 영적인 세계가 있고, 아마도 나와 같은 영적인 존재가, 열린 문이 된 물리적인 대변인을 통해, 말할 수 있다고 생각한다면 그것은 매우 이질적이라고 느낄 것입니다.

참된 지혜란 무엇일까요?

확실히, 영적인 사람들은 세상의 지혜, 곰팡이 냄새가 나는 지하 도서관에 쌓아두려는 종교적인 지혜에서는 무언가가 부족하다는 것을 알 수 있습니다. 역대 종교 도서관이, 어떻게 그들이 묘사하고자 하는 이미지를 강화할 수 있다고 생각하는 것만 공개하고, 그 외의 모든 것은 아무도 볼 수 없고 교리에 의문을 제기할 수 없도록 자물쇠와 열쇠로 잠가두는지를 살펴보세요.

다시 말하지만, 진정한 지혜란 무엇인가요? 진정한 지혜는 현재의 인식, 현재의 자아상에 도전합니다. 진정한 지혜는 그 너머를 볼 수 있도록, 항상 초월하고 끊임없이 흐르는 지혜의 샘에 다시 연결되도록, 자석처럼 끌어당깁니다. 그것은 종교적인 교리나 과학적인 이론, 어떤 연구들이나 심지어 정치적인 철학에 의해서도 결코 담아낼 수 없습니다. 그것은 어떤 사람이 만든 기관이나 책, 컴퓨터 파일에도 절대로 담을 수 없습니다.

지혜는 살아 있습니다. 지혜는 모든 생명에게 그 이상이 되는 방법을 알려주는 살아 있는 생명력입니다. 진정한 치유를 바란다면 세상의 지혜를 구하는 것만으로는 부족합니다. 여러분은 진동과 흐름과 지혜의 샘에 조율해야 합니다. 여러분은 살아 있는 지혜의 물에 몸을 담그고, 물이 흐르고 싶어 한다는 것을 깨달아야 합니다. 물은 가만히 있고 싶어 하지 않습니다. 다른 생명력과 마찬가지로 지혜도 마찬가지입니다. 여러분은 그것과 함께 흐르기를 바라나요? 자, 그러면 치유를 경험할 수 있습니다. 여러분은 해부학에 대한 세속적인 지혜와 신체의 작동 방식과 신체에서 일어나는 화학 반응에 관해 연구함으로써 실제로 도움을 받을 수 있습니다. 우리가 네 하위체에 대해 발표한 것과 같은 영적인 가르침을 공부하면 실제로 도움이 되어 육체만으로는 치유가 이루어질 수 없다는 것을 알 수 있습니다.

그러나 나는 지혜에 더 많은 것이 있음을 보여주고 여러분에게 빛을 발산하기 위해 왔습니다. 여러분은 자신을 영적인 학생으로 생각할지도 모릅니다. 여러분은 아마 이번 생애에만 10년, 20년 또는 30년 동안 그리고 아마도 많은 육화 동안 영적인 가르침을 공부했다고 생각할지 모릅니다. 치유든, 상승이든, 그리스도 의식이든, 여러분은 스스로 설정한 어떤 목표에 도달하기 위해 어떤 유형의 지식, 지혜나 비밀 공식이 부족하다고 생각할지도 모릅니다. 일단 여러분이 여러분 외부의 원천으로부터 "펑~"하고 그것을 얻으면 치유되고 깨달음을 얻고, 상승하고, 그리스도가 될 것으로 생각합니다.

여러분에게 말하지만, 이런 방식으로 생각하는 것만으로는 충분하지 않습니다. 이런 식으로 생각하고, 자신의 외부에서 무언가를 찾고, 깨달음을 구하고, 더 큰 이해를 추구하는 것은 한동안 유익합니다. 내 말을 오해하지 마세요. 나는 여러분이 공부하지 말았어야 했다고 말하는 것이 아닙니다. 여러분은 공부하도록 요청받았고 그렇게 했습니다.

내가 여러분에게 보여주고자 하는 것은 공부하는 것 이상으로 나아가야 할 시점이 있다는 것입니다. 누군가는 이렇게 말해야 합니다. "그것은 무언가를 알아야 하는 문제가 아니라, 무언가를 경험하는 문제이다. 그것은 외부에서 지식을 구하는 문제가 아니라, 내면에서 신의 왕국에 접근하는 것임을 깨닫는 문제이다. 내가 기꺼이 내면으로 들어가 지혜의 샘에 연결될 때, 나는 깨달음을 얻을 것이고, 그러면 내 의식은 높아질 것이다."

내 의식이 영구적으로 높아진다는 의미는 아닙니다. 여러분 중에는 아직도 일단 그리스도 의식에 도달하기만 하면 그 상태가 영원할 것으로 생각하는 사람이 많습니다. 그러나 그리스도 의식은 끊임없는 자기 초월인 생명의 강과 하나됨입니다. 그리스도는 끊임없이 자신을 초월하여 그 이상이 됩니다.

정체(stillstand)가 질병의 원인입니다

지혜 안에는 멈춰 서 있는 것은 없습니다. 에고, 분리된 자아는 시계를 멈추고 흐름을 멈추려고 합니다. 그것들은 생명의 강과 함께 흐르고 이전의 어떤 경험이든 그것을 초월하는 대신, 멈추어 서서 특정한 경험을 소유하려고 합니다. 이렇게 여러분이 몸과 마음, 환경과 사회에서 질병으로 나타나는 조건을 만듭니다. 그러면 폐쇄계는 무너지기 시작해야 합니다.

여러분은 열역학 제2 법칙, 쉬바의 분노가 파괴적이고 부정적인 힘이라고 생각하나요? 그것은 바로 사람들을 가두는 정신적인 감옥을 무너뜨리려는 매우 사랑스러운 힘입니다. 거의 평생 동안 어두운 폐쇄 공간에 사람들이 갇혀 있는 감옥을 발견했다면, 그 벽을 무너뜨리는 것이 파괴적인 힘일까요? 자, 단지 여러분이 감옥에 집착하고 사람들을 그곳에 영원히 가두기를 원한다면 그럴 것입니다.

그것은 정말 생명 그 자체에 내재된 안전 메커니즘입니다. 지속적으로 스스로를 초월하면서 끊임없이 흐르는 지혜의 샘에 마음을 닫으면 마음은 폐쇄계가 됩니다. 그러면 열역학 제2 법칙, 즉 어머니의 수

축하는 힘, 쉬바의 분노가, 여러분 불멸의 영(spirit)을 필멸의 정체성
이라는 환영에 가두는 정신적 이미지를 무너뜨릴 것입니다.

지성은 한계가 있는 도구입니다

이것을 좀 더 미묘한 방식으로 살펴보도록 하겠습니다. 여러분은
사랑하는 형제인 모어가 여러분에게 매우 미묘하고, 매우 난해한 담
화를 제공했다는 것을 알 것입니다. 그 가르침에서 열쇠를 풀려면 여
러 번 더 공부해야 할 수도 있으며, 오늘 나의 담화도 마찬가지입니
다.

여러분 중 많은 사람이 수년간 영적인 가르침을 공부해 왔습니다.
매우 많은 사람이 비실재가 있다는 것을 알고 이해와 분별력이 높아
진 지점에 도달했습니다. 또한, 여러분은 자신 안에 보지 못하는 무언
가가, 아직 발견하지 못한 환영이 있다는 것을 감지합니다. 그것은 마
치 여러분이 무언가를 지적으로는 이해하지만, 그것을 자신에게 적용
할 수 없는 것과 같습니다. 그것은 마치 여러분이 그것을 보지만, 그
것이 자신의 외부에 있는 것처럼 봅니다. 정신적으로 말하자면, 여러
분은 거울 앞에 서서 자신 안에 있는 이원성의 특정한 측면을 진심으
로 볼 수 없습니다. 여러분은 그것에서 자신을 분리할 수 없습니다.

나는 지혜가 단지 지적인 관점에서만 접근할 때, 그것이 폐쇄계가
된다는 개념을 주려고 왔습니다. 이것은 우리 중 다수가 "가슴으로 소
통하는 방법[11]" 책에서 주었던 담화입니다. 여기서 우리는 잠재의식 마
음 안에 있는 데이터베이스에 대해 말했습니다. 이제 여러분은 현실
을 원하고, 새로운 아이디어를 원하고, 에고가 여전히 통제력을 가지
고 있다고 느낄 수 있도록 데이터베이스의 특정한 범주에 맞는 지혜
를 원합니다.

---

[11] How to Communicate From the Heart

만약 여러분이 세속의 소위 "현명한" 사람들을 살펴본다면, 그들이 종교계의 지식인이든, 학계의 지식인이든, 여러분은 그들의 모든 지능과 모든 지식에도 불구하고, 그들이 매우 간단한 진실 즉, 여러분이 사용하는 어떤 도구라도 특정한 한계를 가지고 있다는 것을 인식하지 못하고 있음을 알게 될 것입니다.

여러분 모두 자동차가 이곳저곳을 이동할 수 있는 훌륭한 도구라는 것을 알고 있습니다. 그러나 운전할 수 있는 탄탄한 도로가 있을 때만 그렇게 할 수 있습니다. 바다를 건너려면 자동차는 다소 제한된 장치입니다. 여러분은 해변에서 물속으로 차를 운전해 들어가서는 멀리 가지 못할 것입니다. 그러나 종교계와 과학계에 있는 지식인들은 지성 역시 특정한 목적을 위한 훌륭한 도구이지만, 특정한 한계를 넘을 수 없다는 것을 알지 못합니다. 처음에 내가 말했듯이, 지성은 여러분이 지혜의 샘과 연결되도록 도와줄 수가 없습니다. 여러분은 어디에서 지혜의 샘과 연결되나요? 자, 물론, 가슴속입니다. 진정한 치유의 회복에 대해 가르치기 전에, 우리는 가슴의 흐름과 가슴의 소통을 회복하는 것을 가르쳐야 했습니다. 모든 것이 함께 진행되지만, 우리는 한 번에 한 걸음씩 나아가야 합니다. 여러분은 분리된 자아를 초월하기 위해서 무엇이 필요한지를 지적으로 이해할 수 없습니다.

심지어 이 메신저조차도 오랫동안 상승 마스터들인 우리만이 그를 통해 어떤 종류의 가르침을 준다면, 그것이 어려움을 겪고 있는 사람들, 변화를 원하지만 그들의 앞을 가로막고 있는 것이 무엇인지 볼 수 없는 사람들을 일깨울 것으로 생각해 왔습니다. 그가 가슴속으로 우리에게 부탁한 것은 이 사람들에 대한 연민입니다. "그들이 보고, 이해하는 것을 도울 수 있는 어떤 방법이 없을까요?" 그는 최근에야 그것을 읽는 사람의 이해를 기계적으로 풀어줄 마법의 공식인 외적인 가르침을 주는 것이 불가능하다는 것을 알게 되었습니다. 비록 그들이 그것을 지성이 아니라 더 심오한 방식으로 공부한다고 해도 말입니다.

여러분은 왜 구루를 찾나요?

내 형제인 모어가 설명했듯이, 여러분이 일단 역할을 맡고 그 역할과 자신을 동일시하면, 여러분은 단순히 그 역할에서 벗어날 수 없고, 단순히 그것에서 떠날 수 없다고 믿습니다. 내 형제가 설명한 것을 바탕으로, 여러분이 어떤 중요한 정보를 놓치고 있다고 생각하는 한, 잠재의식적으로 자신이 그리스도 의식, 신의 왕국, 깨달음 또는 무언가로부터 분리되어 있다는 이미지를 확신하고 있음을 볼 수 있습니까?

여러분이 아직 찾지 못한 중요한 정보는 무엇인가요? 여러분의 문제점은, 여러분이 알지 못하는 무언가, 내면에서는 찾을 수 없고, 외부 근원에서 찾아야 하는 무언가가 있다는 감각이라는 것을 깨닫는 것입니다. 다시 말하지만, 이것은 미묘합니다. 모어가 또한 설명했듯이, 여러분은 분리된 정체성 감각의 폐쇄계 밖에서 무언가를 필요로 한다는 의미에서, 외부 원천으로부터 무언가를 필요로 합니다. 이것이 상승 마스터들인 우리가 스승과 학생/제자 관계인 구루-제자의 오랜 전통을 확립한 이유입니다. 여러분이 특정한 역할에 갇혀서 동일시하는 동안, 스승, 구루가 와서 여러분의 현재 의식 상태 너머에 더 높은 의식 상태가 있음을 단순히 보여줄 필요가 있습니다.

아주 많은 영적인 학생은 구루나 스승이, 자신에게 부족한 정보를 줄 수 있다고 믿기 때문에 구루나 스승을 찾습니다. 어떤 경우에 사람들은 특정한 이해가 부족합니다. 이해가 깊어지면 환영에서 벗어나기 시작할 수 있습니다. 그런데, 이제 여러분이 충분히 이해할 수 있는 시점이 옵니다. 그리고 그것은 더 이상 중요한 정보의 조각, 비밀 공식, 철학자의 돌, 여러분이 33단계에서 받는 마지막 입문 또는 여러분이 거쳐야 한다고 생각하는 어떤 비밀스러운 입문 과정을 받는 문제가 아닙니다.

아뇨, 사랑하는 이들이여, 그것은 그 시점 이후에는 스승이 주는 외적인 가르침만 듣고서는 발전할 수 없다는 것을 인식하는 문제입니다. 가르침을 넘어서서 진정한 스승을 통해서 오는 진동을 흡수해야 합니다. 이것이 바로 이 세상의 거짓 교사들을 따르지 않고 분별력을 수행하는 것이 필수적인 이유입니다.

거짓 교사들이 무슨 뜻이죠? 여기에 또 다른 미묘한 것이 있습니다. 여러분은 세상에 나가서 많은 스승을 볼 수도 있고, 그들이 주는 가르침을 보고 이렇게 말할 수도 있습니다. "그것은 진실이다. 그것은 매우 심오하다. 이 사람은 진정한 스승임이 틀림없다."

내가 방금 한 말을 들어보세요. 세상에는 많은 스승이 있고, 심지어 멘탈층에도 위대한 지식을 얻은 스승들이 있으므로, 외적인 가르침만 있는 것은 아닙니다. 세상에는 도서관들과 위대한 물질적인 지식, 심지어 위대한 신학적 지식을 얻은 학자들도 있습니다. 중요한 차이점은 이것입니다: 이 스승들은 진정으로 외적인 지혜를 넘어 하나의 깨달음, 즉 모든 생명이 하나라는 깨달음으로 귀결되는, 근본적이고 우월하며 분할되지 않은, 무조건적인 지혜를 인식했는가 하는 것입니다!

사람들 사이에서 현명하게 여겨지고 분리된 자아를 높이기 위해 스승이 되려는 것은 전혀 의미가 없습니다. 스승이 되는 유일하고 진정한 방법은 하나됨과 더 큰 하나됨을 위해 끊임없이 노력하는 것입니다. 분리된 자아가 녹아서 없어지고 이제 아무것도 걱정하지 않을 때까지 말입니다. 여러분은 자신을 높이려고 하지도 않고, 거절당했다고 느끼지도 않으며, 다른 사람들의 반응에 대해서도 걱정하지 않습니다. 여러분은 기꺼이 자신을 통해 지혜의 샘이 흘러갈 수 있도록 열린 문이 될 것입니다.

비록 그 샘이 외적인 가르침으로 표현되어 있지만, 거기에는 생명의 강에서 나오는 근본적인 진동이 있습니다. 그것은 진정으로 이원성 의식, 분리의 환영을 극복한 모든 사람의 하나됨입니다. 지구상의 사람들을 계몽하려는 성령의 바람에 우리 모든 존재를 더한 것이 성령의 흐름입니다.

보세요. 이것이 열쇠입니다. 사랑하는 이들이여. 거짓 교사는 큰 지식이나, 큰 가르침을 가지고 있을 수도 있지만, 그것이 무엇이든 간에, 분리된 자아를 위한 어떤 이익을 추구하고 있습니다. 어떤 사람들은 뛰어난 지식을 가지고 있지만, 성적 착취를 위해 여학생들을 끌어들이려고 합니다. 어떤 이들은 돈을 추구합니다. 어떤 이들은 자부심과 우월감을 추구합니다. 어떤 이들은 지속적으로 칭찬받아야 합니다. 그들의 가르침에 무슨 진리가 있든 없든, 지성과 선형적인 마음을 기준으로 한 진리가 있든 없든, 근본적인 하나됨에 연결되지 않고, 따라서 단순히 그들 자신을 열린 문으로 보고 있다면 그들은 진정한 스승이 아닙니다.

그들은 지성으로 공부할 수 있는 단순한 가르침이 아니라 진동이 살아 있는 말씀처럼, 살아 있는 샘처럼 흘러가는 지혜를 가진 사람들이 아닙니다. 그 말씀은 사람들이 분리된 자아를 초월하기 위해 받아들이고 내재화해야 하는 마지막 단계인 진동을 포함하는 빛의 컵들입니다.

내가 여러분(thee)을 마시고 있는 동안, 나를 마시세요

마스터 모어는 경배의 여정에 관해 이야기했습니다. 그 여정을 진심으로 따르는 사람들에게 일어날 수 있는 일은 무엇입니까? 그것은 그들이 어떤 외적인 표현을 넘어서 특정한 마스터의 진동을 받아들이고, 그들의 마음을 열고, 그것에 몰입한다는 것입니다. 이런 속담이 있습니다: "내가 그대(thee)를 마시고 있는 동안, 나를 마셔라." 학생이 이 세상에서 어떤 것이든 기꺼이 포기할 때 분리된 자아의 일부는 마스터들과 가까워지고 마스터와 하나가 됩니다. 마스터는 학생이 포기하는 불순물을 마시고 있습니다. 그 대가로, 그는 학생이 마실 때 마스터의 진동을 방사하고 있습니다.

이것은 예수가 와서 시범을 보이려던 마스터-제자 관계의 진정한 과정이며, 제자 중 몇몇만 진정으로 이해했던 것을 볼 수 있습니다. 물론 베드로는 그의 지적이고 외적인 이미지를 놓아버릴 수 없었으며, 예수가 그것에 순응하기를 끊임없이 원했던 사람의 주요한 예입니다. 그는 단순히 마스터의 발치에 앉아 마스터 예수의 진동을 마실 수 없었습니다. 그러나 아이들은 그럴 수 있었습니다. 그래서 예수가 이렇게 말했습니다. "아이들이 내게로 오게 하고, 그들을 오지 못하게 막지 말아라, 신의 나라가 바로 이와 같은 자들의 것이다."

나는 여러분에게 제공할 비밀 공식이 없습니다. 왜냐하면 그런 것은 없기 때문입니다. 얼마 전에 세계의 주님(the Lord of the World)인 고타마는, 두려움으로 어둠의 군주를 섬기는 하층민이 지키는 성에 거주하는 것으로 추정되는, 어둠의 군주에 대한 이미지를 주었습니다. 여러분이 두려움을 뚫고 성 안으로 걸어 들어갔다면, 여러분은 어둠의 군주가 없다는 것을 보았을 것입니다. 영적인 조직, 뉴에이지 조직, 전통적인 종교, 과학계 및 학계에서 얼마나 많은 사람이 비슷한 이미지를 가지고 있는지를 보세요. 어딘가에는 궁극적인 지혜의 신전이 있을 것이고, 그 안으로 들어가면 모든 것을 알게 되고 모든 것을 통달할 수 있게 해줄 비밀 공식을 보게 된다는 것입니다.

여러분이 이 가상의 사원에 가서, 그 중심부까지 뚫고 들어가 본다면, 거기에는 어떤 비밀 공식도 존재하지 않을 것입니다. 신은 불경한 자에게서 그의 얼굴을 숨깁니다. 신은 분리 의식으로 접근하는 사람들로부터 생명의 비밀을 숨깁니다. 여러분은 분리된 자아 이상의 무언가와 하나가 되어야만 생명의 비밀을 발견할 수 있습니다. 물론 생명의 강의 일부가 되어야 합니다.

어떻게 하면 나, 란토가 대리하는 지혜를 온전히 받을 수 있을까요? 외적인 말과 가르침 너머를 보세요. 나의 진동에 조율하고 여러분이

신의 무조건적이고 무한한 지혜의 색조를 띈 그 무조건적인 사랑을
받을 자격이 있음을 받아들이는 것입니다. 진정한 지혜와 하나가 된
나는 물질세계에서 말로 할 수 있는 단어들로 축소될 수 없습니다.
어떤 공식이나 의례 또는 가르침으로도 축소될 수 없습니다. 그것은
살아 있고, 어떤 구조도 무시합니다. 사랑하는 이들이여.

마음의 구조를 초월하세요

확실히, 여러분은 물질 우주 안에서 구조가 필요합니다. 우리는 그
구조를 무너뜨리려는 것이 아닙니다. 우리는 신의 왕국과 성 저메인
의 황금시대를 그려내도록 구조를 높이려는 노력을 하고 있습니다.

개인적으로는 여러분이 지금까지 구축했던 구조를 기꺼이 넘어서려
는 시점이 와야 합니다. 그 구조는 여전히 에고의 안전과 통제의 감
각을 유지하는 역할을 합니다. 구조에 집착하는 한 아는 것, 알고 있
다고 생각하는 것에 대한 감각에 집착하는 한, 무조건적인 지혜를 받
을 수 없습니다. 오직 그 지혜를 흡수함으로써 여러분은 분리의 감각
을 완전히 초월하고 지금 당장은 볼 수 없는 것들을 보게 될 것입니
다.

지성과 이원적 마음을 사용하여 지성과 이원적 마음을 능가할 방법
은 없습니다. 모든 이원적 주장에는 그것을 부정하는 반론이 있는데,
이것은 어떤 형태의 이원적 지혜도 상대적이라는 의미입니다. 이것은
이원적 틀 안에서만 존재합니다. 그것에는 반대가 있어야 합니다. 어
떻게 그것이 절대적인 지혜가 될 수 있고, 어떻게 무조건적인 지혜가
될 수 있을까요? 그것은 단순히 불가능합니다.

현명한 사람들이 되기 위해서는 이렇게 말해야 할 시점이 옵니다.
"나는 오랫동안 이해하려고 노력했지만, 이제 내가 더 나아갈 수 있는
것은 외적이고 구조화된 지혜를 찾는 것이 아니라는 것을 알았다. 몇
몇 이해를 얻는다고 해서 내가 처한 딜레마(catch-22)를 극복하지 못

할 것이다. 나 자신이 지혜가 없다고 생각하기 때문에 딜레마에 빠져 있다. 어떻게 하면 딜레마를 극복할 수 있을까? 내가 안다고 생각하는 모든 것을 기꺼이 놓아버리고, 어린아이처럼 되고, 묻지 않고 그저 관찰하는 아이 같은 마음을 가져야 한다.”

내가 왜 여러분을 폐쇄된 도서관에서 나와, 생명의 기적이 일어나는 봄 속을 거니는 명상에 들어가게 했을까요? 왜냐하면, 이것이 여러분이 해야 할 일이기 때문입니다. 여러분은 에고가 영적인 여정에 대해 알고 있다고 생각하는 모든 것에서 벗어나서 여러분 자신의 상위 존재, 특정한 마스터 또는 심지어 자연으로부터 무언가를 단순히 흡수하는 방법을 찾아야 합니다. 여러분은 이제 분리된 자아 너머의 무언가와 하나됨을 경험할 수 있도록 마음의 초점을 전환할 필요가 있습니다. 오직 그 하나됨 안에서만, 그 하나됨의 경험 안에서만, 여러분은 온전할 것입니다. 오직 그 하나됨 안에서만 여러분은 치유될 것입니다. 사랑하는 이들이여.

진정한 지혜는 진정한 치유로 이어집니다

이 가르침을 바탕으로, 이것을 개인적인 치유와 연결하겠습니다. 이전에, 바위 위에 앉아 있는데 시야는 높은 빌딩에 가려진 비전을 가진 사람이 표현한 것을 들어본 적이 있을 것입니다. 건물을 부수거나 도망치려는 대신, 그녀는 자신이 건물과 하나가 되고자 했습니다. 이것은 정말로, 질병을 극복하기 위한 필수적인 열쇠입니다.

질병은 분리의 환영에 기초한 정신적 이미지의 투사입니다. 여러분의 몸에 질병이 생겼음을 알았을 때 여러분의 기본적인 반응은 보통 두 가지 중 하나이거나 또는 아마 둘 다 혼합되어 있을 것입니다. 하나는 부정으로, 질병으로부터 도망치고 싶고, 그 현실을 부정하고 싶어 합니다. 하나는 그것과 싸워서 여러분의 몸을 파괴할 위협이 되는 것을 파괴하고 싶어 합니다.

두 반응 모두 분리감과 분리된 자아에 대한 환영을 강화할 뿐입니다. 부정하고 도망치려고 하든, 싸우고 파괴하려고 하든, 여러분은 문제를 일으킨 것과 같은 의식 상태로 문제를 해결하려고 하는 것입니다.

여러분이 도망가거나 파괴하는 대신에 질병을 메시지로 보는 것이 어떨지 생각해 보기를 제안합니다. 질병에서 어떤 종류의 환영이 드러나는지 살펴보세요. 도망치는 대신, 여러분은 그 안으로 걸어 들어가서, 그것을 봅니다. 그것으로부터 더 멀리 떨어지려고 하는 대신, 여러분은 그것과 하나됨을 추구합니다.

심리적 메커니즘이 보이나요? 사랑하는 이들이여? 먼저 여러분이 분리된 존재라는 것을 받아들이고, 분리에서 비롯된 환영을 받아들입니다. 그 환영은 여러분의 몸에 질병을 나타내며, 이제 여러분은 그 질병에서 스스로를 분리하려고 합니다. 여러분이 질병으로부터 분리를 추구할 때 분리의 이미지, 분리의 환영을 강화합니다. 분리란 무엇입니까? 그것은 하나됨에서 도망가는 것입니다! 분리로 인해 만들어진 것에서 도망치려고 하면서, 어떻게 하나됨으로 돌아올 수 있나요? 그렇게 될 수가 없습니다!

앞으로 나아가는 유일한 방법은 무엇입니까? 그것은 어떤 이미지, 어떤 불완전함에서 도망가는 것을 멈추는 것입니다. 바로 그 안으로 걸어 들어가서 그것과 결합하는 것입니다. 그것이 여러분을 끌어내리도록 내버려둔다는 것이 아니라, 여러분이 그것과 합쳐지면서, 그 너머를 보고, 이 불완전한 이미지와 표현 너머, 신의 표현인 마터 빛의 실재가 있음을 본다는 의미입니다. 분리된 이미지들 뒤에 하나됨이 보이면, 마침내 분리된 이미지가 비실재라는 것을 알게 됩니다. 이것은 여러분이 그것에서 도망치려 하거나 그것을 파괴하려고 하는 한 볼 수 없습니다. 왜냐하면 그것이 실체를 가지고 있다는 환영을 강화할 뿐이기 때문입니다.

내가 여러분에게 전하는 말 너머에 승리의 진동이 보이나요? 여러분에게 참된 지혜가 있을 때 물질세계의 어떤 조건도 극복할 수 있습니다. 그것들은 모두 비실재이고, 모두 비실재 이미지의 투사입니다. 여러분은 실재합니다. 비실재에서 도망치는 것을 멈추고, 모든 것과 합치려고 노력할 때, 여러분은 또한 실재와도 합쳐질 것입니다. 여러분은 자신이 실재라는 것을 알게 될 것입니다. 여러분은 비실재 그 이상입니다.

따라서 여러분은 정체성 감각을 전환하게 됩니다. 성모 마리아께서 말씀하신 것처럼, 치유된 사람은 그들이 치유되었음을 받아들일 수 있는 사람입니다. 깨달은 사람은 자신이 지혜의 샘과 하나임을 받아들일 수 있는 사람입니다. 그들은 더 이상 알아야 하는 학생들이 아니라, 하나됨, 지혜의 샘 자체와의 하나됨, 신비적 직관(Gnosis)을 성취한 마스터들입니다.

그것이 내가 여러분에게 제안하는 것입니다. 그것이 내가 따라온 여정이기 때문입니다. 나는 그 여정을 걸었습니다. 나는 그것이 작동한다는 것을 압니다. 나는 그것이 효과가 있다는 것을 보여주는 살아 있는 증거입니다. 나는 여러분 중 일부가 다른 많은 사람을 계몽하고 그들이 지금 지적인 지식을 쌓는 것이 아니라 진정한 지혜를 얻고 지혜의 불꽃으로 세상을 계몽할 때라는 것을 알게 하는 살아 있는 증거가 되기를 기대하고 있습니다.

지혜의 샘과 하나가 되어 나와 함께하겠습니까? 그러면 사람들이 실제로 더 많은 것을 볼 수 있도록 여러분 신의 불꽃을 표현함으로써, 더 많은 지적인 지식이 아니라 진정한 여러분이 됨으로써 세상을 밝힙시다.

7

3광선: 여러분은 언제나 사랑받을 가치가 있습니다

대천사 채리티와 베네치아의 폴의 담화

"비록 내가 인간이나 천사들의 목소리로 말한다 해도, 자비가 없다면 나는 아무것도 아닙니다." 사랑하는 이들이여, 이 말에 대해 명상해 보세요. 여러분은 대천사들의 진동의 웅장함을 전달해 주는 음악을 들었습니다. 나는(I AM) 채리티입니다. 나는 여러분에게 자비란 무엇인지에 대해 일러주고자 했습니다. 사랑하는 이들이여.

사실 자비라는 단어는 완벽하게 정확한 단어는 아니지만, 언어의 한계상, 그 너머의 진동을 정확하게 전달할 수 있는 단어가 없습니다. 오늘날 여러분의 언어와 이해를 바탕으로 더 나은 단어가 떠오를지도 모르겠는데, 그것은 바로 "무조건성"입니다. 이것은, 여러분이 보통 사랑의 광선이라고 부르는, 3광선을 통해 전달되는 진동입니다.

사랑은 다른 많은 단어와 마찬가지로, 오랜 시간이 지나면서 이원성의 덮개가 씌워져서 그 의미가 퇴색되었습니다. 따라서 조건 없는 사랑이 더 나은 개념일 것입니다. 하지만, 그냥 간단하게 무조건성이라고 말하는 것은 어떨까요?

생명의 강이란 무엇인가요? 그것은 모든 신의 특성의 무조건적인 표현입니다. 지혜의 진동에 조율하라고 란토께서 말했듯이, 무조건성의 진동에 진정으로 조율하지 않고 영적인 여정 상에서 특정한 지점을 넘어설 방법은 없습니다.

많은 영적, 종교적인 운동에 종사하는 사람들은 이기심이나 자기중심주의, 낮은 표현을 넘어서야 할 필요성을 이해하게 되었습니다. 그들은 자신을 사랑의 진동에 조율하려 하지만, 그들이 말하는 사랑은 증오, 분노, 두려움의 반대되는 이원적인 사랑입니다. 물론, 신성한 사랑에는 반대가 없거나, 그렇지 않다면 신성한 것이 아닐 것입니다.

마스터 모어께서 말했듯이, 타락한 존재들이 자신을 실제로 신의 반대라고 생각하는 것은 거대한 환영입니다. 이원성 영역에 있는 것에만 반대할 수 있으므로, 반대하는 대상은 고정된 이미지(우상)입니다. 많은 사람이 어떤 것을 반대하는 것이 아니라 사랑에 빠지려고 노력합니다. 하지만, 고정된 이미지에 조율하려고 한다면, 어떻게 진정한 사랑에 도달할 수 있겠습니까? 란토께서 말했듯이, 그것은 불가능합니다.

무조건성을 고려하세요

따라서, 여러분은 무조건성을 고려해야 합니다. 무조건성. 이것은 실로 우리가 여러분에게 영적인 여정의 특정한 지점에서 자신을 변화시키려 하지 말아야 한다는 개념을 제공한 이유입니다. 분리된 자아의 마지막 환영에서 벗어나는 유일한 방법은 여러분 자신을 있는 그대로 무조건적으로 수용하는 것입니다.

처음 두 광선에서 여러분은 그러한 전환을 해야 한다고 들어보았을 것입니다. 베네치아의 폴과 함께 나는 3광선의 관점에서 이것을 말하고자 합니다.

무조건성에 조율하지 않는다면 여러분이 어떻게 순수함의 4광선으로 나아갈 수 있겠습니까? 조건들 때문에 여러분의 마음과 육체에 불순함이 생기고 심지어 지구에 수많은 자연재해와 불균형이 발생하지 않나요?

다시 말하지만, 자동으로 작동하는 신성하거나 비밀스러운 공식 같은 것은 없습니다. 여러분이 더 높은 사랑을 표현할 자격이 없거나 그렇게 하는 것이 불가능하다는 개념이 바로 문제입니다.

사랑은 표현되고자 하는 무조건적인 힘입니다. 여러분이 무조건성의 표현을 위한 열린 문이 되기 위해서는 아무것도 할 필요가 없습니다. 그 어떤 조건에도 불구하고 표현하고 성장하고 초월하면서 계속 흐르는, 조건 없는 그것을 표현하기 위해 여러분이 충족해야 할 조건이라는 것이 도대체 무엇일까요?

이것이 얼마나 비논리적이며, 오직 분리된 자아만 이것을 믿는다는 것을, 이것이 불가능하다는 것을 알겠나요? 여러분은 분리된 자아 그 이상의 존재입니다. 여러분을 통해 신의 사랑이 흐르게 하거나 그럴 자격을 갖추기 전에, 특정한 완벽함의 상태에 도달할 필요가 있다는 개념을 갖는 한, 자신을 그렇게 사랑의 흐름으로부터 분리하는 한, 사랑은 흐를 수가 없습니다. 그것은 그 어떤 조건도 수용하지 않습니다.

여러분은 자신을 위한 조건을 수용할 권리가 있습니다. 하지만, 자신들이 신의 반대 극성을 나타낼 수 있다고 오만하게 믿는, 이원성과 자신을 완전히 동일시하는 존재들의 교묘한 의식에 빠지지 마세요. 여러분은 신을 제한할 수 없고, 사랑을 제한할 수 없고, 사랑의 표현을 제한할 수 없습니다.

여러분이 그것을 흐르게 하거나, 혹은 그것이 여러분 주위에 흐르고 있습니다. 그 중간은 없습니다. 인간은 아주 오랫동안 두려움, 분노, 증오에 반대되는 이원적이고 상대적인 사랑의 이미지를 구축해 왔기 때문에, 아마도 그 사이에 무언가 있으리라 생각할지도 모르겠습니다.

어떤 사람들은 사랑스럽고 친절한 척하는 데 매우 능숙해졌습니다

세상의 기관을 대표하는 이미지를 묘사하는데 매우 능숙한 특정한 사람들이 있는 이 치유 센터를 포함해서 많은 장소에서 이것을 볼 수 있습니다. 혹은 여러분은 아주 겸손한 누군가가 온종일 서서, 사람들이 치유의 물속을 걸을 수 있도록 도와주면서, 그 어떤 가식이나 조건 없이 사랑을 표현하는 것을 볼 수 있습니다. 다른 사람들을 돕고자 하는 열망으로 모든 것이 씻겨 내려갑니다.

거절당하는 두려움을 극복하세요

사랑은 소유하려 들지 않습니다. 소유하려 들지 않으면, 아무것도 돌려받을 필요가 없습니다. 거절에 대한 두려움 때문에 사랑을 표현하기를 두려워하는 것에 대해 숙고해 보세요. 거절에 대한 두려움이 있다면, 무조건성의 진동에 아직 조율하지 못한 것입니다. 사랑이 무조건적으로 표현될 때, 거절에 대한 두려움이 어떻게 있을 수 있을까요?

무조건적인 사랑이 어떻게 거절되나요? 무조건적인 사랑은 스스로 충분합니다. 그것은 단지 표현되고, 자신을 표현하고, 흐르면서 기쁨을 찾습니다.

여러분이 오직 특정한 한 사람에게만 사랑을 표현해야 한다고 생각하며, 그 사람은 그 사람이 받기를 원한다면, 심지어 특정한 방식으로 받기를 원한다면, 여러분은 무조건적인 사랑의 흐름에 있는 것이 아닙니다. 그러면 여러분은 조건적인 사랑의 낮은 진동에 조율하고 있는 것입니다. 여러분은 여전히 그 사람을 사랑하고, 그 사랑을 표현하고 싶은 바람이 있지만, 최상의 잠재력에는 아직 도달하지 못했을 수 있습니다. 여러분은 거절을 두려워하거나 소유하려 들거나 혹은 무언가 돌려받으려고 합니다.

여러분이 이 물질 우주에서 다른 사람이나 어떤 근원으로부터 무언

가가 필요하다고 생각할 때, 여러분은 결핍감을 가집니다. 여러분은 결핍 의식이 있습니다. 여러분이 무언가가 부족하다고 느끼면 다른 누군가가 와서 그것을 채워줘야만 완전한 사람이 되리라고 생각합니다. 이 모든 것은 환영입니다.

심지어 트윈 플레임에 관한 개념, 즉 자신의 트윈 플레임인 한 사람이 있고, 따라서 그 불꽃이 자신을 완성해 줄 완벽한 사랑이라는 개념조차도 최상의 이해가 아닙니다. 여러분의 영적인 트윈 플레임은 여러분의 상위자아, I AM 현존입니다. 자신의 I AM 현존과 하나가 되어야만 여러분은 완전해지고 온전해질 것입니다

무조건성과 치유

이것이 치유의 전반적인 개념에 무슨 의미가 있을까요? 자신에게 치유가 필요하다는 의식으로는 자신을 치유할 수 없다는 의미입니다. 자신을 온전하지 않은 존재로 보는 의식으로는 온전해질 수 없습니다.

딜레마(catch-22)에서 벗어나는 유일한 방법은 여러분이 불완전하다는 환영을 초월하는 것입니다. 물론, 이것은 또 다른 딜레마처럼 들립니다. 여러분이 불완전하다고 느끼면서 어떻게 불완전하다는 환영을 초월할 수 있을까요?

현실은 여러분이 자신이 누구인지 인식하면 할 수 있다는 것입니다. 여러분은 자기-의식하는 존재이고 마스터 모어의 설명처럼 여러분에게 완전한 자유의지가 주어졌습니다. 여러분은 여러분이 경험하기를 바라는 어떤 경험도 창조할 자유가 있습니다. 어떻게 경험을 창조하나요? 의상을 입고, 역할에 몰입하고는 "이것이 나다."라고 생각하면 됩니다. 우리가 말했듯이, 여러분이 아무리 분리된 정체성 감각과 자신을 동일시해도, 여러분은 여전히 여러분 자신입니다.

여러분은 자신이 누구인지 인식하고 인정할 잠재력이 있습니다. 여러분은 이렇게 말할 수 있습니다: "나를 불완전하다는 감각으로 들어

가게 한 원인은, 뱀도, 어떤 다른 외부의 세력도, 심지어 나를 처벌하고 싶어 하는 외부의 신과 같은 어떤 외부의 힘이 아니었다. 그것은 내가 내린 선택이었다.”

여러분이 불완전함에 빠지는 선택을 했다는 것을 인식한다면, 또한 그 선택을 바꿀 수 있는 힘이 있다는 것도 논리적입니다. 여러분을 완전함으로 이끄는 선택들로 그것들을 대체하거나, 오히려 완전함에서 분리되어 있다는 환영에서 벗어나게 하는 선택들로 대체할 수 있습니다. 여러분은 정말 어떻게 무조건적인 어떤 것에서 분리될 수 있습니까?

“무조건”은 모든 곳에 존재한다는 의미입니다. 신의 무조건적인 사랑이 존재하지 않는 장소는 없습니다. 그것은 불가능합니다.

이것은 물에 젖지 않았다고 말하는 물속의 물고기와 같습니다. 나는 물고기가 보통 높은 지능을 가지고 있지 않다는 것을 압니다. 하지만, 그럼에도 불구하고, 여러분은 분명히 물고기가 꽤 바보 같다는 것을 알 수 있습니다.

물론, 여러분은 자신의 에고가 그리 똑똑하지 않다는 것을 압니다. 비록 에고가 스스로를 똑똑하다고 생각하고, 다른 사람들도 그렇게 생각한다고 해도 말입니다. 실제로, 일부 사람들이 그랬듯이, 세상 대부분의 사람이 자신의 에고가 꽤 똑똑하거나 다른 면에서 우월하다고 생각하는 위치로 자신을 조작할 수 있습니다. 하지만 여러분이 에고를 비웃기 시작할 수 있다면, 이미 에고로부터 자신을 분리하기 시작한 것입니다.

관계에서 무조건성

여러분은 사랑이 커다란 극적인 그림이나 오페라나 영화나 책에서 볼 수 있는 진지하고 낭만적인 사랑이 아님을 인식해야 합니다. 사랑하는 이들이여, 사랑은 진지하게 받아들여서는 안됩니다.

만약 사랑을 진지하게 받아들인다면, 그것은 조건적인 사랑일 수밖에 없습니다. 여러분이 신의 무조건적인 사랑에 조율할 때, 단순히 생명의 강과 함께 흐르고 있습니다. 따라서 여러분은 기쁠 수밖에 없습니다.

다른 사람과 사랑에 빠졌다고 생각하지만, 이에 대해 기쁨을 느끼지 못하는 자신을 발견했다고 생각해 보세요. 여러분은 긴장을 느끼며, 거절당할까 두려워하거나, 다른 사람이 여러분의 사랑에 보답해야 한다고 느끼거나, 특정한 방식으로 행동해야 한다고 느낍니다. 어떤 의미에서, 스스로에게 솔직해져 보면, 그 사람을 자유롭게 하기보다는 제한하려고 하는 것입니다. 여러분은 무조건적인 사랑이 절대로 누군가를 제한하려 하지 않고, 오직 모든 사람이 그 이상이 되고, 생명의 강과 함께 자유롭게 흐르기를 바랄 뿐이라는 것을 알지 못하나요? 그렇다면 어떻게 이 세상에서 여러분의 사랑을 받을 만한 사람이 단 한 사람뿐이고 반드시 그 사랑을 돌려받아야 한다는 이미지를 마음속에 만들 수 있을까요? 그렇지 않다면, 여러분은 사랑을 거부당하기보다는 기꺼이 죽음을 선택하는, 오페라에서 볼 수 있는 극적인 감각에 빠지게 될 것입니다. 이것이 얼마나 우스꽝스러운지 모르겠습니까? 사실, 그것은 신성한 코미디입니다. 정말 신성한 것이 아니라, 인간이 받는 신성하다는 이미지일 뿐입니다.

사랑에 관한 자신의 진지함을 비웃으세요. 진지한 연인이라는 오페라 의상을 벗어 던지세요. 그냥 거기에서 나오세요! 더 위대한 연인 즉 여러분의 연인으로서, 여러분을 사랑하시는 신성한 연인(the Divine Lover)의 사랑을 받고 있음을 깨닫는 기쁨의 연인이 되세요.

정말로, 여러분의 상위 존재, I AM 현존은 자신의 유일한 사랑하는 자녀로서 여러분을 사랑하는 개인적인 신성한 연인입니다. 만약 여러분을 위한 개인적인 사랑을 바란다면, 그 사랑을 줄 수 없는 다른 사람에게서 사랑을 구하지 마세요. 여러분의 상위 존재에게서 그것을 찾으세요. 그 사랑으로 충만해지세요.

그런 다음, 여러분이 그 충만함을 온전히 받아들이고 수용할 때, 그 사랑의 흐름과 함께 하나됨으로 나아갈 수 있습니다. 이로써 여러분은 신성한 연인과 하나가 되고, 이제 여러분은 사랑의 흐름을 위한 열린 문인 육화한 신성한 연인이 됩니다. 여러분은 모든 생명을 사랑하고 모든 생명을 높이려는 힘을 위한 열린 문입니다. 어떻게 여러분의 사랑이 특정한 한 사람에게 집중되어야 한다는 환영에 빠질 수 있을까요?

그래서 내가 여러분은 남자와 여자 사이에서 사랑을 할 수 없다고 말하는 것일까요? 아닙니다. 그렇지 않습니다. 나는 단지 여러분이 조건이라는 덮개에서 자신을 자유롭게 하고, 그로써 파트너를 자유롭게 하지 않는 한, 절대 성공적인 관계, 최상의 잠재력을 발휘하는 관계를 가질 수 없다고 말하고 있습니다. 여러분의 관계는 경계와 조건, 기대와 비난, 사랑이 돌아오지 않는다는 느낌에 갇혀 있지 않은, 장난스럽고, 기쁘고, 흐르는 관계가 됩니다.

여러분은 왜 하늘에 가고 싶습니까?

마스터 모어가 말했듯이, 영성에 대한 접근 방식이 기쁨에 의한 것이 아니라면, 무슨 의미가 있을까요? 하늘에 가는 것이 여러분을 비참하게 만들 것으로 생각한다면 왜 하늘에 가려고 할까요? 사랑의 관계가 여러분을 비참하게 만들 것으로 생각한다면 왜 사랑을 하고 싶어 하나요?

인식을 전환하세요. 조건에서 벗어나 무조건성을 받아들이세요. 여러분은 이 특정한 사람에 대한 사랑을 놓아버릴 수 없다고 생각합니까? 그것은 조건입니다. 그것을 붙잡고 있는 한, 그것은 여러분을 비참하게 만들 것이고 아마 상대방도 비참하게 만들 것입니다.

물론, 나는 신의 무조건적인 사랑의 표현입니다. 여러분이 스스로를 비참하게 만들기로 선택하더라도, 나는 여러분을 무조건적으로 사랑합니다. 나는 내 사랑에 조건이 없으므로 여러분이 지금 자신을 어떻게 보는지 상관없이 여러분은 그 사랑을 받을 수 있습니다. 여러분이 하거나 하지 않은 일 때문에 여러분이 사랑을 받을 자격이 없다고 생각하더라도, 그것은 그렇지 않습니다.

여러분이 가치가 없다는 감각에서 벗어날 수 없다면, 만약 공부를 하고 로자리나 다른 형태의 명상과 연습을 했는데도, 여전히 특정한 조건에 매달려 있다는 것을 발견한다면, 마지막 선택은 하나뿐입니다. 그것은 그 조건에서 벗어나려는 노력을 멈추고, 그것을 받아들이는 것입니다.

어떤 종류의 조건을 받아들일 때, 더 낮은 진동 상태로 들어갈 때 무슨 일이 일어날까요? 여러분은 이런저런 조건 때문에 사랑이 자유롭고 무조건적으로 흐르게 할 수 없다는 것을 받아들입니다. 그것은 특정한 기준에 따라 표현되거나 표현되지 않아야 합니다. 이것이 여러분을 불완전하다고 느끼게 하는 것입니다. 여러분은 상위 존재에게서 오는 흐름을 차단하고, 모든 생명을 높이려는 여러분의 I AM 현존을 통해서 흐르는 무조건성의 흐름을 차단합니다. 그것이 여러분이 비참함을 느끼기 시작하는 이유입니다. 여러분은 이런저런 조건 때문에 사랑할 수 없다고 느낍니다.

그러므로 여러분이 사랑할 수 없다고 생각하게 만드는 그 조건을 사랑하세요. 비참한 기분을 사랑하세요. 많은 사람이 사랑스럽지 않다고 여기는 것을 사랑할 수 있다면, 여러분은 더 이상 사랑의 흐름에서 분리되어 있지 않습니다. 확실히, 어느 날, 여러분은 일어나서 이렇게 말할 것입니다: "할렐루야, 나는 더 이상 비참하지 않습니다." 그러므로, 정말로 여러분의 지복을 따르세요.

음악의 힘을 생각해 보세요

3광선의 대리자로서 음악의 힘에 주목하라고 요청합니다. 여러분 대부분은 살아오면서 영(spirit)을 고양하고 조율하도록 도와준 어떤 음악이 있었음을 알 것입니다. 여러분이 외면의 마음으로는 이것을 인식하지 못했을 수도 있지만, 음악은 정상적인 의식 상태를 넘어서는 진동에 조율하도록 도움을 주었고, 그로써 여러분이 조건을 넘어서는 진동에 조율하도록 도움을 주었습니다. 음악을 통해 고양된다고 느낀다면, 음악을 사용하세요. 여러분을 고양하는 종류의 음악을 찾아보세요. 왜냐하면 그 음악은 생명의 강(the River of Life)의 흐름을 표현하기 때문입니다.

단순하게 차를 운전하거나 설거지를 하거나 다른 일상적인 일을 하는 동안은 음악을 듣지 마세요. 가끔, 여러분이 혼자서 방해받지 않을 수 있는 공간에 들어가세요. 음악을 켜고 불을 끄고 침대에 누워 몸에 중력이 가장 적게 느껴지도록 합니다. 그런 다음 무조건성의 신성한 공간 안에서 여러분 자신을 찾을 때까지 음악의 흐름에 여러분을 맡기세요. 여러분은 갑자기 음악 너머에 생명의 소리인 종소리가 울려 퍼지는 것을 듣습니다. 여러분이 그 종소리를 들을 때, 사랑하는 이들이여, 그 우주의 훔(cosmic hum) 소리를 듣고, 무조건적인 사랑이 무엇인지에 대해 다시 한번 공동 측정(co-measurement)의 감각을 얻게 될 것입니다.

자기 삶에 대한 다른 관점을 얻는데 사용할 수 있습니다. 그리고, 조건부가, 물질 우주 안에서 펼쳐지는 드라마에서 특정한 역할로, 특정한 의상으로, 특정한 조건으로 끌어들이지 않고, 떠다니는 느낌을 어떻게 없애는지 알 수 있습니다. 단순히 문제에서 도망치기 위해 이용하는 것이 아니라면 이것은 도피가 아닙니다. 여러분이 문제가 아니라는 것을 인식할 수 있도록, 문제에 대한 다른 관점을 얻는데 그것을 사용합니다. 여러분이 그 이상이라는 것을 경험했기 때문에, 여러분은 그 이상입니다.

내가 말한 연극 애호가가 숭고한 공간에서 떠다닐 수 있다고 생각하나요? 아니요. 왜냐하면 그는 자신과 자신의 조건에 너무 사로잡혀 있어서, 놓아버릴 수 없기 때문입니다. 그러나 여러분은 할 수 있습니다! 여러분은 정말 무조건성을 경험할 수 있습니다. 오직 그것을 경험함으로써, 여러분은 조건부 세상 너머에 무언가가 있음을 진정으로 알게 될 것입니다. 오직 여러분이 그것을 알아야만, 다음 단계의 결합으로 나아갈 수 있습니다. 이제 여러분은 먼저 자신을 신성한 연인의 사랑하는 대상으로 보고, 그런 다음 신성한 연인과 결합하여 모든 생명에게 표현되기를 바라는 사랑의 열린 문이라는 것을 알게 됩니다. 그것이 잘못된 사랑의 감각, 조건적인 사랑의 감각을 극복하는 열쇠입니다.

몸은 여러분의 적이 아닙니다

여러분은 단순히 모든 사람을 사랑하거나 자신의 질병을 사랑하거나 다른 방식으로 사랑이 표현되도록 강요할 수는 없습니다. 여러분은 무조건성의 상태에 조율할 수 있고 그것이 흘러가도록 내버려두면 됩니다.

그것이 무엇을 의미하나요? 사랑하는 이들이여? 솔직히 생각해 보면, 이 세상에는 보고 싶지 않고, 물러나고, 움츠러들고, 차라리 존재하는 것을 몰랐으면 하는 것들이 너무 많다는 것을 알게 될 것입니다. 확실히, 이것은 세상의 상황을 고려할 때 이해할 수 있습니다.

그럼에도, 현실은 여러분이 보고 싶지 않은 것이 있을 때, 그 무언가에 사랑을 표현할 수 없음을, 감지하고, 느끼고, 생각한다는 것입니다. 어떤 의미에서, 여러분은 무언가가 사랑할 가치가 없다고 느낍니다. 여러분을 통해 특정한 조건이나 특정한 사람들, 다른 인종이나 다른 종교의 사람들, 사람들을 구분 짓는 다른 기준으로 분리된 사람들에게 사랑이 흘러가지 않도록 여러분은 심판자가 되고 그것을 보류해야 합니다.

여러분이 그 사랑의 흐름을 차단하기 시작할 때, 필연적으로 무슨 일이 일어날까요? 여러분의 하위 존재는 폐쇄계가 됩니다. 이것이 여러분의 네 하위체를 거쳐 육체에 도달하면 질병이 됩니다.

이제 몸이 자신에게 불리하게 작용하고 있다고 생각합니다. 란토께서 설명한 것처럼, 여러분은 조건을 보기 두려워하며, 차라리 보지 않으려 하고, 그것에서 도망치고 싶어 합니다. 몸을 파괴하는 것을 사랑할 수 없을 것으로 생각합니다.

여러분은 그 과정에서 무엇을 하고 있습니까? 암에 걸린 세포들을 사랑할 수 없다고 말하고 있습니다. 하지만 세포들은 무엇을 하고 있나요? 그것들은 여러분이 사랑의 흐름을 차단하게 만든 의식의 상태를 표현하고 있습니다. 그러면 여러분이 그 의식을 구현하고 있는 세포들을 사랑할 수 없다고 말할 때, 그 세포들은 어떻게 그 조건에서 자유로워질 수 있을까요?

여러분이 가진 자기-의식에 대한 감각을 세포는 가지고 있지 않다는 것을 알아야만 합니다. 그것들은 자신들에게 투사된 것을 구현할 수 있을 뿐입니다. 암이나 다른 무언가든 세포들이 질병에 걸리게 한 사랑스럽지 않은 이미지를 먼저 투사합니다. 그다음, 이 세포들을 사랑하지 않고 화를 내고 증오하기 때문에, 몸에서 이 세포들이 파괴되고 찢어져야 한다는 또 다른 이미지를 투사하여 이를 강화합니다. 자 그럼 세포들은 두 배로 부과된, 이중의 부담에서 어떻게 자유로워질 수 있을까요?

오직 여러분만이 그 악순환을 끊을 수 있습니다. 여러분은 세포가 질병을 구현하게 한 원인이 사랑의 결핍임을 깨달아야만 그렇게 할 수 있습니다. 진정한 치유의 유일한 열쇠는 사랑의 흐름을 회복하는 것입니다. 그리고 여러분이 사랑을 회복하는 사람이 되어야 합니다.

질병을 사랑할 필요는 없습니다. 사랑하는 이들이여. 하지만 여러분은 세포들을 사랑해야만 질병에서 벗어날 수 있습니다. 그러면 세포들이 완벽한 건강, 더 높은 하나됨의 패턴을 그려낼 자유를 가집니다.

란토께서 설명했듯이, 모든 곳에 지혜가 있습니다. 여러분의 세포들 안에 지혜가 있습니다. 세포들에는 자기-의식은 없지만, 완벽한 건강을 표현하는 방법을 아는 신성한 어머니의 지혜가 있습니다. 그 안에 있는 것을 그려낼 수 있게 허용만 된다면 말입니다. 신께서 그의 법칙을 여러분 내면에 기록하지 않았던가요? 여러분은 세포들을 사랑해서 자유롭게 할 때, 그들은 암이나 다른 질병을 떨쳐내고 완전히 건강한 자연스러운 상태를 구현해내는 방법을 알게 될 것입니다.

내 사랑은 언제나 거기에 있습니다

이번과 이전 담화에서 여러분에게 말한 것들에 대한 여러분의 두려움과 의심, 즉 여러분의 회귀 흐름[12]을 받아들이기 위해 잠시 멈추고 있습니다. 나는 그 의식을 흡수하고 있습니다. 여러분이 내 말을 의심하고, 그것을 실행하기 두려워한다는 사실이 내가 여러분을 사랑하지 않는다는 의미가 아닙니다. 나는 여러분이 내 말과 내 진동에 어떻게 반응하든 상관없이 여러분을 사랑합니다. 내 사랑은 무조건적입니다. 그것은 영원합니다. 지금 그것을 받아들일 수 없다면, 실망하지 마세요. 여러분이 듣고 있는 것을 즉시 받아들일 수 없다는 사실에 대해 자책할 필요가 없습니다.

나는 여러분이 내가 언제나 거기에 있다는 것을 알기 바랍니다. 내 사랑은 언제나 거기에 있습니다. 지금 그것을 받아들일 수 없다면, 할 수 있는 언제라도, 과거에 나를 받아들이지 못했기 때문에 지금 나를 받아들일 자격이 없고, 그런 이유로 여전히 나를 받아들일 수 없다는

환영에 빠지지 마세요. 환영의 층들을 겹겹이 쌓지 마세요.

내 말을 기억하세요: 내 사랑은 무조건적입니다. 자격을 갖추기 위해 조건을 충족할 필요가 없습니다. 여러분에게는 다음 두 가지 선택권만 있습니다: 수락하거나 거절하거나. 내 사랑은 무조건적입니다. 그래서 여러분이 내 사랑을 거부해도 나는 그 거부에 영향을 받지 않습니다.

나는 여전히 여러분을 무조건적으로 사랑합니다. 지금, 이 순간 아무리 격렬하게 거부하더라도, 앞으로 언제든지 그 의상을 벗어 던지고 싶을 때, 내 사랑이 거기에서 여러분을 받아줄 것입니다. 여러분의 에고는 여러분이 그럴 수 없다고 생각하기를 원할지도 모릅니다. 하지만 그렇습니다.

그것은 항상 그랬습니다.

그것이 언제나 그럴 것입니다.

이것이 사랑에 대한 진실입니다. 이것이 진정한 사랑입니다. 여러분이 내 사랑과 분리되기를 원하고 그 사랑을 거부하기를 원한다면, 나는 여러분이 거부하는 것을 사랑합니다. 여러분이 무엇을 느끼든, 무엇을 생각하든, 나는 여러분을 사랑합니다.

감정과 생각은 마음을 스쳐 지나가는 찰나의 이미지입니다. 영사기의 전원을 끄면 어떤 이미지가 화면에 투사되었는지 관계없이 삶의 화면은 여전히 하얗다는 것을 알 수 있습니다. 여러분의 핵심 존재인 의식하는 자아(Conscious You)는 비록 여러분이 개성을 가지고 창조되었지만, 조건부로 창조된 것은 아니라는 의미에서 그것은 비어 있는 화면입니다. 여러분은 어떠한 이원적인 조건으로 창조된 것이 아닙니다. 사랑하는 이들이여.

무조건적인 개별적 특성들을 가지고 창조되었습니다. 나는 여러분의 선형적인 마음으로는 이 개념을 이해할 수 없다는 것을 잘 알고 있습니다. 하지만 인식을 전환하는 지점으로 올 때까지, 숙고할 수 있는 말의 어떤 표현이 있어야 합니다. 여러분은 무조건성의 실재를 인식하고, 여러분의 진정한 존재, 진정한 사랑에 대한 갈망을 결코 만족시킬 수 없는 찰나의 이미지에 초점을 맞추게 함으로써 흰 화면을 가리기 위해 설정된 조건들의 비실재를 인식합니다.

이 물질세계에서 오는 사랑이 어떻게 여러분의 사랑에 대한 내재된 갈망을 만족시킬 수 있을까요? 사랑에 대한 여러분의 내재된 갈망은 진정한 자신, 여러분 자신의 상위 존재와 하나됨에 대한 갈망입니다. 그것은 공동창조자가 되어 신의 왕국을 물질 우주에 구현하기 위해 여러분 자신의 상위 존재에 의해 창조된 역할을 수행함으로써 생명의 강의 흐름 속에 있고 싶은 여러분의 갈망입니다.

사랑에 조율하세요

나의 말은, 육화 중에는 불가피하게도, 사랑을 할 수 있는 능력이 제한된, 육화 중인 사람을 통해 전달됩니다. 확실히, 한 사람이 육화 중이면서 동시에 무조건성의 충만함, 상승한 의식의 충만함에 있을 수는 없습니다. 외부 메신저에 초점을 맞추지 마세요. 외형을 넘어서고, 목소리와 말을 넘어서세요.

말씀을 따라가세요. 바로 그 존재, I AM에 이르게 할 의식의 흐름으로 그 말씀을 따라가세요. 나는 무조건적인 사랑인 신의 사랑의 계층 구조와 그 무조건성의 표현인 모든 존재와 하나입니다. 그 의식의 흐름을 따라가서 내 사랑에 대한 능력이 정말 무한하다는 것을 인식하세요. 나는 여러분이 나에게 내맡기려는 어떤 조건도 받아들이고 소멸할 수 있습니다. 나는 이 담화의 결론으로서 여러분이 놓아버리기를 바라는 어떤 조건이라도 내 의식의 흐름으로 방출할 수 있는 기회를 드립니다. 여러분은 마스터 모어와 함께 말했습니다: "그만하면 충분합니다." 그러므로, 여러분이 내맡기는 동안 이 메신저가 낭송하게 하겠습니다.

[메신저는 내면에서 오는 말을 합니다:]

사랑은 흐르는 시냇물, 무조건성의 샘으로, 아무리 단단한 바위라도 조금씩 닳게 하며 흐르는 물처럼 움직입니다. 그것은 바위보다 훨씬 더 부드러워서 그것이 어떻게 바위를 닳게 할 수 있을지 선형적인 마음은 헤아릴 수 없습니다. 하지만 사랑이란 그런 것입니다. 그것은 무조건 흐릅니다. 아무데도 가지 않는 것 같고, 사람이 받아들이지 않는 것 같고, 변하지 않는 것 같으며, 그냥 계속 흘러갑니다. 수천 년에 걸쳐 결국에는 분리된 자아라는 단단한 바위를 닳아 없어지게 합니다.

진정으로, 신성한 연인은 그의 사랑하는 사람을 결코 혼자 두지 않을 것이고, 흐르는 것을 멈추지 않을 것이며, 주는 것을 멈추지 않을 것입니다. 결국, 가장 어려운 조건조차도 사랑의 흐름, 영원히 멈출 수 없고 무조건적인 사랑의 흐름에 의해 닳아 없어질 것입니다. 바위가 분자와 원자, 심지어 더 나아가 원자를 구성하는 가장 작은 입자로 만들어진다는 것을 알고 있듯이, 어떤 조건도 더 작은 단위들로 만들어지지 않나요. 흐르는 사랑은 바위에서 한 개의 기본 입자만 제거할 수 있지만, 그래도 여전히 그것은 변화입니다.

흐르는 사랑은 낙담하지 않고 고무되어 더욱더 흘러서 원자 하나, 또 다른 원자 하나, 또 다른 원자, 또 다른 원자를 제거합니다. 곧 생명의 강은 인간 의식이라는 암반에 협곡을 조각하기 시작합니다. 그것은 흐르고, 흐르고, 영원히 흐릅니다. 아무리 웅장한 사이라도 마치 정의로운 자와 불의한 자, 선한 자와 악한 자에게 내리는 부드러운 사랑의 비처럼, 하늘에서 내리는 부드러운 비에 의해, 시간이 지남에 따라 어떻게 닳아 없어지는지 보세요.

사랑에는 정의나 불의가 없고 악함과 선함도 없습니다. 그 흐르는 사랑에는 조건이 없습니다. 그 어떤 조건도 없습니다. 사랑에게 조건은 비실재이고, 영구적이지 않습니다. 사랑은 계속 흐르면 아무리 힘든 조건도 닳아 없어진다는 것을 알고 있습니다. 아무리 굳은 가슴도 멈추지 않는 사랑의 흐름에 의해 닳아 없어질 것입니다.

언젠가, 그 가슴은 스스로를 바라보며 이렇게 말할 것입니다. "왜 나는 사랑의 흐름에서 나 자신을 계속 분리하고 있을까? 나는 분리되는 경험을 충분히 했다. 이제 나는 사랑의 흐름 속에 있는 것이 어떤 느낌일지 궁금하다." 갑자기, 그것은 댐이 터지듯이 흐름 속으로 내맡깁니다. 그리고 너무 오랜 생애 동안 막혀 있던 생명의 강이 어떤 조건이나 심지어 가장 강한 에고도 억제할 수 없는 폭발처럼 방출됩니다. 진정한 여러분은 그것과 함께 흐르고 조건에서 풀려나 그러한 기쁨과 자유를 발견합니다. 완전 무조건적인 해제입니다.

[대천사 채리티가 계속합니다:]

그러므로, 들이마시세요 [청중이 숨을 들이마십니다]. 조건을 인식한 후 숨을 내쉬면서 그 조건을 방출합니다. [청중이 숨을 내쉽니다].

이제 숨을 들이마시고, 멈추고, 여러분이 숨을 내쉴 때 나는 숨을 들이마십니다. 숨을 내쉬세요 [메신저가 숨을 들이마시는 동안 청중은 숨을 내쉰다].

내가 나의 무조건적인 사랑을 방출할 때, 여러분은 그 사랑을 들이마시고 숨을 들이마십니다. [메신저는 내쉬고, 청중은 숨을 들이마십니다].

이제 내가 그 조건 안에서 호흡함으로써 방출합니다 [메신저가 숨을 들이마시는 동안 청중은 숨을 내쉽니다].

사랑을 들이마시세요. [메신저는 숨을 내쉬고, 청중은 숨을 들이마십니다].

방출하세요 [메신저가 숨을 들이마시는 동안 청중은 숨을 내쉽니다].

숨을 들이마시세요. [메신저는 내쉬며, 청중은 들이마십니다].

여러분은 지금 사랑의 들숨과 날숨을 경험했습니다. 하지만, 나는 시간과 공간에 제한되지 않으며, 아마도 여러분 흐름의 감각을 일깨우는 음악 한 곡을 들은 후에 언제든지 이 연습을 반복할 수 있습니다.

3광선의 대리자인 우리는 여러분이 기꺼이 우리의 현존 속으로 들어와서, 알아차리지 못했을 수도 있지만, 자신을 어느 정도 두려움으로부터 분리시킨 것을 축하합니다. 여러분이 자신을 두려움과 완전히 동일시하면 조건 없는 사랑의 현존 안에 있을 수 없습니다. 여러분이 여기에 있다는 것은 여러분이 더 이상 분리된 자아와 완전히 동일시되지 않는다는 것을 보여줍니다. 나는 여러분이 그 이상임을 알고 있으며, 그 이상(The More)과 하나됨을 경험한 새로운 자아감을 수용하라고 충고합니다.

비록 말의 한계가 있지만, 여러분은 봉인되었습니다. 여러분은 어떻게 무조건적인 것에 봉인될 수 있을까요? 사랑하는 이들이여, 봉인되어야 한다는 감각을 넘어서 단지 무조건적인 사랑의 흐름 속에 있을 뿐입니다.

8

4광선: 가속은 완전함의 열쇠

세라피스 베이의 담화

세라피스 베이는 상승 마스터인 내 이름입니다. 물론, 나는 이것 이상의 존재입니다. 나는 룩소르의 주관자 그 이상입니다. 나는 지구상의 특정한 장소나 특정한 돌무더기에 한정되지 않습니다.

인간이 사물을 신성하다고 부르는 의미에서 보면, 지구상에는 본질적으로 신성한 것이 없다는 것을 알 수 있도록 이 말을 합니다. 이집트의 피라미드와 사원들은 그저 돌무더기일 뿐입니다. 사랑하는 이들이여. 내면에서 빛을 부여받아, 살아 있는 가슴의 돌이 되지 않는 한, 그것들은 특별한 진동도 그렇게 중요한 의미도 없습니다. 영적인 여정에서 외부의 상징을 숭배하는 것은 필요하지도 유익하지도 않습니다. 겉모습들과 상징들을 넘어 이제는, 다른 관점에서 말하는 모든 것 배후의 진정한 진동에 조율할 필요가 있습니다.

나는 여러분이 치유되고 싶다면 4광선에 조율할 기회를 주기 위해 왔습니다. 완전히 치유되고, 완전히 온전해지기 위해서, 여러분은 물론 일곱 광선 상에서 입문의 여정을 걸어야 하며, 비밀 광선 또한 넘어가야 합니다. 하지만 일곱 광선의 여정을 걷는 것만으로도 완전함과 치유를 얻을 수 있습니다.

여러분은 지구상의 어떤 조건도 넘어서 가속할 수 있습니다

여러분은 1광선의 마스터로부터 여러분의 의지력으로 자신의 힘을 되찾을 필요가 있다는 것을 들었습니다. 2광선으로부터 외적인 지혜와 공부를 넘어 지혜의 영(Sprit of Wisdom)과 함께 신비적 직관(Gnosis)으로 들어오는 것이 얼마나 필요한지에 대해 들었습니다. 3광선에서는 흐르는 사랑의 샘, 생명의 강과 함께 하나되는 것이 왜 필요한지에 대해 들었습니다. 일단 이 세 광선의 입문들을 통과했다면, 많은 사람이 이해하지 못한 또 다른 단계를 밟아야 합니다.

내 가슴에서 나오는 이 담화를 받을 수 있기 위해, 이 메신저가 직접 테스트를 통과해야 했습니다. 그의 육체와 심지어 그의 감정, 멘탈체에서도 며칠 동안 진행되었습니다. 그가 이 담화를 받기 전에, 자신의 에너지가 낮다고 느끼며 방으로 들어가서, "나는 몇 분 동안 쉬어야 해"라고 당연하게 생각했습니다. 그가 쉬려고 누웠을 때, 갑자기 내 가슴으로부터 생각을 받기 시작했습니다. "당신은 쉴 필요가 없고, 당신의 존재를 가속해야 합니다."

이것이 순수함의 4광선에 대한 입문의 본질입니다. 여러분은 처음 세 광선의 입문들을 통과할 수 있습니다. 성취감을 가질 수도 있습니다. 여러분은 심지어 사랑에 너무 휩싸여서 그것을 넘어설 필요가 없다고 생각할지도 모릅니다. 그러나 정말, 전체성(wholeness)의 충만함에 도달하기 위해서는 초월이 필요합니다. 3광선의 수준을 넘어서기 위해서는 가속하고 앞으로 나아가야 합니다.

이것은 치유를 막는 주요한 장애물 중 하나입니다. 사람들은 육체적 건강이 무너지면 자연스럽게 무엇을 느끼나요? 그들은 피곤하고 고통스럽고 에너지 고갈을 느낍니다. 그들은 "나는 도저히 가속할 수 없어. 너무 피곤하고, 너무 아프고, 너무 기분이 안 좋아"라고 느낍니다. 하지만 보세요. 이것은 비실재입니다.

다른 마스터들이 말한 배역 중 하나를 선택하고 그 역할에 동일시하지 않는 한, 피곤하거나 아프거나 기분이 나쁘지 않습니다. 기분이 나쁘고, 피곤하고, 지치고, 아프다고 느끼는 자신을 알아보고, 여러분의 마음이 그 이미지에 집중함으로써 일시적이기는 하지만, 육체의 사원에서 그것을 명백한 현실로 만듭니다.

에너지를 변형하거나 제거하기

다른 마스터들이 여러분에게 설명하려고 했던 것처럼, 여러분이 경험하고 있는 이런저런 조건 때문에 가속할 수 없다는 에고와 이원적인 마음 그리고 지구상의 전체 대중의식에 의해 만들어진 환영이 있습니다. 여러분은 휴식도 회복도 필요하다는 것입니다.

휴식 같은 것은 없습니다. 여러분은 휴식으로 온전해질 수 없습니다. 이것은 휴식이 필요 없다는 말이 아닙니다. 하지만 내 말은 여러분이 치유 과정의 특정한 단계에서 필요한 것은, 휴식이 아니라 가속이라는 것을 인식해야 하는 지점에 와야 한다고 말하는 것입니다.

물론, 지금 여러분은 아픈 사람에게 이렇게 말할 수 없습니다. "침대에서 일어나 가속하세요." 그 사람은 처음 세 광선의 입문 단계들을 통과해야 합니다. 먼저, 마스터 모어가 매우 신중하게 설명한 것, 즉 의사결정을 내릴 수 있는 힘을 되찾아야 한다는 것을 깨달아야 합니다. 그다음, 무엇이 실재이고 무엇이 비실재인지, 이러한 모든 조건과 정신적 이미지들이 궁극적인 비실재임을 아는 지혜를 가져야 합니다. 그리고 나서, 과거에 어떤 실수를 저질렀더라도, 그것에서 그냥 떠나버릴 수 있다는 것을 알고 사랑의 흐름에 몸을 맡기는 것입니다.

무언가에서 떠나버린다는 표현을 넘어서겠습니다. 실제로, 물론, 여러분이 무언가로부터 떠나버릴 수 없습니다. 다른 마스터들이 설명하려 했던 것처럼, 이원성 의식을 사용하여 이원성 의식을 초월할 수 없습니다. 순수의 개념과 정화의 필요성을 다시 한번 살펴봅시다. 선형적이고 분석적인 마음으로는 여러분이 세상의 불순함을 담은 그릇인 오라나 육체를 가지고 있다는 이미지에 쉽게 빠져듭니다. 그래서, 불순함들을 꺼내어 다른 곳으로 치우고, 제거하는 식으로, 정화하는 과정이 필요합니다.

이것은 선형적인 마음에는 논리적입니다. 여러분 중 일부가 이전의 가르침을 사용하여 이렇게 말할 수 있다는 것을 이해합니다. "하지만 우리는 바로, 이 과정에 관해 이야기하지 않았나요? 그것은 오용된 에너지를 변형시키는 보라색 화염의 아이디어가 아닌가요?" 다시 말하지만, 더 성숙한 학생들일수록 숙고해야 할 미묘한 점이 있습니다. 에너지를 변형하는 것과 제거하는 것은 같지 않습니다.

설명한 것처럼, 여러분은 상위 존재로부터 영적인 빛을 받습니다. 여러분은 의식과 인식에 초점을 어떻게 맞출지 선택합니다. 여러분은 빛을 더 높거나 낮은 진동으로 채색합니다. 낮은 진동으로 물든 빛은 물질 우주의 네 단계를 통해 내려가 결국 육체의 수준에 도달합니다. 그것이 특정한 농도로 축적되면 세포들에 부담을 주기 시작하고, 세포들이 제 기능을 할 수 없으므로 질병이 나타날 것입니다.

빛이 채색되는 원인은 무엇인가요? 자신이 다른 사람들과 분리되어 있다는 것에 초점을 맞추는 분리된 자아의 환영이 원인입니다. 이것은 비록 다른 형태의 생명체에 해를 끼치더라도, 자신에게 가장 좋은 것을 할 권리가 있다는 믿음, 또는 자기중심적이고 이기적인 행동을 정당화하는 그런 믿음입니다.

이제 여러분은 병이 나고, 몸이 아프고, 그것이 여러분을 죽일 수도 있다는 것을 인식합니다. 여러분의 첫 번째 본능적인 반응은 다음과 같습니다. 질병을 없애는 것, 즉 불순한 에너지를 없애는 것입니다. 비록 여러분이 때때로 세상으로부터 에너지를 받아들인다고 하더라도,

그 에너지에 상응하는 의식 상태가 이미 갖춰져 있지 않다면, 여러분의 시스템으로 어떤 것도 받아들일 수 없습니다.

단순히 "내 몸을 아프게 하는 이 에너지를 몸에서 제거하고, 그것을 세상에 버리고 싶다."라고 말한다면, 진정으로 더 높은 영적인 이해에 도달하지 못한 것입니다. 여러분은 문제를 발생시킨 의식 상태 즉, 분리의 환영으로 문제를 극복하려고 합니다.

많은 사람이 병에 걸리면 매우 자기중심적이고 이기적으로 된다는 것을 알 수 있습니다. 그들은 무슨 일이 있어도 단지 치유되기를 원합니다. 물론 이것은 진정한 치유로 이어질 수 없습니다. 육체의 증상을 억제할 수는 있지만, 물론 진정한 치유와 같지 않습니다.

불완전한 에너지를 가속하기

진정으로 치유되려면 무엇이 필요할까요? 여러분이 진정으로 자신의 의식을 반영하는 에너지에 대한 책임을 지도록 처음 세 광선에서 얻은 직관을 사용해야 할 것입니다. 여러분은 이렇게 말합니다. "나는 더 낮은 진동으로 빛을 채색하는 과정을 멈추겠다. 나는 먼저 내 눈 안의 들보를 보겠으며, 네 하위체와 지구 어머니의 네 하위체에 오용된 에너지가 축적되도록 한 것이, 내 의식 안의 불완전한 믿음(환영)인지를 고려하겠다."

"그다음, 나는 빛의 오용을 멈추기 위해 그 의식을 바꿀 것이다. 나는 육체에 구현된 질병의 메시지를 보고, 의식을 살펴보고, 그 의식을 내맡길 것이다. 그런데, 내가 계속되는 오용의 과정을 중단하면 다음 단계를 밟을 것이다. 나는 다른 형태의 생명에게 부담을 주지 않도록 이미 오용된 에너지를 정화하고 싶다."

이러한 결정을 내릴 때, 여러분은 분리된 자아에서 벗어나고, 자기중심적인 관점에서 벗어나고 있습니다. 이제 여러분은 에너지를 정화할 수 있는 유일한 방법이 그 에너지를 어떻게든 파괴하거나 외딴곳,

어딘가의 우주 쓰레기장으로 옮기는 것이 아니라는 것을 인식하는 궁극적인 명확성에 도달해야 할 때입니다. 그 유일한 방법은 불완전한 진동을 떨쳐내고 다시 사랑의 수준, 순수함의 수준으로 올라가도록 가속하는 것입니다.

순수함이란 무엇입니까? 물론, 그것은 무조건성입니다. 다시 말하지만, 불순함(impurity)과 반대되는 개념인 순수(purity)라는 이원론적 개념이 있습니다. 이원론적 마음에 빠져 있으면, 순수함을 얻기 위해서는, 당연히 여러분이 불순한 것을 극복하고 파괴하거나 그것으로부터 도망치고 덮으려고 노력해야 한다고 생각합니다. 여러분은 불순함을 보고 싶어 하지 않습니다. 신이나 영적인 마스터가 그리고 다른 사람들이 여러분의 불순함을 보는 것을 원하지 않는 마음 상태로 들어갑니다.

여러분은 그것들을 신과 마스터와 다른 사람들에게 숨기려고 하며, 물론 그 전에 그것을 자신으로부터 숨기려고 합니다. 여러분은 스스로 그것을 볼 수 없습니다. 불순함을 볼 수 없다면, 그것들을 극복하기 위해 필요한 한 가지 일, 즉 불순한 것을 가속하고 진동을 높이는 작업을 할 수 없습니다.

다시 말하지만, 여러분은 이원성 마음에 의해 만들어진 딜레마(catch-22)를 봅니다. 순수함이란 무엇입니까? 그것은 불순함이 없다는 것이 아닙니다. 그것은 특정한 진동, 주파수, 살아 있는 의식의 흐름입니다. 나는 그 흐름과 하나이며, 여러분이 듣는 말을 통해서 그것을 방사하고 있습니다. 이 담화를 듣거나 읽으면서 순수함에 조율하고 순수함을 흡수할 기회가 여러분에게 주어집니다. 그러므로 이 담화가 끝날 때 내가 단순히 이론적 개념을 제공했다고 느끼지 않을 것입니다. 나는 여러분에게 더 많은 것을, 공동 측정(co-measurement)의 감각과 순수함의 진동과 하나됨을 주었습니다.

순수함의 극단적인 사실주의

선형적인 마음은 여러분이 불순함을 제거해야 순수해질 수 있다고 말하려 할 것입니다. 여러분이 자신의 불순함을 비웠을 때, 위에서 빛을 받을 자격이 주어질지도 모릅니다. 다시 말하지만, 이것은 이원성 의식의 환영이고 거짓말입니다.

내가 누군지 생각해 보세요. 나는 순수함의 4광선을 대표합니다. 신께서 우리에게 주신 임무가 무엇일까요? 우리는 모든 생명이 순수함을 얻도록 돕는 임무를 맡고 있습니다. 내가 여기 서서 "여러분은 순수하지 않습니다. 여러분이 자신을 순수한 수준으로 높이면, 내가 여러분과 함께 일할 것입니다."라고 말하는 것이 논리적인가요? 그것이 나의 접근법이라면, 어떻게 나의 일과 신으로부터 부여받은 임무를 완수할 수 있을까요? 그것은 논리적이지 않지만, 이원적인 마음과 거짓 교사들은 여러분이 소위 논리라고 불리는 것을 믿기를 원합니다.

여러분이 순수해질 수 있도록 돕는 것은 나의 기쁨이고 영광이며 가장 깊은 사랑입니다. 나는 여러분이 어떤 수준의 의식에 있든 기꺼이 함께 일할 것입니다. 어떻게 하면 이렇게 할 수 있을까요? 선형적인 마음은 이것을 보기 위해 고군분투하지만, 선형적인 마음, 분석적인 마음, 이원적인 마음은 결코 그것을 보지 못할 것입니다. 그러나 여러분은 신 자신의 존재의 확장으로서 이것을 보고 경험할 수 있습니다.

사실, 나에게 불순함은 실재가 아닙니다. 이것은 내가 모든 불순함 너머를 볼 수 있고, 여러분이 자신 안에서 종종 볼 수 없거나 감히 볼 수 없는 것, 즉 신과 하나됨 안에 있는 존재(Being)의 마음에서 창조된 순수한 존재를 볼 수 있음을 의미합니다. 나는 여러분이 실재라는 것을 압니다. 그러니 내가 왜 여러분을 비난하겠습니까? 여러분이 의상을 입을 때 선택한 어떤 환영의 불순함을 이유로 내가 왜 여러분을 어떤 방식, 모양 또는 형태로든 무시해야 하나요?

나는 여러분이 물질 우주에서, 심지어 다른 영역에서 떠맡은 어떤 불순함도 극복할 수 있다는 사실을 알고 있습니다. 어떤 불순함도 극복할 수 있습니다. 그것은 내가 스스로 증명했기 때문에 알고 있습니다. 지금까지 다른 많은 사례에서도 입증된 것을 보았습니다. 순수의 진동과 하나가 될 때, 그 진동이 너무 높아서 물질 우주의 낮은 진동 중 어느 것도 순수함으로 다시 가속할 수 없는 것이 없다는 것을 압니다. 이것이 내가 여러분에게 전달하고자 하는 극단적인 현실입니다.

여러분은 아프거나 피곤하거나 혹은 심지어 영적인 여정 상에서도 자신이 극복할 수 없는 특정한 것들이 있다고 믿을지도 모릅니다. 제거하거나 파괴해야 하는 특정한 문제가 있다고 생각할 수도 있습니다. 여러분은 어떤 환영이 있고 그 환영을 극복하기 위해서는 어떤 통찰력이 필요하다고 생각할 수도 있습니다.

여러분은 사랑도 지혜도 힘도 필요하지 않은 여정의 어느 지점에 이르렀습니다. 처음 세 광선의 입문을 겪었고, 그것들은 여러분을 특정한 지점으로 데려왔습니다. 처음 세 광선의 진동은 여러분을 그 지점 너머로 데려가지 못할 것입니다. 오직 4광선만이 여러분을 그 너머로 데려갈 것입니다. 4광선은 가속의 광선입니다. 그것이 내가 가속의 마스터인 이유입니다. 상승이 가속이 아니면 무엇이겠습니까?

가속이란 무엇인가요? 그것은 지구상의 어떤 조건도 여러분을 방해하지 못하게 하는 것입니다. 가속은 자신이 물질적 존재가 아니라 영적인 존재임을 깨닫는 자아상의 전환에서 시작해야 합니다. 여러분은 이러한 물질적 조건 이상이며, 단순히 자신의 진동을 높일 잠재력을 가지고 있습니다. 이로써 여러분의 네 하위체를 통해 흐르고 있는 에너지에 의해 구현된 어떤 조건의 진동도 높일 수 있습니다.

로켓처럼 되세요

여러분은 영적인 존재로서 그 진동을 높일 수 있습니다. 그것을 가속할 수 있습니다. 여러분은 발사대 위에 올려진 로켓과 같습니다. 엔진이 시동이 걸리고 가동되면, 연기와 불꽃이 방출됩니다. 하지만, 자신을 지구에서 끌어올려 줄 버튼을 누를 엄두를 내지 못합니다. 많은 사람에게 그것은 자기 발목을 잡는 유일한 장애물입니다. 자신의 잠재력을 온전히 인식하고, 문제, 상처, 좌절, 질병, 자신을 방해한다고 생각하는 어떤 조건에서 벗어나, 자신을 진정 가속할 수 있는, 그 지점에는 아직 이르지 못했습니다. 에고는 그것이 여러분을 방해할 수 있다고 여러분이 계속 생각하기를 간절히 원합니다.

로켓이 자기-의식을 가지고 있다면, 자신을 로켓으로 볼 것이고, 발사대에 올려져 연료가 주입되면, 남은 것은 단지 버튼을 누르는 문제일 뿐입니다. 그러면 중력에서 벗어나 궤도에 진입할 때까지, 중력 너머로 가속할 것입니다. 이것은 단순히 물리 법칙의 문제입니다. 물론, 자기-의식하는 존재들에 대해 말할 때, 그것은 단지 법칙의 문제가 아닙니다. 여러분이 처음 세 광선의 입문을 통과하고, 법칙을 따라 올라갈 준비가 되었다면, 이제 여러분은 발사대에 오른 것입니다.

물론, 여러분이 자기-의식하는 존재들을 다룰 때 언제나 그렇듯이 우리는 여전히 내려야 할 결정이 있습니다. 그 결정은 로켓의 모든 힘이 방출되도록 시작 버튼을 누르는 것입니다. 땅을 떠나지 않는 로켓은 로켓이 아닙니다. 그것은 고철 덩어리입니다. 하지만, 그것은 지구 중력을 넘어 이동하고 날아갈 수 있는 잠재력이 있습니다.

여러분은 로켓처럼 발사대에 올려져 있습니다. 여러분은 여전히 누군가가 와서 시작 버튼을 눌러주기를 기다리고 있습니다. 에고가 버튼을 누르는 대신, 시작 버튼을 눌러야 하는 사람은 바로 자신이기 때문에, 그 "누군가"는 절대로 오지 않을 것입니다.

가속하고, 도약하고, 그 어떤 것도 여러분을 막거나 방해하지 못하게 결정할 수 있는 사람은 오직 자신뿐입니다. 다시 말하지만, 이것은 진정한 치유에서 필수 요소입니다. 이원성 의식인 대중의식이, 몸이 아플 때 여러분이 믿기를 바라는 것은 무엇인가요? 그것은 여러분이 질병에서 벗어나기 위해 단순히 가속할 수 없다는 것입니다. 여러분은 영구적으로 탈출할 수 없고, 이런저런 것에서 그리고 그다음 것에서 벗어날 수 없습니다. 그것은 여러분이 질병을 궁극적인 실재이고 여러분을 지배할 힘이 있다고 믿기를 원합니다.

물론, 그것은 비실재입니다. 하지만 어떻게 그것에서 벗어날까요? 어떻게 느끼든, 얼마나 부담을 느끼든, 여러분이 이러한 부담 그 이상이라는 실재를 보는 것입니다. 여러분은 I AM 현존이라는 로켓의 모든 힘을 폭발시켜 자신의 존재를 가속하고 세포들과 원자들을 가속하고, 심지어 부담받는 세포들과 원자들의 진동을 높이기로 결정할 잠재력을 가지고 있습니다.

전체로 나아가기로 결정하기

이것이 내려야 하는 결정인데, 여러분이 실제로 결정하고 있는 것은 무엇인가요? 여러분은 분리된 자아의 실체를 확인하지 않기로 결정하고 있습니다. 어떻게 그렇게 할 수 있나요? 여러분은 분리된 자아 외부에서 기꺼이 봉사할 어떤 명분을 찾아야 합니다.

시작 버튼을 누르고 가속을 시작하려면 다음과 같이 말하게 만드는 무언가가 있어야 합니다. "이것은 나에 관한 것이 아니며, 내가 얼마나 나쁘고, 부담을 느끼는지에 관한 것이 아니다." 이것이 내가 실제로 이 지구에 온 이유인데, 상승 마스터들에게 봉사하고 신에게 봉사하며 다른 사람들에게 봉사하고 성 저메인의 황금시대를 구현하는 데 봉사하는 더 큰 명분에 이바지하기 위하여 또는 분리된 자아 너머 다른 어떤 목표에 도달하기 위해서 여기에 온 것입니다.

이 메신저는 얼마 전 랜스 암스트롱의 자서전을 읽도록 지시받았습니다. 그는 말기 암에 걸렸고 의사들이 그가 생존할 가능성이 3% 밖에 없다고 생각했음에도 불구하고, 그에게 생존할 가능성이 50%가 주어졌다고 말했습니다. 이 책은 그가 처음에 어떻게 분노를 겪었고 자아에 초점을 맞췄는지 그리고 어느 날 자아 너머로 초점을 전환한 것에 대해, 다른 사람들을 위해 암이라는 병을 극복하는 데 어떻게 도움을 줄 수 있는지에 대해 설명합니다.

이것은 분리된 자아에 대한 국소적인 인식에서 모든 생명을 높이려는 전반적인 인식으로 나아가는 필수적인 전환입니다. 그것이 가속을 시작하겠다는 결정입니다. 이제 여러분은 이렇게 말하고 있습니다. "어떤 조건도 신에 대한 나의 봉사를 방해하게 할 수 없다. 나는 이것 이상을 좋아한다." 나는 기꺼이 내 분리된 자아를 똑바로 바라보며 이렇게 말할 것입니다. "네가 나에게 내가 할 수 없다고 말하는 것은 옳지 않다. 내 안에 계신 신이 할 수 있다고 말씀하시니, 신과 함께라면 모든 것이 가능하다."

순수함은 무조건성입니다. 여러분은 무엇으로부터 정화되었습니까? 그것은 조건들입니다. 그것은 여러분이 현실로 받아들이고 자신을 지배하는 힘을 가진 것으로 받아들인 조건들입니다. 여러분이 한계를 뛰어넘어 가속하기로 결정하면 순수의 진동에 조율하기 시작합니다. 여러분이 그 진동을 흡수함으로써 내가 말하는 것의 실재를 경험하고 알기 시작할 것입니다. 가속해서 긍정적인 태도를 보이고 긍정적인 접근을 하고 다른 사람들을 도울 수 있을 만큼의 의식이 남아 있지 못할 만큼 나쁜 조건은 없습니다.

여러분 중 한 사람은 심각한 질병을 겪고 있지만, 여전히 병원에 있는 그녀를 찾아오는 사람들을 만나고, 여전히 긍정적인 접근 방식을 가지고 있으며, 그때문에, 자아를 넘어서는 바로 그 초점 속에서, 치유를 받고 있다고 증언할 수 있습니다. 자기-의식이 분리된 자아라는 연극의 역할에 집중하는 한, 분리된 자아를 통해 만들어진 문제를 치유할 수 없습니다.

가속하세요. 사랑하는 이들이여. 문제에서 벗어나 가속하세요. 달아

나거나, 문제에서 도망치려고 하거나, 문제와 싸우거나 파괴하려고 하는 이원적인 반응 대신 말입니다.

완벽주의를 극복하기

순수를 대체할 수 있는 것은 없습니다. 순수보다 더 큰 기쁨은 없다고 말하고 싶습니다. 하지만, 물론, 다른 광선의 사랑하는 형제자매들은 이렇게 말할지도 모릅니다. "세라피스, 당신은 여기서 좀 앞서 나가고 있어요. 당신은 자신의 광선에 대해 좀 흥분하고 있지만, 우리도 우리의 광선에 대해 똑같이 흥분하고 있다는 것을 잊지 마세요." 물론, 나는 다른 광선의 초한들과의 하나됨에서 오는 깨달음을 받아들입니다. 우리는 정말로 서로를 다이아몬드의 단면들로 봅니다. 우리가 여러분을 모든 것의 기원인 신의 가슴의 다이아몬드, 그 다이아몬드의 면들로 보는 것처럼 말입니다.

3광선은 요한복음에 아주 아름답게 묘사된 과정을 여러분이 겪게 할 가능성이 있습니다. [메신저는 잠시 멈추고 말합니다. "실례합니다."] – 신약에서 "사랑 속에서 완벽해지는 것"에 대해 매우 아름답게 설명했습니다. [요한의 편지에 그 표현이 있습니다]

자, 내가 일부러 이 메신저에게 실수하게 했고 그가 그것에서 벗어나 낮은 반응으로 가는 대신 그것에서 벗어나 가속하고 내 진동에 계속 머무를 수 있는지 또 다른 테스트를 해보았습니다. 상승 마스터들의 메신저가 되기 위해서 어느 정도 완벽한 상태에 도달해야 한다고 느끼는 사람들이 실제로 많이 있습니다.

완벽함이 무엇인가요? 4광선에 올라 입문들을 통과할 때, 내 은거처에 오는 학생들이 겪는 가장 큰 시험 중 하나가 완벽주의를 극복하는 것이라고 확신할 수 있습니다. 완벽주의는 인류에게 내려진 저주입니다. 그것은 이원성 의식에 의해 왜곡된 개념입니다. 많은 사람이 완벽함이란 특정한 조건에 부응하는 것이라고 믿습니다. 어떤 조건도 이원성의 마음 안에서만 존재할 수 있습니다. 이원성 마음에 있는 모든 조건은, 반대 극성을 갖거나 혹은 존재하지 않을 것입니다.

사랑은 증오나 두려움과 반대에 있습니다. 사랑에 정반대가 있다면 완벽한 사랑이 될 수 없습니다. 불완전함에 대해 말할지라도 완벽함에는 반대되는 것이 있을 수 없습니다. 여러분이 실재를 인식할 때, 불완전함은 진정한 완벽함의 반대가 아니라는 것을 깨닫습니다. 완벽함은 단순히 불완전함을 넘어서기 때문입니다.

이원성 마음이 하는 것은 실제로 불완전함에 반대되는 완벽함에 대한 이원적인 개념을 만드는 것입니다. 자신을 불완전하게 만드는 것은 특정한 조건이며, 완벽해지려면 다른 조건을 취해야 한다고 생각합니다. 그것이 "불완전한" 조건이든 "완벽한" 조건이든, 여러분이 취하는 어떤 조건도 분리된 자아라는 실체를 확인시켜줄 뿐입니다.

여러분을 무가치하다고 느끼게 만드는 것은 자신의 에고입니다. 자신이 완벽하다고 정의한 조건을 취함으로써 다른 사람보다 더 낫다고 느끼는 영적인 자부심을 뽐내는 것이 에고입니다. 여러분이 조건부로 불완전하든, 조건부로 완벽하든, 어느 쪽이든 여러분은 분리된 자아의 조건에 갇혀 있습니다. 여러분은 그것을 어떻게 극복할 것입니까? 여러분은 이 개념이 비논리적인 본질을 보고 완벽함을 정의하는 어떤 조건도 설정할 수 없다는 것을 깨달음으로써 그것을 극복합니다. 사실, 여러분이 완벽함에 대한 세속적인 개념을 진정으로 살펴본다면, 모든 경우에 명확하게 정의되지 않았음을 알게 될 것입니다.

완벽함이 무엇인가에 대한 정의를 내리기 시작하면, 이것인가 아니면 그 반대인가라는 이원적인 논쟁에 즉시 부딪히게 됩니다. 어쩌면 그 특정한 조건의 반대 조건에도 장점이 있다고 주장할 수 있습니다. 그것이 정말 완벽함의 일부일까요? 아니면 다른 것, 세 번째 것, 네 번째 것이어야 할까요? 어느새 너무 혼란스러워서 무엇이 위인지 아래인지도 모르는데, 어떻게 완벽함에 이를 수 있을까요?

여러분은 어떤 조건을 설정하는 것으로 완벽함을 정의할 수 없다는 것을 인정해야 합니다. 완벽함은 무조건성을 의미합니다. 무조건성이 개성의 상실을 의미하지 않습니다. 여러분이 무조건적이 된다고 해서 무[13]가 되는 것은 아닙니다. 이원성 영역의 어떤 사물이 되는 것도 아니고, 어떤 의미나 어떤 조건을 지니게 되는 것도 아닙니다. 여러분은 이원적 영역에서 어떤 "것"에도, 어떤 정체성 감각에도 얽매이지 않고 자유로워집니다.

4광선의 입문들

기자에 있는 피라미드는 원래 순수함의 4광선의 영적인 입문을 위해 설계되었습니다. 왕의 방 혹은 그렇게 불리는 곳은, 조건화된 자아의 죽음의 상태를 상징하기 위한 것이었습니다. 매우 길고 점진적이며 어려운 입문 과정을 통과해서 준비된 사람들은 그 방으로 안내되어 석관에 눕혀지고 24시간, 36시간 또는 48시간 동안, 완전한 어둠, 완전한 침묵, 완전한 감각 상실 상태 속에 홀로 남겨졌습니다.

고문의 한 형태로 이것에 노출된 사람들을 보면 알겠지만, 이것은 분리된 자아에게 극도의 공포를 줍니다. 감각적인 자극이 없으면 그것이 무엇인지 모릅니다. 여러분이 그것에 준비되기 전에 이 입문에 노출되면, 그 감각의 박탈을 경험하는 즉시 미쳐버릴 가능성이 높습니다.

준비된 입문자는, 아마 의식적으로 인식하지는 못하지만, 밤에 여러분 모두가 하듯이, 단순히 몸에서 벗어나 자아감을 가속하고 상위 영역으로 가기 위해, 이것을 사용할 수 있습니다. 이것은 신비학교에 들어와서 세상과 단절된 입문자들보다 더 어려운 방식으로 여러분 모두가 거치고 있는 과정입니다. 여러분은 여전히 세상 속에서 활동적인

---

[13] Nothing, 아무것도 아닌 것

삶에 몰입하면서 그것을 통과하고 있습니다. 그 과정은 비록 더 점진적이지만, 거의 동일합니다. 여러분은 자신의 상위자아, 진정한 정체성의 무조건성에 내맡기고 분리된 자아를 죽게 내버려두는 지점에 점점 더 가까워지고 있습니다.

물론 두려움은 다음과 같습니다. "하지만 내가 에고와 분리된 자아를 포기한다면, 나에게 무엇이 남게 될까?" 사랑하는 이들이여, 여러분은 이 두려움의 감각이 나에게 생소할 것으로 생각하나요? 내가 그 두려움을 직접 경험하고 직면한 다음 극복하지 않았다면 내가 어떻게 상승 자격을 얻었을까요? 여러분은 그 두려움을 어떻게 극복하나요? 여러분이 분리된 자아 그 이상이라는 것을 앎으로써. 그리고 단지 분리된 자아를 죽게 하고, 아무것도 아닌 것(nothing)이 되지 않겠다고 결심하면서 극복합니다. 그 과정에서 자신의 존재 전체를 가속함으로써 다시 태어날 것입니다.

초월의 알파와 오메가

앞에서 말한 것처럼, 예수가 십자가에 매달려 신에게 버림받았다는 분리감을 겪은 후 유령을 포기한 것이, 십자가에서 일어난 모든 일이라고 생각할 수 있습니다. 더 깊은 실재는 유령을 포기하는 것이 방정식의 오메가 측면이라는 것입니다. 알파 측면은 그가 분리된 자아의 유령을 포기하는 동시에, 그는 의도적이고 의식적으로, 낮은 자아감에 갇히지 않는 영적인 존재로서, 자신이 진정 누구인지에 대한 순수함의 더 높은 진동으로 자아감을 가속했다는 것입니다.

포기는 오메가이고, 가속은 알파입니다. 분리된 자아에 남아 있는 중력도, 심지어는 대중의식의 중력도 마지막으로 밀어낼 수 있는 지점, 여러분이 충분히 포기할 수 있는 지점이 있습니다. 그 지점에서, 필요한 것은 단 한 가지입니다. 그것은 정체성의 전환을 받아들이는, 자아감을 가속하는 알파 추진력입니다.

여러분은 이렇게 말할 수 있습니다. "하지만, 단번에, 내가 완전한 그리스도가 된 존재(Christed being)임을 받아들일 수 없다." 이것은 내가 여러분에게 요청하는 것이 아닙니다. 여러분이 영적인 여정을 따랐고, 필요한 단계를 통과했으며, 실로 여러분의 봉사를 가속할 수 있는 성취의 지점에 도달했음을 인정해 달라고 요청합니다. 여러분은 이제 증언을 하고 다른 사람들을 도울 준비가 되어 있을 만큼 자신의 존재 내면에서 충분히 겪었습니다. 사랑하는 이들이여, 여러분은 앞으로 나아갈 수 있습니다. 여러분의 봉사와 자아감을 향상시킬 수 있습니다. 여러분 중 많은 사람이 그 수준의 성취에 도달했습니다.

남은 것은 이 사실을 받아들이는 것뿐입니다. 이 사실을 받아들이는 것은 수동적인 것이 아닙니다. 여러분이 외부로부터 주어진 무언가를 받아들인다는 면에서 수용이 수동적으로 보일 수도 있습니다. 그러나 수용은 또한 여러분의 자아감을 가속하기 위한 선택을 의도적으로 그리고 의식적으로 결정하는 능동적인 특성을 가지고 있습니다. 가속하면 여러분은 경험하게 되고, 경험하면 훨씬 더 온전하게 받아들이게 됩니다. 이것이 치유의 열쇠입니다.

수용은 치유의 열쇠입니다

성모 마리아께서 처음에 말했던 것처럼, 사람들이 루르드에 와서 같은 물속을 걷는데, 왜 어떤 사람들은 치유되지 않고, 어떤 사람들은 치유가 될까요? 차이점은 수용에 있지만, 수동적 수용 그 이상이 있습니다. 치유된 사람들은 이러한 용어를 사용할 수 없을지라도, 그들의 자아감을 가속하고 자신이 더 이상 물웅덩이에 들어갔던 아픈 사람이 아님을 받아들입니다. 그들은 치유된 사람이며, 그곳에서 걸어 나오고 있습니다.

물론, 여러분은 이 수용에 이르기 위해 그 물웅덩이가 필요하지 않습니다. 그렇다면 여러분이 어렸을 때 수영 교습을 받은 후에 상승했을지도 모릅니다. 오메가에서 충분히 해냈다면, 그 연결점(nexus point)이 온다는 것을 인식해야 합니다. 하지만 여러분이 그 연결점으로 가서, 정체성 감각을 가속하고, 여러분 존재의 알파와 하나가 되고, 그 알파가 모든 생명을 높이기 위해 여러분을 통해 흐르게 해야 합니다. 그것이 여러분이 4광선에서 직면한 결정입니다.

매일 밤 자는 동안, 여러분을 막고 있는 마지막 환영을 넘어서 어떻게 가속해야 하는지에 대한 개인적인 지도를 받을 수 있도록, 이집트 룩소르에 있는 세라피스 베이의 에테르 은거처로 데려가 달라고 요청하세요. 기꺼이 보려고 하세요. 그러면, 앞으로 며칠, 몇 주, 몇 달이 걸리든, 그것을 보도록 도와주겠습니다. 여러분은 할 수 있습니다. 사랑하는 이들이여. 여러분은 발사대에 올려진 로켓입니다. 엔진에 연료는 가득 찼고, 점화되었지만 아직 이륙하지 못했습니다.

영적인 구도자들이 만든 운동은 여러분 대부분이 지금 감히 상상할 수 없는 수준으로 도약하고 가속할 준비가 되어 있습니다. 자아감을 가속할 때, 자신의 힘이 아니라, 여러분에게 흐르는 신과 성령의 힘으로 그 운동을 성장시킬 것입니다. 이것이 바로 2000년 전에 제자들이 기꺼이 분리된 자아감에서 벗어나 대의에 집중함으로써 그리스도교 운동이 성장했던 방법입니다. 그 여러분은 온 세상에 나가 모든 사람을 그리스도의 제자로 삼고, 그리스도의 참된 길을 그리스도교 교회들과 혼동하지 않도록 하는 것이었습니다.

이 점에 대해 깊이 생각해 보세요. 이러한 자아의 전환을 숙고해 보세요. 나는 실로 여러분이 이 담화에서 단어, 개념, 아이디어뿐만 아니라 순수함의 4광선의 주관자의 바로 그 진동을 진정으로 흡수했다고 느낄 때까지 이 담화를 반복해서 듣고 또 읽었으면 합니다.

여러분의 가슴 차크라로 방사하는 순수함의 4광선의 타오르는 태양을 받으세요. 만약 여러분이 그것을 받는다면, 성모 마리아께서 아주 아름답게 말했듯이, 여러분은 계보에서 보석이 됩니다. 그 빛은 모든 생명과 의식의 새로운 단계로 돌파하고, 가속할 준비가 되어 있는 지구상의 수많은 사람에게 발산될 것입니다. 따라서, 그들은 10년 안에 또는 약간 더 걸리겠지만 사회를 완전히 새로운 단계로 가속할 것입니다. 그러면 사람들은 현재 시점에서 과거를 돌아보며 이렇게 말할 것입니다. "세상에, 세상이 어떻게 이렇게 변할 수 있지? 어떻게 그런 가속이 가능하다고 믿었을까. 이 모든 것이 어디에서 온 것일까?"

역사가들은 이전의 수천 년을 되돌아보며 어떻게 그러한 가속이 일어날 수 있는지에 대해 당황할 것입니다. 적어도 그들이 모든 생명은 하나라는 영적인 방정식을 이해하지 못한다면 당황할 것입니다. 임계 수치의 사람들이 그들의 의식을 가속하면 이 축복받은 행성의 모든 생명을 끌어올릴 것입니다.

나의 담화는 완료되었습니다. 무조건적인 감사의 마음을 담아, 순수의 빛에 여러분을 맡기고 떠납니다. 나는(I AM) 무조건적인 순수입니다.

9

5광선: 영적인 여정에서 격차를 줄이기

성모 마리아의 담화

마리아는 내 이름입니다. 신성한 어머니는 나의 공직입니다. 하지만, 나는 그 이상입니다. 자녀를 향한 신성한 어머니의 소망은 무엇일까요? 그것은 그들 또한 그 이상이라는 현실을 일깨워주는 것입니다. 여러분은 그 이상이 되고자 하는 신의 소망으로 창조되었습니다.

전능하고, 자급자족하고, 독립적이고, 모든 곳에 존재하는 신이 어떻게 그 이상이 될 수 있을까요? 우주 공간의 특정한 위치에서 시작해서 자기-의식이 성장하여 그 이상이 되는 (신의) 자기-의식하는 확장들을 창조해야만, 창조주가 여러분을 통해서 그 이상이 되는 경험을 할 수 있습니다.

여러분이 이 여정을 보면, 처음 시작할 때 작게 느껴질 수밖에 없지만, 외로움을 느낄 필요는 없습니다. 외로움은 분리에서 오는 것이지만, 우리가 다른 관점에서 여러분에게 계속 전하는 메시지는, 분리가 실재가 아니며 환영이라는 것입니다.

분리가 실재가 아닌 이유

이 메신저는 다른 사람에게 이렇게 말한 적이 있습니다. "만약 신이 어디에나 존재한다면, 어떻게 신이 존재하지 않는 곳을 찾을 수 있을까요?" 전통적인 그리스도교 문화에서 자란 그 사람의 마음은 하늘에 멀리 있는 신의 이미지에 너무 세뇌되어, 메신저가 한 말을 이해할 수 없어서 충격을 받았습니다. 하지만, 그것이 실재입니다.

사랑하는 이들이여, 여러분은 신과 분리될 수 없습니다. 다시 말하지만, 신께 반역하여 스스로를 세우고 지구를 신이 존재하지 않는 곳으로 바꿀 수 있다고 믿거나 신이 존재하지 않는 지옥을 만들 수 있다고 생각하는 것은 신께 대적하기로 결정한 사람들의 환영이며 영적인 자만심, 오만입니다. 신은 그의 아들, 말씀, 또는 오히려 로고스[14]의 직위를 통해 모든 곳과 모든 것에 존재하십니다. 신 없이는 존재하는 어떤 것도 만들어지지 못했을 것이기 때문입니다.

지금 자신을 보면, 특정한 의식 상태, 물질 환경에 어느 정도 둘러싸인 특정한 상태에 있다는 것을 알 수 있습니다. 그러나 나는 어머니 가슴의 순수한 사랑으로 여러분에게 말합니다. 지금 자신을 어떻게 바라보든, 과거와 자신이 저지른 실수를 어떻게 바라보든, 여러분은 신이나 신성한 어머니가 여러분을 외면하게 만드는 어떠한 것도 할 수가 없습니다.

물론, 여러분은 신을 외면하기 위해 자유의지를 사용할 수 있습니다. 이것은 신께서 주신 여러분의 권리입니다. 하지만 여러분이 신을 외면하더라도, 신은 여전히 여러분을 통해 경험하는 모든 것을 경험하고 있다는 것을 알아두세요.

사랑하는 이들이여, 내 요점은, 단순히 여러분이 홀로 남겨지고, 신에게 버림받고, 거부당하는 경험을 하고 싶다면, 마스터 모어가 설명

---

[14] 그리스도를 의미함

했듯이, 여러분은 원하는 만큼 그런 경험을 할 권리가 있다는 것입니다. 여러분이 더 이상 그런 경험을 원하지 않는 지점에 도달하면, 삶에 대한 관점을 즉시 바꾸고, 신과 신성한 어머니가 여러분과 함께 여기에 있다는 것을 인식할 수 있습니다. 그러므로, 여러분은 외롭다고 느낄 필요가 없습니다. 여러분은 결코 혼자가 아닙니다. 왜냐하면 모든 생명은 하나이기 때문입니다.

자유로워지는 유일한 방법은 도망치는 것을 멈추는 것입니다

나는 여러분이 외로움의 감각을 포기하면, 외부 상황이든 마음의 내면 상황이든, 어떤 상황에 직면하든, 훨씬 더 쉽게 대처할 수 있다고 확신합니다. 앞서 마스터들이 뭐라고 말했나요? 그들은 여러분이 분리의 환영을 받아들이면, 그 환영에서 마터 빛에 투사되는 이미지가 생기고 그것은 결국 여러분의 육체에 어떤 상태로 구현될 것이라고 말했습니다. 분리의 환영은 신으로부터 도망치는 행위입니다. 몸의 상태나 그 너머에 있는 의식으로부터 도망치려는 노력은 여러분을 자유롭게 하지 못합니다. 자유로워지는 유일한 방법은 도망치는 것을 멈추는 것입니다. 사랑하는 이들이여.

아까 우리가 말한 것처럼, 같은 일을 계속하면서 다른 결과를 기대한다면, 글쎄요, 다른 결과를 얻을 수 없을 것입니다. 자문해야 하는 진실의 지점, 현실의 지점이 찾아옵니다. "만약 내가 항상 해왔던 것을 계속한다면, 내 삶이 바뀔 가능성이 있을까?"

스스로에게 물어보세요. "나는 현재의 의식 상태와 현재 상황에서 행복한가?" 사랑하는 이들이여, 주의 깊게 들으세요. 많은 사람이 본능적으로 이렇게 말할 것입니다. "아니, 나는 행복하지 않아." 하지만 나는 여러분이 뒤로 물러서서 더 깊은 수준에서 이 질문을 하기를 요청합니다.

이 담화 시리즈 중 이전 담화에서 설명한 것은 여러분은 자유의지를 가지고 있다는 것입니다. 여러분이 삶에서 마주치는 모든 것은 여러분 선택의 결과입니다. 그래서, 분리와 이원성에 기반한 선택이 아니라 하나됨에 기반한 선택을 함으로써 자신의 힘을 되찾고 과거의 선택을 바꿀 수 있는 잠재력을 가지고 있습니다. 여러분은 실제로 힘과 지혜, 사랑, 그리고 이 세 가지가 함께 어우러져 현재의 의식 상태, 어떤 의식 상태라도 뛰어넘을 수 있는 백색 광선의 강렬함 속에서 가속할 수 있습니다.

영적인 사람인 여러분은 스스로에게 이렇게 말하는 지점에 도달해야 합니다. "나는 현재의 마음 상태에서 행복한가?" 현재의 마음 상태를 바꿀 수 있는 힘을 되찾지 못했다면, 실제로 고문을 즐기거나 스스로를 깎아내리는 것을 즐기기 때문인가요? 나를 가치 없다고 보거나 혼자라고 느끼는 이 경험에서 충분히 경험하지 못한 무언가가 있나요? 여러분이 그 경험을 충분히 하지 못했다는 것을 정직하게 인정한다면, 나도 하늘에 있는 다른 어떤 존재도 그것에 대해 여러분을 비난하지 않는다는 것을 아세요. 우리는 자유의지를 절대적이고 무조건적으로 존중합니다.

여러분은 당연히 시간과 공간의 특정한 경계 안에서 원하는 만큼 원하는 경험을 할 권리가 있습니다. 시간과 공간의 어떤 것도 영구적이거나 영원히 지속될 수 없지만, 매우 넓은 범위 내에서, 여러분은 원하는 어떤 경험도 할 권리가 있습니다. 여러분이 현재의 의식 상태를 통해 가진 경험을 계속하고 싶어 한다는 것을 정직하게 인식한다면, 그것을 받아들이세요. 사랑하는 이들이여. 여러분의 불행, 무가치함, 외로움, 두려움을 받아들이세요. 이것이 지금 당장 구현하기로 선택한 것이니, 그것을 받아들이고 즐기세요.

여러분과 여러분 목표 사이의 차이
자기 성찰을 통해 "나는 현재의 마음 상태에서 행복하지 않다."라는 것을 발견했다면, 다른 것을 고려해야 합니다. 자신이 누구인지 그리고 자유의지에 관한 올바른 이해를 얻지 못했으므로, 여러분이 중간 지대(twilight zone), 또는 무인 지대(no-man's land)에 있을 수 있습니다. 이것이 다른 마스터들이 앞서 설명하려고 시도한 것입니다. 이것은 변하고 싶지만 변할 수 없는 자신의 일부가 있다는 딜레마(catch-22)입니다. 여러분을 방해하는 무언가가 있습니다. 여러분이 완전히 변하는 것을 막는 무언가가 있습니다. 영적인 운동을 보면 오랜 세월 영적인 여정을 걸어온 많은 사람을 볼 수 있습니다. 그들은 가르침을 공부하고 기법을 수행하고 치유를 추구했습니다. 그들은 삶의 경험과 의식 상태를 바꾸기 위해 다양한 방법을 시도했습니다.

많은 사람이 처음 세 광선을 통과했고, 어느 정도 그들의 힘을 되찾았습니다. 왜냐하면 여러분이 무엇인가 해야 한다는 것을 깨닫지 않고서는 영적인 운동이나 영적인 여정에 있을 수 없기 때문입니다. 그들은 또한 영적인 가르침을 연구하는데 수많은 시간을 들여 이해력을 높였습니다. 그들은 심지어 더 높은 의식 상태를 경험하는 소위 극적인 경험, 심지어 무조건적인 사랑을 일별하기도 했습니다. 그들은 심지어 그 세 빛을 통합해서 1년, 10년, 20년 또는 30년 전에 가졌던 의식의 수준을 넘어 그들 자신을 가속했을 수도 있습니다. 하지만 그들이 있는 곳과 그들이 원하는 곳 사이에는 여전히 격차가 있습니다.

그들은 행복하지 않고, 현재의 의식 상태에서 평화롭지 않습니다. '말만 앞세우지 말고 행동으로 실천하라.'는 속담이 있습니다. 그들은 영적인 이론에 대해서는 잘 이야기를 할 수 있지만, 그것을 실제 일상생활에 적용하는 데는 차이가 있습니다. 이 담화에서 시작하려고 노력하는 것은 진정한 치유를 회복하는 이 집중 과정의 오메가인 측면입니다.

8자 형상의 흐름

나는 여러분이 8자 형상을 심상화하고 아래쪽 형상은 물질세계에, 위쪽 형상은 영적인 세계에 해당한다는 것을 인식하기를 바랍니다. 개인적인 측면에서 위쪽에는 여러분의 I AM 현존과 상위 존재들, 심지어 여러분을 창조한 창조주에게 이르는 상위 존재들이 있습니다. 창조주는 8자 형상의 가장 꼭대기에 있는 점으로 표현할 수 있습니다. 물론, 창조주는 실제로 표현할 필요가 없습니다. 왜냐하면, 창조주를 표현함으로써, 우리는 어떤 외적인 창조주의 이미지를 강화할 수 있기 때문입니다. 그럼에도 불구하고, 이 선형적인 예시의 목적을 위해, 간단히 그렇게 하겠습니다.

8자 형상의 가장 아래쪽 지점을 보세요. 그곳은, 깨어나 영적인 여정을 걷기 시작한, 여러분의 의식이 있는 곳입니다. 이것은 이번 생에 일어나지 않았을 수도 있고, 혹은 삶이 크게 변했다고 느끼고 자기 삶에서 무엇인가를 바꿔야 한다는 것을 깨닫는 경험을 함으로써 일어났을 수도 있습니다. 어떤 사람들에게는 그들이 더 이상 내려갈 수 없고 지금까지 해왔던 것을 계속할 수 없다고 느끼는, 바닥을 치는 경험으로 다가올 수 있습니다.

여러분 중 많은 사람은 이미 전생에서 그런 경험을 했고, 찾아야 할 것이 있다는 것을 알고 이번 생에 왔습니다. 그것이 무엇인지 찾고 찾다가 삶의 영적인 측면과, 자신의 노력으로 의식을 적극적으로 높일 수 있는 잠재력을, 말하자면, 앞에서 설명한 처음 네 광선의 입문을 기꺼이 통과하는 것에 대해 의식적으로 깨닫는 지점에 왔습니다.

이제 8자 형상 흐름의 가장 아래 지점에서 시작한다고 심상화하세요. 그곳이 여러분이 의식적으로 여정을 걷기 시작하는 지점입니다. 그 지점에서 여러분은 1광선의 입문들로 시작합니다. 왜냐하면 여러분이 한 걸음을 내디딜 수 있다는 것을 깨닫는 것만으로는 충분하지 않기 때문입니다. 여러분은 한 걸음을 내딛기 위해 의지를 소환해야 합니다. 여러분은 의지의 일부를 이미 소환했습니다. 그렇지 않았다면, 이 메시지를 찾아서 받을 수 있는 현재의 위치에 있지 않았을 것입니다. 힘과 의지의 1광선 입문들을 거쳐 8자 형상의 왼쪽으로 올라가세요. 즉 아래쪽 형상이 원인 것처럼 8자 형상의 아래쪽을 시계 방향으로 오릅니다.

1광선의 입문을 충분히 통과하여 다음 단계로 나아갈 수 있고, 더 많은 지식, 더 많은 이해, 더 많은 지혜를 내면화하기 시작할 수 있는 특정한 시점에 도달하게 됩니다. 여러분은 공부하고, 공부하고, 공부합니다. 여러분이 내면화하고 그 원 위의 가장 높은 지점으로 올라간 후에, 사랑의 3광선에 도달합니다. 그리고 여러분은 정상적인 의식 상태를 넘어서는 무엇인가를 경험하게 됩니다. 그것이 신의 완전한 무조건적인 사랑이 아닐 수도 있지만 - 물론 무조건적인 사랑을 경험하는 것은 확실히 가능합니다 - 어느 정도의 사랑은 있습니다. 여러분은 이제 8자 형상의 연결점에 근접하는 지점까지 올라갔습니다.

물론 그 연결점은 그리스도의 지점입니다. 개인적 치유에 대한 이 담화의 목적상, 그리스도 의식의 지점이란 무엇일까요? 이것은 세라피스가 이야기했던 지점으로, 가슴의 삼중 화염의 균형에 대해 어느 정도 이해한 여러분이, 처음 세 광선을 통해 얻은 푸른색, 노란색, 분홍색 불꽃을 합쳐 셋을 혼합해서 백색 광선의 강도와 순도에 이를 수 있다고 결정한 지점입니다. 그런 다음 그 백색 광선을 사용하여 의식적으로 그리고 의도적으로 여러분의 의식 상태를 특정한 수준으로 가속합니다.

여러분은 물질층에서 십자가에 못 박혔습니다

어떤 의미에서, 예수는 육화하고 자신을 십자가에 못 박히게 함으로써 무엇을 시범 보였습니까? 예수께서 하신 이 말은 무슨 뜻입니까? "아브라함 이전에, 내가(I AM) 있었다." 확실히, 예수의 육체는 아브라함보다 나이가 많을 수 없습니다. 그것은 논리적으로 전혀 말이 되지 않습니다. 물론 성서를 문자 그대로 받아들이면 알 수 없는 숨겨진 의미가 있을 것입니다. 결코 문자 그대로 받아들여서는 안됩니다. 실제로 예수께서 하신 말씀 중 상당수는 특정한 시간과 공간의 시점에 육화한 특정한 개인에 의해 만들어진 것이 아니라는 것입니다. 그것은 로고스에 의해, 말씀에 의해, 그리고 그를 통해 말씀하시는 보편적인 우주 그리스도 의식에 의해 만들어졌습니다. 여기에서 설명하고 싶은 것은 이미지들이 마터 빛에 의해 물질적 형태를 나타내도록, 사람들이 로고스에 어떤 이미지든 투사하는 것을 허용함으로써 그리스도가 물질층에서 십자가에 못 박혔다는 것입니다. 비록 내가 앞에서 모든 것은 마터 빛으로 이루어진다고 말했으나, 마터 빛은 그리스도 의식의 로고스에서 비롯되었다는 더 깊은 이해가 있습니다. 그것은 물론 그리스도 의식이 어디에나 있는 이유입니다. 그리스도 의식으로 만들어진 모든 것은 그 안에 그리스도 의식이 내재되어 있습니다.

그리스도 의식이 반드시 형상으로 표현되는 것은 아닙니다. 그리스도 의식은 잠자고 있습니다. 왜냐하면, 낮은 이미지들 즉 그리스도 의식의 하나됨을 떠나 분리와 이원성의 환영으로 들어가서 그 의식의 상태로 이미지들을 창조하고, 그것들을 물질로 투사하기로 결정한 사람들이 투사한 이미지들에 의해 십자가에 못 박혀 있기 때문입니다. 그리고 그것은 그리스도가 십자가에 매달린 이유입니다. 그래서 예수께서 십자가에 못 박힐지라도 그리스도를 제한하거나 구속할 수 없다는 것을 보여주기 위해 왔습니다. 비록 그리스도께서 물질층에서 십자가에 못 박혔지만, 그리스도는 그 이상이고 하나이며, 부활하여 상승할 잠재력을 가지고 있음을 알고 있습니다.

개인적으로 어떻게 더 높이 올라갈까요? 육화해서 십자가에 못 박히고 임무를 완수했으며 유령을 포기한 예수의 예를 따라가면 될까요? 인류 전체에게 전하는 메시지는 무엇인가요? 십자가의 외적인 형상에 묘사된 것처럼, 예수는 죽음의 의식, 분리와 이원성 의식 의해 사형선고를 받았다는 것입니다. 예수는 그 십자가를 받아들였고 십자가에 못 박히고 유령을 포기하고 나아갔습니다.

그러면 예수가 십자가에서 내려지는 것의 중요성이 나타납니다. 그리스도를 물질 십자가에 못 박은 것은 자기-의식하는 존재들, 인류의 선택이었습니다. 그리스도는 사람들의 이원성 마음 안의 십자가에만 매달려 있어서 스스로 내려올 수 없습니다. 여기에서 메시지가 보이나요? 사랑하는 이들이여, 인간 존재들은 예수를 십자가에 못 박을 힘이 있었고, 그들이 외부의 누군가를 못 박을 힘이 있다고 생각할지도 모릅니다. 그러나 그들은 그리스도 의식이 어제, 오늘, 그리고 영원히 동일하다는, 따라서 그리스도 의식은 어떤 일이 일어나거나 행해지더라도, 자기-의식, 자아상이 변하지 않는다는 의미에서, 그리스도 의식을 십자가에 못 박을 수는 없었습니다. 그것은 오직 사람들의 마음속에 있으며, 현실에서 그들이 그리스도를 십자가에 못 박을 때, 그들은 스스로를 십자가에 못 박는 것입니다.

이해하겠습니까? 다른 사람들이 여러분에게 해주기를 바라는 것을 다른 사람들에게 해주세요. 더 깊은 의미는 여러분이 다른 사람들에게 한 행동은 이미 자신에게 한 것이라는 것입니다. 예수를 십자가에 못 박을 수 있으려면 인류가 먼저 자신을 십자가에 못 박아야 합니다. 어머니와 그녀의 자녀들은 실제로 십자가에 못 박혀 있지만, 오직 자녀들의 마음속에서만 그렇습니다. 왜냐하면 어머니는 항상 자신이 누구인지 알고 있기 때문입니다.

왜 사람들은 격차를 좁히지 못할까요?

영적인 사람들과 종교 운동을 하는 많은 사람이 변화하려는 의지를 가지고 있지만 왜 여전히 간격이 있을까요? 그들은 영적인 개념의 지혜를 가지고 있고 심지어 어떻게 변해야 하는지 볼 수도 있습니다.

그들은 무조건적인 사랑, 더 높은 의식 상태를 경험했습니다. 그들은 심지어 의식을 높이는 가속을 겪었을 수도 있습니다. 하지만 여전히 좁힐 수 없는 간격이 있습니다. 어떤 상황에 직면하든 포용하고, 도망치는 것을 멈추고, 격차를 보지 않고, 어떤 순간이 오더라도 그 순간에 온전히 존재하는, 그러한 것들을 할 수 없으므로, 그들은 내면이 평화로운 느낌으로 올 수 없습니다. 사랑하는 이들이여, 이것이 왜 그럴까요? 자, 왜냐하면 여러분이 처음 네 광선의 입문을 통과한 후에, 8자 형상의 연결점에 들어갔기 때문입니다. 이제 여러분은 극소수의 사람들만이 이해한 완전히 새로운 종류의 입문에 직면합니다. 그러니 주의 깊게 들어주세요. 자신이 8자 형상의 밑바닥에 있다는 것을 깨닫고 더 높이 올라가고 싶어 하는 그 사고방식을 보세요. 여러분은 물질 너머에 영적인 영역이 있다는 비전을 점차 확장해 갑니다. 여러분은 손을 뻗어 영(Spirit)과 하나가 되고 싶다는 열망을 만듭니다. 여러분은 하늘에 있는 외적인 신의 이미지를 가지고 있으므로, 자신의 의식을 영적인 영역으로 끌어올려야 한다는 미묘한 감각을 만들지도 모릅니다.

물질세계가 영적인 성장의 적이며 물질세계에서 탈출하여 영적인 영역으로 상승해야 한다는 미묘한 거짓말을 받아들일지도 모릅니다. 여러분이 8자 형상의 아랫부분에서 올라가 연결점에 도달하면, 그곳이 자유로워지는 지점이라고 생각할지도 모릅니다. 이제 8자 형상의 윗부분으로 이동하여 그곳에서 입문들을 계속할 수 있습니다.

많은 사람은 그들이 처음 네 광선 상의 영적인 여정에서 한 일을, 단순히 그 사고방식과 그 추진력으로 계속하면, 5광선, 6광선, 7광선 그리고 그 너머로 데려갈 것으로 생각합니다. 그들은 지금까지 해왔던 일을 계속하기 위해 그 방향으로 계속 나아가야 한다고 생각합니다.

사랑하는 이들이여, 이것은 근본적으로 잘못된 것이며, 근본적인 오해입니다. 내가 강한 단어를 사용하는 이유는 여러분이 진정으로 자신이 있는 곳과 원하는 곳 사이의 격차를 좁히고 싶다면, 자신의 사고방식을 바꿀 필요가 있다는 것을 깨닫도록 충격을 주고 싶기 때문입니다. 지금까지 여정에서 많은 진전을 이루었음에도 그 사고방식이 격차를 지속시킵니다. 8자 형상의 아랫부분에서 연결점까지 오를 수 있도록 도와준 사고방식으로는 4광선을 넘을 수 없습니다. 이것은 예수가 그리스도 의식 과정에서 설명한 것입니다. 나는 또한 여러분에게 다른 관점을 주고 싶습니다.

내맡김이 유일한 방법입니다

진정한 치유를 경험하려면 무엇이 필요할까요? 의지력만으로, 지혜만으로, 사랑만으로, 순수만으로, 온전해질 수 없고 치유될 수 없습니다. 왜 그럴까요? 왜냐하면 여러분이 8자 형상의 아랫부분에서 올라갈 때, 분리된 자아를 가지고 있기 때문입니다. 여러분 중 일부는 자신의 마음에 명확하게 구현된 것을 보고 깨닫게 되었으므로, 영적인 개념에 대한 이해가 높아질수록 여러분의 에고는 단순히 죽지 않을 것입니다. 그것은 에고가 실제로 완벽할 수 있고 신에게 받아들여질 수 있다고 믿게 만드는 형태로 변형될 것입니다.

분리된 자아를 "완벽하게" 하기 위해 영적인 가르침과 영적인 수행을 이용하는 것이 가능하며, 이는 겉으로 보기에 그것이 신의 눈에 받아들여질 수 있는 어떤 조건에 부합하여 왕국에 들어갈 수 있는 것처럼 보이게 합니다. 이것은 예수가 혼인 잔치에 관한 비유에서, 모든 사람이 초대되었지만, 만약 여러분이 예복을 입지 않고 들어오면, 거기에 머무를 수 없다고 설명했습니다.

여러분은 외적인 힘에 의해 실제로 바깥 어둠에 던져지지 않습니다. 실제로는 여러분에게 여전히 분리된 자아의 잔재가 남아 있다는 것입니다. 그리고 그것이 여러분을 결혼 잔치에서 끌어낼 것이며, 넘을 수 없을 것 같은 격차를 만드는 것입니다. 여러분은 분리된 자아의 네모

난 말뚝을 하늘로 이어지는 둥근 구멍에 끼워 맞추려고 합니다. 좁은 문을 통과할 수 없는 커다란 짐을 기차 안으로 운반하려고 합니다. 기차를 타려면 짐을 두고 유령을 포기하겠다고 결정해야 합니다. 그럼 어떻게 유령을 포기할 수 있을까요? 이것은 여러분이 숙고해야 하는 질문입니다. 여러분은 유령을 완벽하게 만들기 위해 유령을 포기할 수가 없습니다.

유일한 방법은 내맡김의 여정입니다. 사랑하는 이들이여, 내맡김(Surrender; 항복)이 낯선 개념으로 들릴 수 있습니다. 여러분은 경쟁과 전쟁의 의식이 팽배한 이 지구의 문화 속에서 자랐습니다. 항복이라는 단어는 전쟁에서 무엇을 의미합니까? 자, 그것은 여러분이 포기하고 패배한다는 의미입니다. 경쟁에서 항복은 무엇을 의미하나요? 여러분이 이기는 것을 포기하고 그래서 지는 것입니다.

승패의 개념은 실로 이원적인 개념입니다. 한 사람이 이기려면 다른 사람이 져야 합니다. 진정한 승리가 어디에 있나요? 영적인 의미에서 내맡김은 수동적인 포기 행위가 아닙니다. 그것은 유령을 포기하는 적극적인 과정입니다. 포기하는 것이 아니라 내맡기는 것입니다. 여러분은 더 높은 비전을 위해 유령을 포기합니다. 왜냐하면 여러분은 더 온전해지기 위해 기꺼이 분리된 자아를 포기하기 때문입니다.

여러분은 더 완전함을 경험하기 위해 그 분리된 자아의 일부를 기꺼이 포기합니다. 여러분은 백만 달러를 받기 위해 1달러를 기꺼이 포기합니다. 진정한 내맡김에는 손실이 없습니다. 오직 자유만이 있습니다. 이것이 많은 사람이 완전히 마음속에 새기지 않은 것입니다.

사람들 사이에서 옳거나 신과 올바른 관계에 있는 것

내가 여기에서 여러분에게 알려주고 싶은 것은, 여러분이 이해하지 못한 한 가지 사례인데, 그것은 다른 사람들과의 개인적인 관계입니다. 영혼들이 세라피스 베이의 은거처에 왔을 때, 그들은 점성술, 성격,

카르마 등이 서로 충돌하는 다른 영혼들과 같은 그룹에 배치됩니다. 충돌 가능성이 가장 큰 사람들이 한자리에 모이고, 그들은 옳은 것보다 더 중요한 것이 있다는 것을 인식하기 시작할 때까지 함께 있을 것입니다.

마스터 모어가 뭐라고 했나요? 다른 마스터들은 뭐라고 말했나요? 세상은 드라마입니다. 원하는 만큼 그 역할을 할 수 있습니다. 영적인 여정에 와서 일정한 수준 이상으로 올라가고 싶다면, 여러분은 이기거나 지거나 다른 사람들과 비교해서 옳거나 그르다는 이원적인 게임을 더 이상 하고 싶지 않다는 것을 깨달아야 합니다. 여러분은 자신이 옳기를, 이해받기를, 다른 사람들이 들어주기를, 다른 이들에게 인정받기를 추구하는 대신, 여러분이 다른 사람들에게 어떻게 생각되는가 보다, 내면에서 완전함을 찾는 것이 중요하다는 것을 깨닫습니다.

예수가 십자가에 못 박히면서 보여준 것이 무엇인지 알겠나요? 예수가 졌다고, 예수에게 하고 싶은 대로 했으니 그들이 이겼다고 말하는 사람들이 있습니다. 하지만 그들이 이기지 못했다는 것이 보입니까? 그들이 이겼다면 예수는 반-그리스도 세력들과 싸웠을 것이며, 이것이 바로 그들이 원하는 것입니다. 여러분이 영적인 사람으로서 반-그리스도의 세력들과 싸우고 파괴해야 한다고 생각할 때, 그들은 여러분을 이원적 투쟁으로 끌어들이는 데 성공합니다. 여기에서 실재가 보이나요?

여러분이 다른 사람들과 갈등하거나 몸싸움을 하는 상황을 생각해 보세요. 여러분이 옳고, 그들이 틀렸고, 여러분의 말은 들어야 하고, 상대의 말은 듣지 않고, 여러분은 검증받아야 하지만 아무도 여러분을 신경 쓰지 않는다는, 이원적인 감각에 얼마나 쉽게 이끌리는지 생각해 보세요.

여러분은 무엇을 합니까? 여러분은 다른 사람에게 변화를 강요하는 상태로 들어갑니다. 처음 네 광선의 입문들을 통과할 수 있었지만, 내가 여기서 말하고 있는 것이 무엇인지 깨닫기 전에는 5광선의 입문들을 통과할 수 없습니다. 여러분은 지구상에서 일어나는 일에 집착하지 않을 의지가 있어야 합니다. 자유의지에 대한 완전한 이해와 자유의지를 절대적으로 존중하는 지점에 도달해야 합니다. 자유의지가 없으면 성장은 불가능하고, 사실, 자기-의식이 없다는 것을 인지합니다. 형태의 세계를 창조한 신의 그 목적 자체가 자유의지 없이 성취될 수 없습니다. 왜냐하면 신은 여러분 자신의 자유의지 선택을 통해 그 이상이 되기를 바라기 때문입니다.

여러분이 그것을 인식할 때, 지구상의 어떤 상황에 대한 여러분의 반응은 외부 환경이나 다른 사람들에 의해 여러분에게 강요되는 것이 아니라는 것을 인식합니다. 여러분은 자신의 의식 상태에 대해 책임을 지고 다음과 같이 말하는 진실의 지점에 도달해야 합니다. "나를 이런 식으로 느끼게 만든 개념은 반드시 사라져야 한다. 아무도 나를 특정한 방식으로 느끼게 하지 않는다는 것을 인지하기 때문에 이 의식에서 벗어나야 한다. 나는 나의 마음 상태, 생각, 감정, 그리고 나의 정체성 감각에 대한 책임이 있다."

여러분은 다른 사람에 대한 책임이 없습니다

매우 많은 사람이 육체적 측면과 행동에 대해 충분히 통달하여 영적이지 않은 것으로 간주되는 것은, 절대 하지 않을 정도의 영적인 여정에 올라섰습니다. 그러나 그들은 아직 내면의 마음 상태, 생각과 감정에 대한 통달에 이르지 못했습니다. 그들은 자기 생각과 감정이 행동으로 표현되는 것을 막을 수 있거나, 또는 적어도 특정한 유형의 행동은 막을 수 있지만, 자신에 대해 완전한 책임을 지지 않았기 때문에 그들의 생각과 감정을 멈출 수 없습니다.

완전한 책임을 지는 것의 오메가 측면은 다른 사람들도 자유의지를 가지고 있고, 여러분에 대한 그들의 반응은 그들에게 책임이 있다는 것을 깨닫는 것입니다. 다른 사람이 여러분을 해칠 수 없듯이 여러분도 다른 사람들을 해칠 수 없습니다. 상처를 느끼는 낮은 진동 상태로 들어가는 것을 정당화하는 수단으로, 다른 사람이 여러분에게 하는 행동을 이용할 수 있습니다. 다른 사람도 똑같이 할 수 있습니다. 즉, 여러분의 행동이나 말 중 하나를, 의식의 하강을 정당화할 수 있는 근거로 이용할 수 있습니다.

여러분은 그런 선택을 할 권리가 있습니다. 다른 사람도 그런 선택을 할 권리가 있습니다. 그러므로, 여러분은 자유의지의 법칙이 자신의 행위, 감정, 생각과 자신의 정체성 감각에 대해 100% 책임을 지게 한다는 사실을 깨닫는 진실의 감각을 가지는 지점에 이르러야 합니다. 하지만 자유의지의 법칙은 또한 여러분이 다른 어떤 인간의 행동, 감정, 생각 및 정체성 감각에 대해 100% 책임이 없다고 말합니다. 여러분은 다른 사람에 대한 책임이 없습니다.

그런데 영적인 여정에 있는 많은 사람이 다른 사람들에 대해 책임감을 느낍니다. 잘못된 책임감을 느끼면 어떻게 될까요? 사랑하는 이들이여? 자, 정확히 말하자면, 여러분은 자신의 마음 상태에 대해 완전히 통달할 수 없게 됩니다. 왜냐하면 여러분이 다른 사람에 대해 책임이 있기에, 여러분의 마음 상태가 다른 사람의 마음 상태에 달려 있다는 것을 허용해야 한다고 잠재의식적으로 믿기 때문입니다. 여러분의 마음 상태와 삶의 경험이 다른 사람들이 하는 선택에 따라 좌지우지되는 것을 허용해야 한다고 생각합니다.

사랑하는 이들이여, 여러분이 이 잘못된 책임감을 고수하는 한 여러분은 결코 간격을 줄이지 못할 것입니다. 이 지구상의 다른 모든 사람이 여러분에게 전적으로 동의하는 상황은 결코 없을 것입니다. 그들은 개별적이고 다릅니다. 의식적이 아니라 잠재의식 수준에서, 여러분이 본질적으로 생각하는 것은, 모든 사람이 여러분을 내면의 평화와 행복의 중심에서 끌어내지 않는 방식으로 행동할 때만, 행복과 내면의 평화를 얻을 수 있다는 것입니다. 따라서, 이런 일이 일어나려면 모든 사람이 여러분처럼 되어야 한다고 생각합니다. 만약 그들이다르다면, 어떻게 그들이 여러분의 평화를 방해하지 않을 수 있을까요? 물론, 이런 감정을 느끼는 것은 에고입니다.

이것이 에고의 한 측면이라는 것을 알지 못하는 한, 여러분은 그것과 자신을 동일시할 수 있습니다. 그것이 정확하게 이해될 때까지 이것을 숙고해야 하며, 그러면 여러분은 말 그대로 자유의지의 현실을 경험하게 됩니다. 말 그대로 여러분의 마음 상태는 다른 사람들의 마음 상태에 달려 있고, 이 우주의 물질적 조건에 달려 있다는, 잘못된책임감을 포기하는 경험을 하게 됩니다. 사랑하는 이들이여, 나와 함께 숨을 들이마시고, 그 잘못된 책임감을 내뱉어 주겠습니까?

좀 가벼워졌나요? 해방감을 느끼나요? 여러분 중 일부는 그럴 것입니다. 여러분 모두가 이것을 충분히 이해할 수 있을 때까지 계속 숙고한다면, 이런 책임감을 적극적으로 포기할 수 있는 의식적인 결정을 내릴 수 있습니다.

영적인 여정에 있는 많은 사람은 오래전에 이 지구를 높이고 인류의 의식을 높이는 것을 돕기 위해 지구로 내려와 육화했습니다. 여러분 중 일부는, 이원성에 들어가 낮은 의식 상태에 빠지기로 선택한, 자신과 매우 가까웠던 영적인 무리의 일원을 구하기 위해 여기로 내려왔습니다.

한 사람을 구하기 위해 내려왔다면 다른 사람에 대한 책임감에서 벗어나기 가장 어려울 수 있는 사람이 바로 이런 사람입니다. 여러분 중 많은 사람이 인류를 구하기 위해 내려왔습니다. 다른 사람에 대한 책임감이 그다지 개인적인 것이 아니기 때문에, 놓아버리는 것이 좀 더 쉽다는 것을 알 것입니다. 따라서 자신을 그 책임감으로부터 좀 더 쉽게 분리할 수 있습니다.

자유의지의 실재를 인지한다면, 여러분은 누구도 다른 사람을 구할 수 없다는 것을 인식하게 됩니다. 예수를 구원자라고 부르는데, 그것은 다시 말하지만, 그들이 그의 진정한 임무를 감추기 위해 그에게 우상을 투사하고 싶어 하기 때문입니다. 그는 누군가를 구원하러 온 것이 아니라, 일곱 광선의 입문들을 통과하며, 구원이 필요하다는 환영, 사람들이 자신의 근원과 신의 나라에서 분리되어 있다는 환영을 놓아버림으로써, 자신의 내면에서 구원을 얻을 수 있는 방법을 모든 사람에게 보여주러 온 것입니다.

입문의 원을 완성하기

8자 형상의 맨 아래에서 시작하면, 내가 있는 곳과 신의 나라가 있는 곳 사이에 간격이 있음을 분명히 알 수 있습니다. 세라피스가 로켓의 비유를 통해 설명했듯이, 대중의식의 중력을 넘기 위해 추진력을 만들어야 합니다. 추진력이 있어야 하고, 힘을 만들어야 하며, 그 당시의 의식 상태 즉, 분리된 자아, 에고가 개입하는 상태에서 부분적으로 그것을 해야 합니다. 에고는 자기 고양과 자신이 중요하다고 느끼고 싶은 열망으로 여러분의 노력을 어느 정도 채색할 것입니다. 그것이, 여러분이 성 저메인을 위해 세상을 구하고 황금시대를 가져오고 이 모든 외적인 일들을 해야 하는, 중요한 임무가 있다는 영적인 가르침에 응답하는 이유입니다. 여러분은 이것에 적극적으로 참여해야 하며 이를 실현하는 일종의 힘이나 추진력을 만들어야 한다고 생각합니다. 이것은 처음 네 광선의 입문들을 지나는 동안은 맞습니다. 그러나 여러분을 이 지점까지 이끌었던 것이 더 이상 이끌지 못하고, 짓누른다는 것을 깨닫기 전까지는 그 지점을 넘어서지 못할 것입니다.

여러 단계로 구성된 로켓을 보세요. 1단계는 특정한 지점까지만 가속할 수 있는 매우 큰 추진 엔진이 있고, 그 엔진의 연료가 모두 연소됩니다. 이제 그것은 로켓에서 분리되어 떨어져 나가야 하고, 로켓은 궤도 너머로 이동하기 위해 또 다른 엔진을 가동합니다. 처음 네 광선을 통과하기 위해서 여러분을 추진했던 사고방식을 고집한다면, 여러분은 계속 나아갈 수 없고, 중간 지대(no-man's land)에 갇히게 됩니다. 여러분은 변하고 싶어 하고, 변해야 한다고 느끼고, 변해야 한다는 것을 일별할 수는 있지만, 그것을 내면화할 수 없고, 의식으로 가져올 수 없습니다.

여기에서 내가 설명하고 싶은 것은, 여러분이 8자 형상의 연결점에 왔을 때, 새로운 관점, 즉 그리스도 마음의 관점, 분리의 마음이 아닌 하나됨의 마음을 얻을 수 있는 잠재력을 가지게 된다는 것입니다. 그리스도 마음의 관점을 얻으면 앞으로 가는 길이 8자 형상의 윗부분으로 가지 않는다는 것을 분명히 보게 됩니다. 아닙니다. 연결점에서 나와 8자 형상의 오른쪽 아래로 내려갑니다. 이제 다시 내려가기 시작합니다. 영적인 여정에서 더 높이 올라가기 위해서, 왜 내려가기 시작해야 하는 것처럼 보일까요? 자, 왜냐하면 지금까지 여러분이 한 일은 여러분 의식의 일부를 가져다가 그것을 대중의식 너머로 밀어내는 것이었기 때문입니다. 여전히 여러분의 일부가 거기에 남아 있고, 그것이 여러분이 간극을 느끼는 이유입니다. 그래서 여러분이 완전히 거기에 있지 않고, 완전히 함께하지 않으며, 완전히 온전하지 않은 것입니다.

마음의 일부분으로 얻은 더 높은 추진력과 통찰력과 관점을 사용해 다시 내려가서, 말하자면, 여러분 존재의 다른 모든 부분, 영혼의 다른 모든 조각을 구조해야 합니다. 그 이후에도, 여러분은 신의 몸에서 하나의 세포이고, 임무는 단지 여러분이라는 하나의 세포를 부활시키는 것이 아니라, 몸 전체를 부활시키는 것임을 인식해야 합니다.

개인적으로 더 높이 올라가려면 시장에 나가 다른 사람들에게 다가가서, 얻은 것을 공유하고 나눠주기 시작해야 합니다. 예수는 삶의 시장에 들어가서 사람들에게 더 높은 영적인 가르침이든, 치유든, 그것이 그리스도의 이름으로 주는 찬물 한 잔이든, 귀를 기울이는 것이든,

필요한 것을 줌으로써 이러한 시범을 보여주었습니다. 여러분은 모두 다른 사람에게 도움이 되는 것을 알고 있거나 금세 알아차릴 수 있는 자질을 지니고 있습니다. 여러분 중 일부는 그것을 표현했고, 여러분 모두는 그것을 가지고 있습니다. 여러분 모두는 이미 그러한 자질을 사용해 왔지만, 더 의식적으로 사용할 수 있는 지점에 이르러야 합니다. 여러분의 개인적인 성장을 위해서가 아니라, 다른 생명을 높이는 사심 없는 봉사를 위해서입니다. 왜냐하면 여러분은 그 봉사 속에서 치유되기 때문입니다.

봉사를 제공할 수 있는 잠재력

많은 사람이 이미 평생 이런 일을 해왔지만, 자신의 내적인 자질만으로 봉사하는 것이 아니라 열린 문으로 봉사할 수 있는 잠재력을 점점 더 자각하게 되는 단계가 있습니다. 여러분은 8자 형상의 아래쪽 원에 손을 뻗는 동안 영을 향해 손을 뻗고 있다는 것을 알 수 있나요?

연결점에서 여러분은 영과 연결되고 모든 생명에 봉사하기 위한 오메가 추진력이 생깁니다. 그러면 예수가 말한 대로 됩니다. "나는(I AM) 열린 문이며, 누구도 닫을 수 없다." 이것이 다른 사람들의 반응에 집착하지 말라는 내 가르침과 어떻게 연결되는지 알겠습니까?

여러분은 누구도 닫을 수 없는 열린 문이라는 것을 아는 그 지점에 도달해야 합니다. 여러분 자신의 에고는 여러분의 문을 닫고 여러분의 빛과 사랑과 봉사를 막을 수 없습니다. 다른 사람들의 반응도 마찬가지입니다. 그들이 여러분을 거부하든, 조롱하든, 그들이 여러분을 낮추고 여러분에 대해 그들의 이원적 자아가 약간의 승리를 얻었다고 느끼든 말입니다.

그들과 싸우러 온 것이 아니라는 것을 알겠습니까? 여러분은 그저 서서 여러분의 빛을 방사하고, 그들이 던지는 것이 무엇이든 여러분을 건드릴 수 없고, 여러분의 자아상을 바꾸지 못한다는 것을 시범 보이기 위해 여기에 있습니다.

예수가 율법학자들이나 바리새인들과 다른 사람들에게 한 일이 이 것임을 알겠나요? 예수는 그들이 그에게 무엇을 던지든, 그를 이원적인 전투에 끌어들일 수 없다는 것을 시범 보였습니다. 그는 단순히 자기자신으로 존재할 것입니다. 진실을 말할 것입니다. 예수가 말한 것과 같은 방식으로 여러분 모두가 그렇게 말하기 위해 여기에 있는 것은 아닙니다. 진정한 여러분의 빛을 방사하고 말하기 위해 여기에 있으며, 어떤 저급한 세력들도 그것을 차단할 수 없습니다. 그것이 5 광선에서 시작하는 입문입니다. 그것이 여러분을 치유에 더 가깝게 데려갈 사고방식이자 입문입니다. 하위 존재를 넘어서 다른 사람들을 치유하고 빛을 가져오려고 노력할 때만 여러분의 하위 존재를 치유할 수 있습니다.

신성한 어머니와 그녀의 아이들

전쟁터에서 산산조각이 난 군인의 시신과 그 군인의 어머니가 전쟁터에서 시신 일부를 모아 맞추는 그림에 대해 들었을 것입니다. 그것은 특정한 예술가가 나에게서 영감을 받아 신성한 어머니에게 일어난 일을 묘사한 것이었습니다. 그녀의 아이들의 몸은 삶의 전쟁터, 이원성의 전쟁터에 흩어져 있습니다.

어머니는 아이들을 불러 모으기 위해 노래를 부르지만, 아이들은 어머니의 노래를 들을 수 없습니다. 어머니는 무엇을 찾고 있나요? 어머니는 자녀들 중 좀 더 성숙한 사람들, 즉 자신이 신성한 어머니의 표현임을 깨달은, 어머니와 어느 정도 하나가 된 사람들을 찾고 있습니다. 그런 다음 그들은 내려가 사람들이 들을 수 있고, 그래서 쉽게 무시할 수 없는 방식으로 노래할 것입니다.

다시 말하지만, 여러분은 그들의 마음을 바꾸러 온 것이 아닙니다. 사랑하는 이들이여. 여러분은 단지 자신의 마음을 바꿀 수 있다는 것,

즉 여러분이 그렇게 해냈으며 그들이 여러분을 그들의 의식 상태로 내려오도록 강요할 수 없다는 것을 보여주기 위해 여기에 있습니다.

닫힌 원에 관한 이야기를 들어봤을 것입니다. 닫힌 원은 무엇이고 폐쇄계는 무엇인가요? 그것은 에고와 분리된 자아의 사고방식입니다. 분리된 자아의 외적인 위장을 모두 벗겨내면 에고와 분리된 자아가 하는 유일한 질문, 즉 에고가 외부로 계속 투사하는 질문은 무엇일까요? 그것은 이것입니다. “승인해 주세요. 내가 진짜라고 말해주세요. 삶이 무엇인지, 신이 무엇인지, 내가 무엇인지, 내가 만든 이 환영이 진짜라고 말해주세요. 인정해 주세요. 나를 인정해 주세요. 나를 인정해 주세요. 나를 인정해 주세요.”

이러한 의식에 갇혀 다시 생각하지 않고, 재고하지 않고, 그것이 잘못된 것일 수도 있다고 생각하지 않는 사람들을 어떻게 도울 수 있을까요? 여러분은 그들의 환영을 인정해 줌으로써 그들을 돕나요? 물론 그렇지 않습니다! 어떻게 그들을 도울 수 있나요? 여러분이 환영에 갇혀 있지 않다는 것을 보여줌으로써, 그 자리에 굳건히 서서 여러분을 공격하고, 조롱하고, 질문하게 내버려두지만, 여전히 여러분 자신임을 보여줌으로써 그들을 도울 수 있습니다. 그들이 여러분에게 무엇을 던지든, 여러분을 그들의 의식 상태로 끌어내릴 수 없다는 것을 보여줍니다.

여러분은 그들의 의식 상태가 실재라고 인정하는 것이 아니라, 그것이 비실재임을 보여줍니다. 그러므로 여러분은 다른 사람들의 반응에 대한 집착을 해결하기 위해 작업을 해야 합니다. 다른 사람들에 대한 책임감이 있거나, 그들의 반응에 집착하거나, 그들의 인정을 원하는 분리된 자아와 동일시한다면, 자신의 정체성을 확고하게 지킬 수 없습니다.

여러분은 영적인 존재입니다. 사랑하는 이들이여. 여러분은 이원성에 갇힌 사람들을 돕기 위해 여기에 있습니다. 여러분이 입을 열면 그들이 즉시 이렇게 말할 것이라고 기대하지 마세요. "오, 그 말이 맞아요." 그들은 그것을 볼 수 없습니다. 당신은 그것이 안보이나요?"

　여러분이 어떤 사람을 돕기 위해서는 그 사람의 마음 상태를 긍정하지 않겠다는 것을 반복적으로 보여줘야 한다는 것을 이해하지 못하겠습니까? 어떤 사람들은 친구나 심지어 가족을 통해 경험했듯이, 종종 그들이 여러분에게 여러 번 질문이나 공격하도록 두거나, 거부하도록 두어야 합니다. 여러분이 중심을 잡고 무집착 상태를 유지할 수 있다면 두 가지 중 하나가 일어납니다. 그 사람은 현재 상태를 돌파하고 여러분의 본보기를 따라 더 높은 의식 상태에 이를 수 있다는 것을 알게 될 것입니다. 그래서 그들은 여러분과 함께 올라갈 것입니다. 아니면 그들은 자유의지의 법칙에 따라 충분한 기회가 주어졌다고 판단되는 시점에 이르러 우리가 심판이라고 부르는 것에 이를 것입니다. 이것은 그들이 필연적으로 지옥에 떨어진다는 의미가 아니라, 여러분에게서 충분한 기회를 얻었다는 의미입니다. 따라서 이제 여러분은 다른 사람들을 돕기 위해 나아갈 수 있습니다. 여러분은 더 이상 그 사람이나 심지어 그 의식 상태와 마주칠 필요가 없습니다.

　여러분은 어떤 의식 상태를 마주하든 집착하지 않는 그 지점에 이르러야 합니다. 물론 이것은 어렵습니다. 나는 이해합니다. 내가 왜 이해하는지 알겠습니까? 왜냐하면 나는 여러분이 마주치게 될 의식, 다른 사람들에게서 마주치게 될 의식이 바로 여러분 자신 안에서 아직 일어나지 않은 의식이라는 것을 알기 때문입니다.

　어떤 상처가 남아 있든, 자신의 존재에 어떤 미해결의 실체가 남아 있든, 그것은 다른 사람들에게서 마주치게 될 것입니다. 여러분의 존재 속에서 해결되지 않은 것들은 다른 사람들을 자석처럼 끌어당기는 역할을 할 것입니다. 물론 이 사람들과의 관계를 개인적인 관계로 보고, 집착하지 않기가 가장 어렵습니다. 여러분 마음속의 해결되지 않은 실체, 눈 안의 들보는 여러분을 집착과 이원적인 반응에 붙잡아

둡니다.

사랑하는 이들이여, 여러분은 정말로 여정에서 성숙합니다. 여러분은 이것을 이해하게 되고, 깨달을 수 있습니다. 매우 빠르게 적용하고 그 해방감을 느낄 수 있습니다. "항상 반응하던 방식으로 반응할 필요가 없다. 나는 더 낮은 반응의 현실을 인정할 필요가 없다." 그 의상에 대한 이전의 반응 패턴에서 벗어나 그것을 보고 이렇게 말할 수 있는 선택권이 있습니다. "나는 삶의 드라마에서 그 역할을 충분히 했다. 이 역할은 더 이상 나 자신을 반영하지 못한다."

이 내용은 다음 담화에서 자세히 설명하겠습니다. 지금까지의 일들을 한데 모아 앞으로의 일들을 엿볼 수 있는 기회를 주고자 합니다. 여러분이 이제 영적인 여정에 대한 새로운 비전과 영적인 여정에 대한 모든 것을 얻었기를 바라며, 그래서 항상 도달하려고 노력하는 대신 방향을 바꿀 수 있기를 바랍니다.

기꺼이 연결점 밖으로 나가세요. 여러분의 모든 부분을 되찾으세요. 우리 모두가 완전함과 하나됨으로 나아갈 수 있도록 여러분의 더 큰 자아, 신성한 어머니 몸의 모든 부분을 되찾아 오세요. 그리하여 우리는 신의 왕국과 성 저메인의 황금시대에 대한 비전을 받을 수 있는 상태가 될 수 있습니다.

자신을 누구라고 생각하든 여러분의 존재에 감사합니다. 여러분을 조건 없이 사랑합니다. 나는 여러분의 실제 모습과 여러분이 생각하는 모습 모두를 사랑합니다. 여러분이 신성한 어머니의 사랑을 받지 못한다는 환영을 산산조각 냈으면 좋겠습니다. 나에게 어떤 감정을 느끼든, 내 말에 반응하든, 반응하지 않든, 나는 여러분을 사랑합니다.

나는 사랑이고, 여러분은 내가 더 이상 여러분을 사랑하지 않게 만드는 어떤 반응도 내놓을 수 없습니다. 나는 생명의 강과 하나가 되기로 선택했습니다.

10

6광선: 봉사의 무조건적인 기쁨

레이디 마스터 나다의 담화

나다는 내가 부여받은 이름입니다. 그것은 봉사와 섬김의 6광선과 연관된 이름입니다. 그러나, 물론 나보다 앞서 말한 모든 존재에게서 알아차렸겠지만, 나는(I AM) 그 이상입니다. 왜 우리가 이렇게 말할까요? 우리가 육화하고, 상승했기 때문에 여러분도 상승할 수 있다는 것을 보여주려고 우리의 저생들을 알려주었다는 것을 알게 될 것입니다.

우리는 또한 여러분이 인간의 마음, 이원적 마음이 무엇이든 가져다가 그것을 우상으로 바꿀 것이므로 이렇게 말할 것을 알고 있습니다. "아, 예, 나다. 나의 데이터베이스에 그녀를 넣을 수 있는 작은 상자가 있습니다." 나를 데이터베이스의 상자에 넣으면, 나는 지구상의 어떤 데이터베이스에도 맞지 않으므로 여러분은 I AM의 충만함에 조율하지 못할 것입니다. 나는 조건을 초월한 존재이며 봉사, 진정한 봉사는 조건을 초월한 것입니다. 사랑하는 이들이여, 왜 그럴까요?

여러분은 이 물질 우주의 밀도가 높은 영역으로 내려오기로 자원했습니다. 이전에는 더 높은 구체에 있었을 수도 있습니다. 어느 시점에서 모든 생명을 높이는 일에 봉사하기로 자원했습니다. 사랑하는 이들이여, 어떻게 모든 생명을 높이나요? 왜 모든 생명을 높여야 하나요? 마이트레야가 그의 책에서 설명했듯이, 신은 기본 구조는 있지만 아직 빛으로 완전히 채워지지 않은 구체를 창조하기 때문입니다. 그런 다음 신은 구체 속으로 더 많은 빛을 가져올, 열린 문이 될 자신의 확장들을 보냅니다. 그 과정에서 봉사하는 동안 그들은 자기-의식에서 성장합니다.

여러분은 빛을 가져오기 위해 여기에 왔습니다

여러분이 온 곳으로부터 빛을 이 세상으로 가져와서, 빛을 일으키고, 퍼뜨리고, 세상을 빛으로 채우면서 봉사하기 위해 형태의 세계로 왔습니다. 내가 말하는 빛은 무엇입니까? 그것은 영적인 빛입니다.

시각적인 예시가 필요하다면 원자핵과 그 주위를 공전하는 전자들이 있는 원자의 행성 모델을 생각해 보세요. 거기에 빈 공간이 얼마나 많은지 생각해 보세요. 원자의 비율을 태양계의 비율과 비교해 보면 실제로 전자들과 핵 사이에는 태양과 가장 먼 행성 사이보다 더 많은 공간이 있습니다.

물질의 구조에서 현재 물질 우주의 수준에서는 빈 공간이 많이 있습니다. 빛으로 채워질 공간이 많이 있습니다.

여러분은 빛을 나눠주기 위해 여기에 왔습니다. 여러분 중 많은 사람은 이곳에 왔을 때 이미 이원성 의식으로 하강한 존재들이 있었습니다. 이곳에 왔을 때, 그들이 여러분의 빛을 받아들이지 못한다는 것을 경험했습니다. 여러분의 빛을 받아들이지 않았을 뿐만 아니라, 빛이 거부되었거나, 빛이 특정한 조건에 부합해야만 사람들이 받아들인다는 메시지를 받았습니다.

여러분은 점차, 빛을 채색하거나 자신을 통해 흐르는 빛을 억제해야 한다는 생각을 받아들이게 되었습니다. 육체에 발생하는 모든 유형의 질병의 실체는 상위체에서 자신의 빛을 억누르면서 시작되었다는 것입니다. 빛을 억누르면 여러분은 생명의 강 안에 있지 못합니다. 여러분은 성취감, 행복, 평화, 기쁨을 느끼지 못합니다. 여러분은 살아 있다고 느끼지 못합니다.

갑자기 실제로 육체를 죽일 수 있는 질병이 자신에게 있다는 것을 깨닫게 된 사람들이 있습니다. 그들은 무엇을 하려고 하나요? 그들은 더 많이 억누르려고 합니다. 그렇지만 육체적 질병으로 이어지는 연쇄 반응의 시작은 억압이었습니다. 더 많은 억압이 어떻게 육체적 조건을 극복하는 데 도움이 될 수 있을까요?

사람들이 영적인 운동에 빠지면, 그들의 에고는 소위 영적인 에고 또는 영적인 가면(persona)으로 변모하여, 그것이 가져야 한다고 생각하는 특성을 취합니다. 많은 경우 이것은 사람들이 특정한 방식으로 행동해야 한다고 여긴다는 뜻입니다. 말하지 말아야 할 것과 표현하지 말아야 할 것이 있습니다. 많은 사람이 자신의 감정을 억누르는 환경에서 자랐습니다. 어떤 사람들은 긍정적인 감정을 표현하는 데는 편안함을 느낄 정도로 이를 극복했지만, 소위 부정적인 감정을 표현하는 데는 똑같이 편안함을 느끼기 못합니다.

여러분 중 많은 사람이 같은 패턴을 인정할 것입니다. 여러분은 영적인 운동에서 어떤 것은 적절하고 어떤 것은 적절하지 않다는 것을 깨닫습니다. 왜 네 하위체를 가지고 있나요? 물질 우주는 진동이 매우 낮아서 에테르 수준에서 온 빛을 곧바로 표현할 수 없기 때문입니다. 여러분은 하위체들이 필요하며, 점차 빛의 진동수를 내려서 결국 밀도가 높은 물질 우주의 수준에 도달해야 합니다.

여러분은 빛을 전달하는 그릇으로 설계된 네 하위체를 가지고 있습니다. 물질 우주에서 빛을 표현하려면, 빛을 여러분의 상위 존재에서 자신의 정체성, 멘탈, 감정체로 흐르게 한 다음, 다른 방식으로 그것을 표현하는 육체로 흘러 들어가게 합니다. 한 가지 예를 들면, 말하는 것뿐만 아니라 미소, 표정, 진심과 진심이 담긴 표현을 통해 다른 사람을 고양할 수도 있습니다.

억제된 감정은 빛의 흐름을 차단합니다

여기서 내가 여러분에게 말하고 싶은 것은 빛을 막는 것은 무언가를 억제하기로 한 결정이라는 것입니다. 억제되면 흐르지 못합니다. 흐르지 못하면 쌓일 수밖에 없습니다. 한계를 설정하는 특정한 정체성 감각을 받아들이는 사람들이 많습니다. 그들은 무엇이 적절한 생각이나 신념인지, 그것에 대한 정신적 한계를 받아들입니다. 그들은 감정이 적절한지에 대한 다른 한계들을 받아들이고 감정체에서 억제되는 것을 봅니다. 억누른 감정은 자연스럽게 쌓이기 시작합니다. 감정체가 가득 차면 빛은 억제된 감정을 관통하여 흐를 수 없습니다.

빛은 육체에 도달하지 못하여 세포들을 재생할 수 없습니다. 세포들은, 빛이 흐를 수 없고 새 생명을 낳을 수 없다는 것을 구현하기 시작해서 더 낮은 징후들을 나타냅니다. 영적인 사람으로서, 육체에 어떤 종류의 치유가 필요하다는 것을 인식했을 때, 영적인 이미지, 영적인 가면, 영적인 문화가 그 치유를 직접적으로 방해할 수 있다는 것이 보이나요? 여러분은 치유되기 위해서 감정체를 통해 흐르는 빛의 흐름을 다시 회복시켜야 한다는 것을 기꺼이 인정하고 있지 않습니다. 사랑하는 이들이여, 이를 해결하기 위한 유일한 방법은 축적된 감정으로 들어가서 그것들이 다시 흐르게 하는 것입니다.

많은 경우 이것은 부정적인 감정을 억누르는 것을 멈추고, 그것이 아무리 잘못된 것으로 보이거나 문제가 아닌 것처럼 보일지라도, 한동안 그것들을 표현해야 한다는 의미입니다. 어떤 사람들은 몇 년 동안 일기를 쓰면서 떠오르는 모든 것을 표현하기도 합니다. 표현하지 않으면 흐름을 회복시킬 수 없으므로 남은 생애 동안 특정한 수준의 의식에 계속 갇혀 있을 수 있습니다. 여러분은 영적인 외관을 입은 외적인 에고를 가지고서, 자신이 영적인 사람이라는 이미지를 강화하기 위해서는 어떤 부정적인 감정도 표현할 수 없다고 생각합니다. 그렇게 하면 실제로 부정적인 반응을 얻고 다른 사람들이 여러분을 부정적으로 생각하게 될 수 있습니다.

여러분은 이러한 감정을 계속 억누르고 싶어 합니다. 그러나, 감정을 억누르면서 무엇을 하고 있나요? 여러분은 계속해서 흐름을 차단하고 있습니다. 여러분의 의식적인 인식으로 자신이 진정 누구인지에 대한 의식적인 수용을 돌파할 수 없습니다. 여러분은 여전히 낮은 정체성 감각에 갇혀 있습니다. 물론 부정적인 감정은 유쾌하지 않습니다. 물론 집단 환경에서 반드시 표현해야 하는 것은 아닙니다. 그러나 여러분은 개인적으로 감정을 표현할 필요가 있습니다. 그래야 감정을 극복하고 이론적으로 이해할 뿐만 아니라 자신이 감정 그 이상이라는 것을 직접 경험할 수 있습니다.

감정을 표현하고 감정을 바라보다가 어느 순간 깨달음을 얻는 아하-경험(Aha-experience)을 하게 될 것입니다. "하지만 나는 이런 사람이 아니다. 나는 이것 이상의 존재이다. 이것은 특정한 진동과 특정한 조건을 취한 에너지일 뿐이다. 하지만 이것이 내가 가진 온전한 모습은 아니다. 내가 이런 기분을 느끼고 있지만 이런 사람이라는 뜻은 아니다."

감정을 보지 않으면 자신이 그 이상이라는 것을 알 수 없습니다. 부정적인 감정을 가지고 있다는 사실조차 인정하고 싶지 않고 표현하고 싶지 않아서 도망갈 때, 성모 마리아께서 말한 것처럼 현재 있는 곳과 원하는 곳 사이의 간격을 계속 키우는 것입니다.

앞서 설명한 것처럼 먼저 중간 지점으로 이동한 다음, 남은 거리의 중간 지점까지 이동하고, 계속해서 같은 방식으로 남은 거리를 점점 더 작은 부분으로 나누며 이동하는 것으로는 A 지점에서 B 지점으로 이동할 수 없습니다. 그 간격을 넘을 수 없습니다. 항상 간격이 남아 있으므로 이 방법을 무한정 계속할 수 있습니다.

사랑하는 이들이여, 흐름은 다시 회복되어야 합니다. 겨울에 강이 얼어붙었을 때 얼음이 다시 물이 되어야만 흐름이 다시 회복될 수 있습니다. 얼음이 물이 되려면 열을 가해야 합니다. 억눌린 감정에 열을 가하는 것은 의식적으로 인식하고, 기꺼이 바라보고자 하는 의지, 심지어 언젠가 부정적인 감정이 있었다는 것을 인정하려는 의지에 의해 열이 가해집니다.

그렇다고 해서 그 감정을 실제적이고 영구적인 것으로 인정하거나 받아들여야 한다는 말이 아닙니다. 그러한 감정을 가지고 있거나 과거에 그러한 감정을 가졌던 자신을 받아들일 수 있는 지점에 이르러야 합니다. 자신을 살펴보고 특정한 의식 상태에 있으므로 특정한 감정을 느꼈거나 느끼고 있다는 것을 알아차릴 수 있습니다. 그런 다음, 이전에 성모 마리아께서 아주 분명히 말했듯이, 신은 여러분이 어떤 의식 상태에 있든 상관없이 무조건 여러분을 사랑한다는 것을 깨닫게 됩니다. 신이 조건 없이 사랑한다면 여러분도 자신을 조건 없이 받아들일 수는 없을까요? 자, 단지 여러분이 자신의 인식을 기꺼이 바꾸려고 한다면 그렇게 할 수 있습니다.

즉시 여러분의 자아상을 바꿀 수 있습니다

이것이 내가 보여주고 싶은 것입니다. 여러분은 즉시 비수용을 버리고 수용을 선택할 수 있습니다. 왜 빛을 억누르기 시작했나요? 여러분의 빛이 다른 사람들에게 받아들여지지 않는다고 느꼈기 때문입니다. 일반적인 의미에서 빛이 받아들여지지 않는다고 생각하기 시작했습니다. 어떻게 흐름을 다시 회복할 수 있을까요? 자신의 빛이 받아들여질 수 있다는 것을 인식하고 진정으로 결정하는 지점에 이르러서 그렇게 합니다. 왜냐하면, 자신의 빛이 신께 받아들여지고 그것이 신의 표현이기 때문입니다. 그 빛을 받을 자격이 없다고 느껴서, 빛에 의해 방해받고 싶지 않은 의식 상태에 있는 사람들이 받아들이든 혹은 거부하든 상관없이, 이 세상에서 그 빛을 표현하는 것이 허용됩니다.

자유의지의 법칙은, 다른 사람들이 자유의지를 사용하여 빛을 거부한다고 하더라도, 여러분에게 다른 사람들을 향해 빛을 비출 수 있는 완벽한 권리를 부여합니다. 그들은 개인적인 의식의 영역 안에서는 자신이 하는 일에 대해 자유의지를 가지고 있습니다. 그들은 자신의 의식 영역 밖에 있는 다른 사람에게 자신의 의지를 강요할 권리가 없습니다. 여러분의 빛을 끄라고 말할 권리가 없습니다. 빛이 다른 사람들에게 어떤 영향을 미칠지는 그들의 선택에 달려 있으므로, 다른 사람들에게 어떤 영향을 미치든 여러분은 빛을 발할 권리가 있습니다.

여러분 중에는 감정을 억누르는 데 너무 몰두해서, 더 높이 올라갈 자격이 있다는 것을, 신의 빛과 지혜와 사랑과 다른 자질들이 여러분을 통해 흘러 들어올 수 있는 열린 문이 될 수 있는 자신의 가치를 온전히 받아들이지 못하는 사람들이 있습니다. 나는 여러분 가운데, 어떤 감정이든 기꺼이 표현하기 시작하기 전까지는 현재 수준에서 발선될 수 없는 사람들이 있다는 것을 말하고 싶습니다. 사랑하는 이들이여, 나는 다른 사람들에게 여러분의 감정을 드러내고 그것으로 인해 그들을 학대할 수 있는 백지 위임장을 주는 것이 아닙니다.

감정 표현이 치유 과정이라는 것을 아는, 치료 전문가 또는 치유 그룹과 같은 특정한 환경을 찾을 수 있다는 것을 말하고 있습니다. 그들은 여러분의 배우자나 자녀 또는 자신과 밀접한 관계에 있는 다른 사람들이 느낄 수 있는 개인적인 감정 표현으로 받아들이지 않을 것입니다. 집에 가서 아내에게 소리를 지르지 말고, 치료 전문가에게 소리를 지르세요. 치료 전문가는 들어주는 것이 직업이니까요.

문제는 빛의 흐름이 억제되었다는 것입니다. 계속 억압하거나 더 많이 억압하면서 이렇게 말해서는 문제를 해결할 수 없습니다. "이제 나는 영적인 사람이니 이런 감정을 느끼면 안 된다." 이런 기분이 든다면, 여러분은 이렇게 느끼고 있는 것입니다. 감정을 살펴보고 그 감정이 흐르도록 허용하세요. 그런 다음 감정체의 흐름이 다시 회복되어 해방감을 느끼면, 그 흐름을 따라 멘탈층으로 이동하여 특정한 상황에서 부정적인 감정으로 반응해야 한다고 생각하게 만드는 믿음이 무엇인지 살펴보세요.

그 믿음을 의식적으로 인식해야만 특정한 상황에서 부정적인 감정으로 반응해야 한다는 자연법칙이 없다는 것을 깨달을 수 있습니다. 사람들이 여러분을 거부하면 상처를 받는 것으로만 대응할 수 있다고 믿는 것은 자신이 내린 선택입니다. 상대방이 여러분에게 분노를 표출하면 분노로만 대응할 수 있습니다. 이것은 이 믿음을 받아들이기로 한 여러분의 선택이며, 이 믿음은 분리와 이원성이라는 전체 환영에서 만들어집니다.

존재의 개념 이해하기

그러면 여러분이 이 믿음 그 이상이라는 것을 깨달을 수 있습니다. 그 믿음에서 벗어나 그것을 살펴보며 이렇게 말할 수 있습니다. "내가 정말 이런 식으로 계속 반응하고 부정적인 감정에 빠지고 싶은가?" 여러분은 여러분이 믿음 그 이상이라는 것을 깨달을 수 있습니다. 정체성체로 이동하여 이렇게 말할 수 있습니다. "하지만 내가 어떤 외부 자극에 특정한 방식으로 반응할 수밖에 없는 무력한 존재라고, 나를 제한 하는 믿음을 받아들이는 정체성은 무엇일까?"

정체성체 수준으로 가서 여러분이 영적인 존재라는 실재에 조율하기 시작하면, 여러분이 실재이고 이원성 의식에서 창조된 모든 것이 비실재임을 알 수 있습니다. 따라서 비실재가 진정한 여러분에게 영향을 미치게 내버려둘 의무가 없습니다. 또한 비실재에 대해 진정한 여러분이 특정한 방식으로 반응해야 한다는 자연법칙도 없습니다. 이제 여러분은 자신이 누구인지, 왜 여기에 있는지 알기 때문에 현명한 선택을 하기 시작할 수 있습니다. 여러분을 통해 빛이 흐르기 위한 조건 설정하기를 중단하면 지구상의 문제가 무엇인지 그리고 그것을 어떻게 극복해야 할지 알 수 있습니다.

말씀이나 빛, 생명의 흐름이 자신의 진아(Self)를 통해 어떻게 표현되어야 하는지 조건을 설정하면 열린 문이 될 수 없고 메신저가 될 수 없습니다. 많은 사람이 진정으로 이해하지 못한, 존재라는 개념의 본질은 무엇입니까?

모세가 산에 올랐을 때, 자신에게 말하고 있는 신에게 그(신)의 이름을 물었던 것으로 거슬러 올라갑니다. 전통적인 번역은 "나는 스스로 존재하는 자(I AM THAT I AM)"입니다. 실제 번역은 "나는 스스로를 초월해가는 존재(I WILL BE WHO I WILL BE)"입니다. 나는 조금 전 내가 누구였는지 상관없이 어느 순간이든 "나는 스스로를 초월해가는 존재"입니다. 지금, 이 순간, "나는 스스로를 초월해가는 존재"입니다. 다른 사람들이 내가 미래에 어떤 사람이 되어야 한다고 생각하든 상관없습니다. 미래가 지금이 되는 순간, "나는 스스로를 초월해가는 존재"입니다.

여러분이 '존재'하고 있는 지금, 자신에게 떠오르는 모든 것을 표현하고 있습니다. 과거의 어떤 순간에 어떤 표현을 했든, 여러분은 이런 정신적 이미지를 만들면 안됩니다. "과거에 이렇게 했기 때문에 미래에도 그렇게 해야 한다. 조금 전에 표현한 것 때문에 앞으로는 표현을 제한해야 한다." 여러분이 존재 안에 있을 때, 생명의 강의 흐름 속에 있습니다. 여러분은, 바로 지금, 생명이 여러분을 통해 표현하기를 원하는 모든 것을 표현하고 있습니다. 이것을 외면의 마음으로 판단하고 평가하고 분석할 필요가 없습니다. 그냥 흘러가도록 내버려두면 됩니다.

많은 사람이 미래나 과거에 머물러 있지만, 여러분은 지금 현재 (NOW)에 존재한다는 것을 알고 있습니까? 그들은 과거와 자신이 저지른 실수를 되돌아보고는, 과거에 저지른 실수가 현재와 미래에 어떻게 해야 하는지에 대한 패턴을 설정한다는 악마의 속삭임을 믿습니다. 혹은 그들은 지금보다 더 나은 사람이 되어야 한다는 것을 깨닫는 영적인 자각을 얻습니다. 그들은 자신이 되고 싶은 모습의 이미지를 만들고, 항상 그 틀에 자신을 맞추려고 노력합니다. 그렇게 해서 그들은 거짓 자아의 영적인 가면을 만듭니다. 그들은 스스로를 행동하는 그리스도가 되는 것으로부터 영원히 멀어지는 벌을 주고 있습니다.

존재(Being)와 그리스도 의식은 매우 유사한 용어입니다. 그리스도란 무엇일까요? 그는 생명의 강과 함께 흐르는 존재이고, 그녀는 생명의 강과 함께 흐르는 존재입니다. 그리스도 의식에는 규칙이 없습니다. 어떤 사람이 되어야 하는지, 여러분의 존재를 어떻게 표현해야 하는지에 대한 규칙이 없습니다. 여러분은 생명의 강과 함께 흘러가고 있습니다. 생명의 강이 원하는 것은 무엇이며, 흐르는 목적은 무엇입니까? 그것은 모든 생명을 높이는 것입니다. 여러분이 존재할 때, 주어진 상황에서 어떻게 행동해야 하는지 어떤 조건도 붙이지 않습니다. 여러분은 이렇게 말하지 않습니다. "나는 영적인 스승들로부터 어떻게 행동해야 하는지 특정한 통찰력을 받았기 때문에 모든 유사한 상황에 이렇게 대응해야 한다." 여러분은 생명의 강과 함께 흐르고 있습니다.

"실수 의식" 초월하기

여러분이 한 어떤 일을 다른 사람들이 실수라고 생각할지라도 여러분은 그것이 실수라고 여기는 의식 상태에 빠지지 않습니다. 왜 그럴까요? 사랑하는 이들이여? 여러분이 조금 전에 어떤 사람이었든, 지금, 이 순간에는 누구든 될 수 있는 완벽한 자유와 권리가 있다는 것을 알기 때문입니다. 조금 전에는 부족했더라도 이제 더 나은 사람이 되기로 선택할 수 있습니다.

왜 과거를 분석하고 불평할까요? 왜 여러분이 있어야 할 곳에 있지 않다는 분리의 이미지를 강화할까요? 여러분은 존재의 표현이었던 한 가지 일을 합니다. 아마도 이것이 여러분이 되고 싶었던 전부가 아니라는 것을 경험하게 될 수도 있습니다. 여러분은 흐르고 전환합니다.

가만히 서서 분석하고 "내가 왜 그런 실수를 했을까? 앞으로는 어떻게 하면 그런 실수를 하지 않을 수 있을까?"라고 말하지 않습니다. 이렇게 분석에 들어가면 더 나아지는 것이 아니라 흐름에서 자신을 분리하게 됩니다. 흐름 속에 있으면 실수가 없습니다. 이것이 왜 그럴까요? 여러분이 생명에 대한 봉사의 흐름 속에 있기 때문입니다. 생명의 강은 무엇을 추구하나요? 그것은 모든 생명을 높이려고 합니다. 거리에 나가서 특정한 사람을 만났는데 그 사람이 특정한 의식 상태에 있다고 상상해 보세요. 그 사람은 여러분이 얻은 영적인 이해의 충만함을 받을 준비가 되어 있지 않을 수 있습니다. 그 사람에게는 그리스도의 이름으로 찬물 한 잔, 어떤 표현, 어떤 단어 등 무엇이든 필요할 수 있습니다. 그 사람은 자신의 여정에서 다음 단계로 나아가기 위해 특정한 열쇠가 필요합니다.

여러분은 한 번에 그 사람을 구원하려는 것이 아닙니다. 여러분은 그 사람의 의식 상태를 고려하여 그것에 따라, 그보다 높이려고 노력하고 있습니다. 분석적인 마음이 작동할 때 "이 사람, 이런 유형의 사람은 이런 식으로 도와야 한다."라는 데이터베이스를 만들고 싶을 것입니다. 이제 분석적인 마음, 즉 에고가, 여러분이 만나는 모든 사람을 평가하고 이렇게 말하게 됩니다. "저 사람은 어느 파일 폴더에 속할까? 그 사람에게는 어떤 표식을 붙일 수 있을까? 이제 나는 언제든지 그런 종류의 사람에게 어떻게 행동해야 하는지 알게 되었어."

각각의 사람은 고유한 개인입니다

　모든 사람은 고유한 개인이므로 사람의 유형, 사람의 종류를 만드는 것은 불가능하며, 이는 여러분이 스스로 잘 알고 있습니다. 자신을 들여다보고, 진정한 나로 돌파하기 위해 얻어야 하는 것을 얻지 못했다면, 그것은 다른 사람들과 같은 방식으로 돌파구를 찾을 수 없기 때문이라는 것을 깨닫게 됩니다. 존재를 해방시켜 줄 특별한 개별적인 열쇠와 통찰력이 필요합니다. 다른 사람들로부터 도움과 영감을 받을 수도 있지만, 자신을 온전히 받아들이는 데 방해가 되는 특정한 개별적인 장애물, 즉 자신의 눈에서 들보를 봐야 하는 시점이 옵니다.

　사랑하는 이들이여, 지구상의 다른 모든 사람도 마찬가지입니다. 그러므로 분석적인 마음에 갇혀 있는 한 생명에 대해 온전한 봉사를 할 수 없습니다. 여러분은 생명의 강에 '존재'함으로써, 그것과 함께 흘러야만 완전한 봉사를 할 수 있습니다. 어떤 사람을 만나면, 여러분은 그 사람이 다음 단계로 나아가는 데 필요한 것을 자연스럽게 표현합니다. 그러면서 이렇게 말하는 습관을 만들지는 않습니다. "아, 나는 항상 이렇게 행동해야 해, 그것이 그 사람에게 정말 도움이 되었으니까. 다른 모든 사람에게도 같은 방식으로 도움을 줄 수 있을 거야." 여러분은 "도구 상자에 있는 도구가 망치밖에 없다면 모든 문제가 못이라고 생각하게 된다."라는 유명한 속담에서 언급된 그런 함정에 빠집니다. 항상 해왔던 것처럼 망치로 두드려야 합니다. 그러나 사랑하는 이들이여, 생명은 분류할 수 있는 것이 아닙니다.

생명은 기계 장치가 아닙니다

　더 깊은 차원을 이해하기 위해 연구하고 또 연구한 유물론적 과학자들을 보세요. 육체의 내부를 들여다보기 위해, 시신을 부검하기 시작했을 때, 먼저 몸 안의 장기가 보였습니다. 눈에 보이는 장기와 뼈, 구조의 수준에서는 질병을 완전히 설명할 수 없습니다. 과학이 발전하면서, 즉 소위 과학의 발전과 함께 그들은 장기 내부에 더 작은 단위, 즉 세포들이 있다는 것을 깨달았습니다.

한동안 그들은 "이제 우리는 생명과 건강의 수수께끼를 풀어줄, 모든 문제점을 발견할 수 있는 궁극의 단위를 발견했다."라고 생각했습니다. 그러다가 그들은 세포들 안에 DNA나 다른 더 작은 구조가 있다는 것을 깨달았습니다. 하지만 세포들은 분자들로 이루어져 있습니다. 분자들은 원자들로 구성됩니다. 원자들은 아원자 입자들로 구성되는데, 여기서 멈췄습니다. 그들은 실제로 신체를 구성하는 구성 요소를 이해하면, 프랑켄슈타인 박사가 시도했던 것처럼, 신체의 기계식 복제품을 조립하면 마술처럼 살아날 수 있다고 믿습니다.

생명은 기계적인 것, 즉 기계라고 믿는 사람들이 있습니다. 올바른 기어와 레버, 도르래만 만들 수 있다면 기계가 돌아가기 시작하고 살아 있는 형태를 만들 수 있다고 믿습니다. 하지만, 그렇지 않습니다. 양자물리학은 아원자 입자들 수준을 넘어 아원자 입자들이 어떻게든 의식과 연결되어 있다는 것을 인정하고 있습니다. 이것은 모든 것이 의식의 표현이라는 것을 깨닫게 되는, 현대 과학에서 빠진, 연결고리입니다.

따라서 생명은 의식의 표현입니다, 생명은 살아 있습니다. 그것은 분류할 수 없고, 예측할 수 없고, 또한 기계적인 것이 아니기 때문입니다. 그것은 도르래와 지렛대, 기계의 이런저런 부분으로 해체될 수 없습니다. 생명은 자발적입니다. 생명은 창조적입니다.

여러분이 존재의 흐름 속에 있을 때, 만나는 모든 사람에게 정확히 그 사람이 필요로 하는 것이 될 것입니다. 어떤 사람에게는 어머니의 부드러운 격려와 양육이 필요할 수 있습니다. 다른 사람은 완벽주의와 우월감의 상태에서 충격을 받아야 할지도 모릅니다. 또 다른 사람은 특정한 정신적 이미지에 너무 갇혀 있어서, 그 정신적 이미지의 관점에서 보면 실수처럼 보이는 일을 여러분이 한 다음, 그 실수에 얽매이지 않고 앞으로 나아갈 수 있음을 보여주어야 할 수도 있습니다.

이것이 '존재'입니다. 사랑하는 이들이여. 이것이 치유와 어떤 관련이 있을까요? 진정한 치유는 여러분이 존재의 흐름, 생명의 강 흐름으로 들어가서, 이제 빛이 흐를 수 있도록 하는 것입니다. 물론 대부분의 경우 네 하위체 모두에 막힘이 있지만, 특히 상위 존재의 빛이 육체로 들어가지 못하게 막는 것은 감정체입니다. 감정체는 육체 바로 위에서 진동하고 있습니다. 지적으로 무언가를 이해할 수 있고 "나는 영적인 존재다."라고 반복해서 긍정할 수도 있지만, 빛이 감정체를 통과할 수 없으면 육체를 치유할 수 없습니다. 세포들이 더 빠르게 진동할 수 있는 가속을 제공하지 못해서, 말 그대로 불순물을 제거할 수 없습니다.

감정은 적이 아닙니다

감정을 억누르지 않고 감정이 적이 아니라는 것을 인식하는 지점에 과감히 이르러야 합니다. 여러분의 감정은 삶의 충만함을 가져오고 여러분이 가진 상위 비전을 물리적으로 구현하는 데 필요한 하나의 표현입니다. 여러분은 완벽한 건강이 어떤 모습이어야 하는지에 대한 좋은 정신적인 비전을 가질 수 있습니다. 그 비전에 집중할 수도 있고, 그 비전을 외적으로 인정할 수도 있습니다. 그러나 그 비전을 진정으로 느끼지 못하고, 완전한 건강을 느끼지 못하고, 완전함을 느끼지 못하면 그 완전함이 육체에 침투하여 영양을 공급할 수 없습니다.

무엇이 육체에 영양을 공급할까요? 알파와 오메가가 있습니다. 음식, 열, 햇빛 등을 통해 섭취하는 오메가 측면이 있으며, 이는 육체에 영양을 제공합니다. 방금 설명했듯이 우리 몸은 기계 그 이상입니다. 영적인 영양을 공급받아야만 기능할 수 있습니다. 우리가 먹는 음식은 영양분인 비타민과 미네랄을, 육체가 흡수할 수 있게, 몸으로 가져다주는 매개체일 뿐이지만, 감정은 영적인 빛을 물질층으로 가져와 세포들이 그 영적인 빛을 흡수하고 그로 인해 가속되고 영양을 공급받을 수 있게 하는 매개체이기도 합니다.

감정이 막혀 있다면 어떻게 빛이 내려올 수 있을까요? 육체는, 말하자면, 방치되고, 물질세계에 홀로 남겨져 있으며, 이것은 완전한 치유를 가져올 수 없습니다. 자신이 실제로 느끼는 감정을 억누르거나 부정하거나 도망치려 하지 않는 방향으로 기꺼이 전환하세요. 자신의 감정에 귀 기울이세요. 감정을 인정하세요. 필요하다고 느껴지면 감정을 표현하고, 감정의 흐름이 감정체를 통과하도록 하세요.

지금, 성모 마리아는 내맡김의 필요성에 관해 이야기했습니다. 감정을 억누르고 감정을 분석하고 분류해야 한다는 생각 자체를 포기해야 합니다. 감정은 움직이는 에너지를 의미합니다. 감정을 범주에 넣고 표식을 붙이려 하면 흐름이 멈추게 됩니다. 부정적인 감정을 부정적인 것으로 분류하고 억누르려고 노력해서는 부정적인 감정을 극복할 수 없습니다. 부정적인 감정을 만든 신념을 극복하고, 그 신념을 가속하고, 그래서 낮은 진동으로 오용된 감정 에너지를 가속함으로써 극복할 수 있습니다.

부정적인 감정을 파괴하거나 부정하면 어떻게든 흐름이 일어날 것으로 생각하는 것이 아니라, 흐름을 다시 회복함으로써 이렇게 할 수 있습니다. 다시 말하지만, 이원성 의식인 에고가 (말 앞에 수레를 놓은 것처럼) 모든 부정적인 감정을 없애기만 하면, 흐름이 자신의 감정체를 통해 들어오는 것이 당연하다고 생각하는 것은 매우 일반적입니다. 현실적으로 부정적인 감정을 없애는 유일한 방법은 흐름을 다시 회복하는 것입니다. 고주파 에너지의 흐름을 다시 회복시켜야만, 감정체에 축적된 낮은 진동 에너지를 변형하거나 가속할 수 있습니다.

감정을 차단하고 감정을 인정하지 않는 습관이 배어 있다면, 여러분은 딜레마(catch-22)에 빠진 것입니다. 그렇다면 방정식을 바꾸기 위해 무언가를 해야 합니다. 그것은 치료가 될 수도 있고 영적인 수련이 될 수도 있습니다. 나는 성모 마리아의 로자리들과 기원문들(초월 도구들[15] 참조)이 환영에 도전하여 네 하위체를 통해 흐름을 다시 회복하도록 특별히 고안되었다고 장담할 수 있습니다. 또한 나는 긍정적인 것에 초점을 맞추는 활동에 참여하여 긍정적인 느낌이 여러분을 통해 흐르는 것을 느낄 필요가 있다고 반드시 말하고 싶습니다.

이것은 영적인 활동일 수도 있고, 앞서 말한 것처럼, 음악일 수도 있습니다. 하지만 많은 사람에게 급진적으로 보일 수 있는 제안을 해도 될까요? 음악을 듣는 동안 실제로 여러분은 더 높은 진동에 조율할 수 있지만, 성모 마리아께서 설명했듯이, 영적인 영역에 조율하기에는 충분하지 않습니다. 다음 단계로 넘어가기 위해서는 그것을 물질세계로 끌어내리고 정박시켜야 합니다.

이것은 다양한 방법으로 할 수 있습니다. 여러분 모두는 서로에게 영감을 주는 긍정적인 대화를 나눌 때 그러한 흐름이 생긴다는 것을 경험해 보았을 것입니다. 여러분 중 많은 사람이 이미 상당한 수준의 흐름을 회복했습니다. 세상의 다른 많은 사람은 그 과정을 시작하지 않았고 너무 막혀서 다른 무언가가 필요합니다. 물론 치료는 유효한 선택권입니다. 그러한 감정들을 표현하는 것도 유효합니다.

다른 사람에게 방해가 될까 걱정하지 않고 혼자 있을 수 있는 장소를 찾은 다음 (자연이나 어느 정도 닫힌 방, 또는 자동차 운전 중에) 그곳에서, 어떤 감정이든 말로 표현하는 것이 좋습니다. 자신의 감정에 조율하고 그것을 말로 표현하고 말하기 시작합니다. "이것이 내가 느끼는 감정이다." 분노든 증오든 그 감정 자체를 표현하세요. 그 감정을 볼 수 있도록 표현하세요. 물론 나중에 언제든지 돌아가서 로자리나 디크리를 통해 빛을 불러 에너지를 변형하고 변환시킬 수 있습

니다.

감정 표현 및 오용한 에너지 표현

사랑하는 이들이여, 한 가지를 깨달으세요. 여러분 중 대다수는 부정적인 감정을 표현하면 그것으로 자신이 에너지를 오용하고 있다고 생각합니다. 그러나 여러분이 무엇을 하는 것일까요? 여러분은 이미 감정체 안에 있는 것을 표출하는 것이므로 그 에너지는 이미 오용되어 있습니다. 그것은 단지 움직일 수 없을 뿐입니다.

감정을 표현함으로써 여러분은 교착 상태를 깨고 에너지가 움직이기 시작합니다. 움직임이 있을 때 위로부터 빛이 흐르기 시작할 수 있습니다. 이제 감정체에는 그것이 흘러 들어올 공간이 생겼습니다. 여러분은 딜레마를 깨고 감정을 표현합니다.

이렇게 하면 해방감을 느낄 수 있습니다. 아직 말할 수 없다면 글로 써보세요. 예로부터 많은 사람이 해왔던 것처럼 자신의 생각과 감정을 일기에 써보세요. 글로 적으면 내면에서가 아니라 외부에서 그것들을 바라볼 수 있으므로 감정으로부터 자신을 분리하기 시작할 수 있습니다.

마지막으로, 다시 한번 다른 사람을 방해하지 않을 만한 장수를 찾는 다음 영적인 영역으로 인식을 높이는 노래를 부르기 시작하는 것이 좋습니다. 노래를 시작하며 흐름이 점점 더 빨라지도록 하세요. 왜냐하면 노래와 함께 흐르고 노래를 통해 이 흐름이 흘러오게 하는 것은 큰 가치가 있기 때문입니다.

여러분 모두는 음악을 듣는 대신 이제 음악을 연주하는 사람이 되기 때문에 이렇게 할 수 있습니다. 나는 여러분 중 많은 사람이 청중 앞에 서서 노래하거나 연주할 만큼 충분히 잘하는 공연자가 되는 것이 신성한 계획에 포함되어 있지 않다는 것을 잘 알고 있습니다. 그러나 노래나 연주를 하는 사람들은 그 안에 큰 해방감과 흐름이 있다는 것을 알게 될 것입니다.

나는 여러분 모두에게 흐름을 회복하라고 말하고 있습니다. 왜냐하면, 여러분 존재의 어떤 일부가 이렇게 말하는 것을 알아챌 수 있기 때문입니다. "오, 아니요. 나는 그렇게 하지 않을 것입니다. 나는 내 목소리로 목청껏 노래하지 않을 것입니다. 그것은 어리석은 제안입니다. 어떻게 상승 마스터가 그런 제안을 할 수 있습니까?" 그 특정한 경험은 여러분이 빛에 조건을 부과하여 빛의 흐름을 어떻게 억제했는지를 보여주는 예입니다. "아, 빛은 나를 통해서 이것을 표현할 수 없어."

이것은 수줍음이나 열등감 또는 적절하거나 적절하지 않은 것에 대한 이러한 미묘한 감정, 즉 이러한 미묘한 믿음이 어떻게 여러분의 존재를 통한 생명의 흐름을 막는 조건이 되는지 보여주는 많은 예 중 하나일 뿐입니다. 성모 마리아께서 말했듯이, 그렇게 많은 사람이 수년 동안 영적인 가르침을 공부했지만— 왜 자신의 말을 실천에 옮기지 못하고 진정으로 변화하지 못하는 것일까요? 글쎄요, 그것은 그들이 흐름을 막는 특정한 조건을 붙잡고 있기 때문입니다.

6광선의 입문

이것이 바로 여러분이 앞선 다섯 가지 광선의 입문을 통과한 후 여섯 번째 봉사의 6광선에 이르는 이유입니다. 성모 마리아께서 설명했듯이, 시작했던 지점으로 완전히 돌아갈 때까지는 영성을 물질세계로 가져오는 것을 시작하지 못합니다. 이제 여러분은 이론적 개념이 아닌 통합된 개념의 영성을 갖게 되었습니다. 여러분은 영성을 "저기 외부"의 무언가를 목표로 삼는 대신, 자신이 누구인지 받아들일 수 있는 곳으로 완전히 돌아왔습니다. 여러분은 물질세계에서, 자신의 존재를 표현하고 있는 영적인 존재로서, 자신을 받아들입니다. 완전한 수용에 도달하려면 실천해야 합니다. 어떻게 실천하나요? 사랑하는 이들이여, 여러분은 다른 형태의 생명에 봉사하는 것으로 실천합니다.

진정한 봉사란 무엇입니까? 그것은 봉사가 여러분 자신의 필요나, 인정받고 싶고, 유용하다고 느끼고, 안정감을 느끼고, 우월함을 느끼고, 기분이 좋아지기 위한 에고의 욕구 때문에 하는 것이 아니라는 것을 깨닫는 것입니다. 여러분의 에고는 에고의 욕구를 강화하기 위해 봉사를 하도록 유도하는 영적인 가면을 만들 수 있습니다.

진정한 봉사는, 여러분이 이렇게 말할 때입니다. "이 사람은 특정한 욕구를 가지고 있고, 나는 그 욕구를 충족시킬 수 있는 열린 문이 되는 데 나 자신의 특성이 방해가 되어서는 안 된다." 또는 다른 방법으로 이렇게 말할 수도 있습니다. "상승 마스터들이 무언가를 표현하고 싶어 하는데, 나의 외적인 성격이 이런 일이 일어나는 것을 방해하도록 내버려둘 수 없다." 이것은 예수께서 자신의 진정한 가르침에 대한 새로운 인식을 불러일으키기 위해, 자신을 열린 문으로 사용하기를 원한다는 것을 깨달은 메신저가 스스로에게 한 말입니다. 그는 자신에 대한 불안감으로 이렇게 말해야 했습니다. "예수의 길을 가로막을 수는 없다. 그 길에서 벗어나야 한다."

더 큰 명분을 위해 봉사하거나 다른 사람들을 위해 봉사하기 시작할 때 비로소 분리된 자아의 욕구로부터 자신을 분리하는 과정이 진정으로 시작됩니다. 여러분은 자신이 생명을 위해 봉사해 왔다고 생각할 수 있고, 상당수는 진정으로 생명을 위해 봉사하고 있습니다. 그러나 나는 여러분 중 일부와 세상의 많은 사람이 봉사라고 여긴 외적인 봉사 '행위'를 했지만 분리된 자아의 욕구를 충족시키기 위해 그렇게 했다는 사실을 알려주고 싶습니다. 따라서 그들은 봉사함으로써 분리된 자아의 "실체"를 강화했습니다.

특정한 교회에서 인도주의적 임무를 수행하며 신을 섬기는 데 평생을 바친 종교 운동에 종사하는 많은 사람을 솔직하게 살펴보세요. 그들은 자신의 그리스도교 신앙이나 자신이 속한 특정한 교회의 우월성을 보여주고 싶은 의도를 교묘하게 덧씌워서, 이를 수행했습니다. 심지어 테레사 수녀도 가톨릭 교회를 무비판적으로 받아들임으로써 오염되었듯이 말입니다. [마더 테레사의 신앙의 위기에 대한 더 많은 가르침은 "상승 마스터들에게 물어보세요[16]" 웹사이트를 참조하세요.] 이런 사람들은 외적으로 선한 행위를 하더라도 선한 행위를 많이 할수록 에고 환영, 즉 그것이 선하다는 환영을 강화할 뿐입니다. 에고는 선한 행위를 계속하면 결국 신의 눈에 들 수 있는 궁극적인 선의 상태에 도달할 것으로 생각합니다.

성모 마리아께서 혼인 잔치의 비유를 통해 설명했듯이 이런 일은 절대로 일어나지 않을 것입니다. 온 세상을 속일 수는 있어도 신을 속일 수는 없습니다. 신은 진정한 봉사와 소위 자기중심적인 봉사의 차이를 아십니다. 신은 모든 사람의 가슴, 여러분의 가슴을 아십니다.

여러분에게는 자유의지가 있습니다. 분리된 자아의 완성을 위한 탐구를 추구하는 경험을 원한다면 얼마든지 계속할 수 있습니다. 사랑하는 이들이여, 이것은 여러분의 권리입니다. 나는 여러분에게 무엇을 선택하라고 말하러 온 것이 아닙니다. 단순히 여러분이 가진 선택의 현실을 설명하기 위해 여기에 있습니다. 많은 사람이 하늘에 들어가는 유일한 길은 분리된 자아를 완전하게 하는 것이며, 대안이 없다고 생각하게 되었습니다. 그들은 분리된 자아보다 자신의 정체성이 더 크다는 것을 알지 못합니다. 여러 선택지가 있다는 것을 모르는데 어떻게 자유로운 선택을 할 수 있을까요?

두 개의 문 앞에 서 있는데, 하나의 문 뒤에 무엇이 있는지 알고 있고 안전하다고 느끼지만, 다른 문 뒤에 무엇이 있는지 모른다면, 어떻게 어느 문으로 들어갈지 자유롭게 선택을 할 수 있을까요? 우리 상승 마스터들은 사람들에게 다른 선택이 있다는 사실을 알려줄 권리가 있으며, 그것은 우리의 기쁨입니다. 그들은 자신을 검증하기 위해

분리된 자아가 만든 잘못된 봉사 의식에 갇혀 있는 대신 다른 대안을
가지고 있습니다.

자유롭지 않다는 환영

자신의 삶을 정직하게 들여다보면, 다른 사람에게 봉사하거나 그들
을 돌봐야 한다고 생각하는 특정한 관계를 맺어왔다는 사실을 깨닫게
될 것입니다. 이것은 여러분이 특정한 이미지, 특정한 환영을 만들었
기 때문이며, 다른 사람을 돌봐야 한다고 생각할 때 무의식적으로 다
음과 같이 말하고 있는 것입니다. "나는 누구인지, 무엇이 되고 싶은지
자유롭게 선택할 수 없다. 나는 이 외적인 봉사를 수행해야 하므로
내 존재의 자유로운 표현을 억눌러야 한다."

세상의 많은 사람이 봉사를 행하고 있지만, 진정한 봉사의 의식 상
태에서 그 일을 하고 있지 않습니다. 그들은 다른 사람에게 봉사하기
위해서는, 여러분이 그들의 필요를 채워주거나 특정한 방식으로 행동
해야 한다고 생각합니다. 조금 전에 내가 했던 말을 다시 생각해 보
세요. 길을 걷다가 어떤 사람을 만났다고 가정해 봅시다. 그 사람은
특정한 필요를 가지고 있으며, 그 사람에게 온전히 봉사하려면, 정확
히 그 사람에게 필요한 것을 제공해야 더 높은 곳으로 올라갈 수 있
습니다.

외적인 분석하는 마음은 여러분이 어떻게 봉사해야 하는지, 다른
사람들에게 무엇을 주어야 하는지에 대한 일종의 이미지를 확립해야
한다고 말할 것입니다. 내 전체 담화를 다시 읽거나 들어보면 내가
존재(Being)에 대해 말한 것이 여러분의 이해를 여는 열쇠라는 것을
알게 될 것입니다.

특정한 사람을 만날 때 그 사람이 필요로 하는 것은 알파와 오메가
측면이 있으므로 그 사람의 필요가 문제가 아닙니다. 그 사람의 필요
는 오메가입니다. 알파는 바로 여러분 자신입니다. 따라서 여러분을

통해 표현할 수 있는 것입니다. 나는 여러분에게 어떤 종류의 봉사를 어떻게 제공할지 외면의 마음으로 결정하라고 요청하는 것이 아닙니다. 나는 여러분의 존재가 상대방이 필요로 하는 것을 자발적으로 표현할 수 있도록 자신의 존재를 통한 흐름을 다시 회복하라고 요청하고 있습니다. 그 사람이 갇혀 있는 상태보다 더 높은 의식 상태가 있다는 예와 시범 외에 다른 사람에게 필요한 것이 무엇일까요?

외면의 마음, 분리된 자아로는 이것을 보여줄 수 없습니다. 생명의 강 흐름 속에 있어야만 그것을 보여줄 수 있습니다. 여러분이 그 흐름 속에 있을 때, 그리고 여러분의 상위 존재가 다른 사람에게 필요한 것을 얼마나 자발적으로 제공하는지 볼 때, 이것이 여러분과 여러분의 표현을 제한할 것이라고 느끼지 않을 것입니다. 그것이 여러분의 진정한 '존재'에 대한 가장 자연스럽고 즐거운 표현으로 느낄 것입니다.

억지로 봉사하려고 애쓰는 것과 그냥 흐름 속으로 걸어 들어가서 자신의 진정한 존재가 빛을 발하고 다른 사람에게 도움이 될 수 있는 것을 자발적이고 창의적으로 이끌어내는 것의 차이를 알겠나요? 이것이 봉사의 진정한 기쁨입니다. 여러분은 마스터 모어의 표현을 들어보았을 것입니다. "봉사에 대한 보상은 더 많은 봉사이다." 진정한 봉사를 할 때 느끼는 기쁨, 더 경험하고 싶어지는 그런 기쁨을 느끼기 때문입니다. 모든 것이 기쁨이 되는 봉사의 흐름에 완전히 몰입하게 됩니다.

여러분의 삶 전체가 기쁨이 됩니다. 여러분은 항상 어떤 형태로든 봉사하고 있습니다. 여러분이 상위 존재와 조용히 합일하고 하나가 되어 혼자 앉아 있더라도, 단순히 상위 존재의 빛이 네 하위체를 통해 흐르고 형태의 세계로 발산되는 것을 느끼기만 해도, 이것도 봉사입니다. 존재 안에서 진정으로 봉사하는 방법에는 정해진 규칙이나 제한 또는 조건이 없습니다. 그것은 다면적이며, 여러분 각자는 여러분의 I AM 현존 안에 고유한 결정 구조를 가지고 있습니다. 빛이 그것을 통해 흐를 때, 여러분은 다른 어떤 존재도 할 수 없는 신의 존재에 대한 고유한 표현을 하게 됩니다.

여러분이, 그 표현이 자신을 통해 나오도록 허용할 때 신은 여러분을 통해 그 충만함을 경험하고 계십니다. 여러분은 기쁨을 경험하며, 그 기쁨은 표현된 것에 대한 창조주 자신의 기쁨입니다. 여러분은 창조주의 그 기쁨을 경험합니다. 모든 것이 기쁨이라는 것을 알 때까지 그 기쁨을 따르고 그것과 결합할 수 있습니다. 모든 형상의 근본적인 실체는 무조건적이고, 끝이 없고, 끊임없이 흐르고, 창조적이고, 자기를 초월하는 기쁨입니다. 기쁨은 삶의 원동력입니다. 삶은 지복입니다. 분리된 자아에게는 무의미한 말이지만, 기쁨의 흐름 속에 있는 것을 경험하면 궁극적인 의미를 갖게 됩니다. 여러분의 인내에 감사를 표합니다. 나의 나눔과 여러분의 받음으로 여러분이 어느 정도 기쁨을 얻는 선택을 했기를 바랍니다. 다른 경험을 하기로 선택했나요? 나는 여러분을 무조건 사랑하고 받아들입니다. 여러분은 미래의 어느 순간에라도 기쁨인 I AM에 조율하기로 선택할 수 있습니다. 예수께서 세상에 기쁨을 가져오기 위해 6광선으로 오셨듯이, 나는 기쁨의 흐름과 하나입니다. 그 흐름 안에 있으면서 세상에 기쁨이 되세요.

11
7광선: 삶의 저울을 균형 잡기

레이디 마스터 폴셔와 성 저메인이 함께한 담화

폴셔는 내 이름이고 여러분은 그것을 정의의 여신이라는 칭호와 연관시킵니다. 그러나 내 앞에서 말한 모든 마스터들과 마찬가지로 나는(I AM) 그 이상입니다. 사랑하는 이들이여, 여러분은 정의가 심각한 문제라고 생각할 수 있고 정의와 기쁨을 연관시키지 않을 수도 있습니다. 그러나 나는 정의의 여신이라는 공직에 많은 기쁨이 있다고 확신할 수 있습니다. 사실 나는 정의의 여신이 아니라 균형의 여신이라는 이미지를 여러분에게 주고 싶습니다.

정의의 보편적인 상징은 무엇일까요? 저울이 아닐까요? 나는 진정한 치유를 실현하는 것의 의미가 무엇인지에 대한 새로운 관점을 여러분에게 주기 위해 왔습니다. 정의의 개념에 대한 더 높은 이해에 도달하는 것은 절대적으로 - 나는 일부러 절대적이라고 말합니다 - 필요합니다. 정의를 완전히 이해할 때만 자유로울 수 있습니다.

지상의 정의라는 개념은 극단적으로 이원적이지 않습니까? 실수나 범죄를 저질렀을 때 감옥에 갇히는 등 처벌을 받아야 한다는 개념이 포함되어 있지 않나요? 소수의 사람만이 이해하는 어떤 기준에 따라 "충분히" 처벌을 받았을 때만 풀려날 수 있고, 말하자면 자유로워질 수 있습니다.

영혼이 자유로워지기 위해서는 모든 잘못에 대해 벌을 받아야 하는 것처럼 보일 수 있습니다. 실제로 지구상에는 병에 걸리면 자신이 틀림없이 무언가 잘못한 것이 있다고 생각하는 사람들이 너무 많습니다. 따라서 그들의 질병은 어떻게 보든, 신의 형벌입니다.

진짜 신은 여러분을 판단하지 않습니다

사람들은 다른 사람을 쉽게 정죄하며, 그들이 어떻게든 나쁜 사람이고 신이 그들을 벌하고 있다고 느낍니다. 근본적인 믿음은 사람들이 신에 대한 잘못된 이미지를 만들어냈다는 것입니다. 그들은 신이 하늘에 앉아 근엄한 표정으로 긴 수염을 쓰다듬으며 여러분을 내려다보고 있고, 여러분이 저지른 모든 실수, 특히 하늘에 계신 신을 대표한다고 주장하는 지상의 교회에 순종하지 않는, 소위 신성 모독에 대해 여러분을 정죄할 준비가 되어 있는 궁극적인 심판자라고 생각합니다.

여러분이 신을 두려워하도록 자랐음에도 불구하고, 그래서 그 외적인 두려움을 통해 지구상의 제도와 그 계층구조에 순종하도록 했음에도 불구하고, 그들은 또한 이 신이 선하다고 믿기를 원합니다. 선한 신이라면, 그렇다면, 사람들을 병에 걸리게 할 수 없습니다. 사람들이 병에 걸리는 것은 그들이 저지른 잘못에 대한 처벌로만 이해될 것입니다. 신이 고통과 아픔과 질병과 죽음이 있는 세상을 창조하는 실수를 할 수 없으므로 그들이 뭔가 잘못한 것이 틀림없습니다.

이 땅에서 흔히 볼 수 있는 정의의 개념은 외적이고 판단하는 신에 대한 잘못된 개념과 복잡하게 연결되어 있습니다. 예수께서는 모든 심판을 아들에게 맡기셨기 때문에 아버지는 아무도 심판하지 않는다고 말씀하지 않으셨나요? 아들은 그리스도 의식입니다. 그리스도 의식은 하나(One)이며 하나됨(Oneness)입니다. 그것은 자유의지를 가진 모든 자기-의식하는 존재들이 자유의지를 자유롭게 실험할 수 있도록 되어 있습니다. 그들이 아무리 낮은 의식 상태로 내려갈지라도 그들은 언제든지 그리스도를 향해 손을 뻗을 수 있습니다. 그러면 그리스도는 그들이 그 제한적인 의식 상태에서 벗어날 수 있도록 도와줄 것입니다. 이것이 구원자 그리스도의 진정한 의미입니다.

그리스도는 인간이 판단하는 방식으로 판단하지 않습니다. 그리스도 의식이 항상 그 근원과, 신성한 아버지와, 창조주와 하나라는 의미에서, 그리스도는 어제, 오늘 그리고 영원히 동일한 그 움직이지 않는 암반일 뿐입니다.

그리스도 의식의 심판은 하나됨과 분열을 분리하는 것이며, 하나됨과 하나됨의 의식에 전념하는 사람들을 여전히 분리의 환영에 집착하고 포기하지 않는 사람들과 분리하는 것입니다.

죄와 벌은 이원성에서 비롯됩니다

죄의 개념에서 볼 때, 어떤 종류의 죄나 잔혹 행위도 분리된 자아와 동일시될 때만 가능합니다. 죄란 무엇인가요? 그것은 다른 사람에게 해를 끼치면서 자기자신에게 이익이 되는 행위를 하는 것입니다. 분명히 그것은 모든 생명을 높이려는 하나됨을 기반으로 할 수 없습니다. 죄는 오직 이원성 의식에서 비롯될 수 있습니다. 지구상에서 죄를 다루는 방법에 대한 개념 또한 이원성 의식에서 비롯된다는 것을 알 수 있습니다.

정의에 대한 인간의 개념은 실제로 신의 정의를 왜곡한 것입니다. 내가 말했듯이 어느 한 방향으로 치우치지 않는 균형, 즉 균형 잡힌 저울로 생각해야 합니다. 어느 방향을 말하는 것인가요? 저울의 한쪽이 무거우면 그 한쪽 극단으로 끌려가는 두 극단의 이원성이 있습니다. 다른 쪽이 더 무거우면, 다른 극단으로 끌려갑니다. 예를 들어, 어떤 사람들은 저울에서 소위 이기심이 더 무거울 수 있습니다. 따라서 사람들이 악이라고 부르는 극단 쪽으로 무게가 실리게 됩니다. 나다께서 방금 설명했듯이, 많은 사람이 겉으로는 봉사하는 것처럼 보이지만 실제로는 분리된 자아를 위해 봉사하고 선해 보이기 위해 봉사합니다. 그런 다음 그들은 저울의 반대 쪽을 무겁게 합니다.

많은 사람은 과거에, 심지어 전생에 악행을 저질러 저울이 한쪽으로 기울어져 있다면, 이번 생에 선을 행하여 저울의 반대 쪽에 무게를 두면 점차 균형이 맞을 것으로 생각합니다. 많은 선행을 베풀어 저울의 반대쪽을 올릴 수는 있지만 균형을 유지할 수는 없습니다. 균형을 잡을 수 없으면 저울은 다른 불균형 상황이 발생할 때까지 즉시 반대편 아래로 움직이기 시작합니다. 여러분은 이제 상대적인 악의 극단에서 상대적인 선의 반대 극단으로 이동하고 있으며, 이는 무조건적인 선이 아니므로 신의 선이 아닙니다.

물론 무조건적인 악은 없습니다. 그러므로 저울의 균형을 맞추기 위해서는 상대적인 악의 편이나 상대적인 선의 편 어느 쪽에도 조건이 없도록 양쪽 접시를 모두 비워야 합니다.

신은 여러분이 벌을 받기를 원하지 않습니다

네 하위체에서 치유의 충만함을 경험하려면 이 의식을 똑바로 바라보고 그것이 환영이라는 것을 보아야 합니다. 신이 여러분의 실수에 대해 처벌을 원한다는 것은 완전한 환영입니다. 고통을 받음으로써 어떻게든 자신의 죄나 다른 사람의 죄, 심지어 인류의 죄를 보상할 수 있다는 것은 완전한 환영입니다. 십자가에서 흘린 그리스도의 피가 모든 인류의 죄를 보상했다는 것은 완전한 환영입니다.

지금까지 여섯 가지 관점에서 설명했듯이 신은 무조건적인 존재입니다. 무조건적인 신은 과거의 실수로부터 자유로워지기 위해 처벌을 받으라고 요구하지 않습니다. 무조건적인 신은 여러분이 저지른 모든 실수가 진정한 여러분인 의식하는 자아가 이원성 의식에서 지구에 창조된 배역 중 하나와 자신을 동일시하게 되었기 때문에 저지른 실수라는 것을 알고 있습니다. 어떤 실수를 저질렀건 말건 그것은 당시 여러분의 의식 상태를 표현한 것입니다.

신은, 여러분이 신 자신의 존재의 확장이기 때문에, 여러분이 그 이상이라는 것을 알고 계십니다. 신의 유일한 바람은 무엇일까요? 그것은 여러분이 진정한 자신과 하나되어 진정한 정체성 감각을 재확립하고 따라서 이렇게 말할 수 있는 것입니다. "나는 과거에 그런 실수를 하지 않았다. 그때 나는 다른 사람이었다. 나는 그 실수를 저질렀을 때의 그 사람, 그 자아감을 죽도록 내버려두었다. 나는 다시 태어났고 이제 그리스도 안에서 새로운 존재가 되었다." 물론 이것은 거짓으로 꾸밀 수 없습니다.

나는 여기서 사람들이 책임을 질 필요가 없다고 말하는 것이 아닙니다. 그들은 자신이 특정한 의식 상태에 있었던 이유가 특정한 선택을 했기 때문이라는 것을 알아야 합니다. 그들은 과거의 선택을 무력화함으로써, 즉 넘어서고 초월함으로써 그 의식 상태에서 벗어날 수 있습니다.

여러분이 기꺼이 넘어설 때, 옛사람을 죽게 하고 새 사람을 기꺼이 입을 때, 여러분은 다시 태어나고 새로운 사람이라는 것을 인식하는 그 지점에 와야 합니다. 그러므로 여러분은 과거의 실수, 죄, 오류, 범죄 또는 그것이 무엇이든 실수를 하지 않았습니다. 죄악을 저지르지 않았는데도 여전히 처벌을 감수해야 한다는 것이 무슨 의미가 있을까요?

특정한 의식 상태에서 자유로워지는 유일한 방법은 옛 자아감을 죽게 하고 새로운 자아감으로 다시 태어나는 것입니다. 그러면 여러분은 새로운 존재가 됩니다. 정체성이 바뀌고 다시 태어나는 것입니다.

죄의 개념은 여러분이 충분히 고통받거나 보라색 불꽃을 충분히 기원하거나 일종의 보상으로 간주될 수 있는 다른 일을 할 때까지 일정 시간 동안 가지고 있어야 한다는 카르마의 개념으로, 그 개념은 이원성 의식에서만 나올 수 있습니다.

과거의 잘못을 보상하기 위해 더 많이 노력할수록, 더 열심히 노력할수록, 분리된 자아의 실체를 더 많이 확인할수록 분리된 자아의 수명을 연장하게 됩니다. 아마도 육체적 질병을 짊어지는, 그런 벌을 받아 마땅한 사람이라는 정체성 감각을 통해 생명 에너지를 주는 한, 그것이 존재할 수 있습니다.

카르마, 죄, 질병 등을 통해 여러분을 처벌하는 외부의 신은 존재하지 않습니다. 이전에 설명했지만, 다시 설명하겠습니다. 여러분이 물질 우주에서 마주하는 모든 조건은 여러분이 마터 빛의 흰 화면에 투사하고 있는 정신적 이미지의 구현입니다. 그 이미지는 여러분의 의식에만 존재합니다. 그것은 영화 영사기의 필름들과 같으며, 그 빛은, 네 하위체에서 필름들을 통해 흘러나오는, 여러분 I AM 현존의 빛입니다. 진정으로 자신의 의식을 바꿀 때, 여러분은 필름들을 갈아 끼우고, 따라서 빛이 통과하는 이미지를 바꿉니다. 영화 영사기에서 필름들을 바꾸면 스크린의 이미지도 바뀌지 않나요? 요점을 이해한 것 같으면 대답을 해주세요. [청중: "예"하고 답합니다]

몸을 바꾸기 위해 마음을 바꾸세요

그렇다면 진정으로 의식을 바꾸면 육체와 그 안의 어떤 상태도 바뀐다는 것을 적어도 생각하기 시작해야 하지 않겠습니까? 그 상태는 마터 빛에 투사된 정신적 이미지일 뿐입니다. 영화 스크린 자체는 영사되는 영화에 의해 바뀌지 않듯이 마터 빛도 마찬가지입니다. 영사기의 필름들을 바꾸면 화면의 이미지를 즉시 바꿀 수 있고, 마음속의 이미지를 바꾸면 육체의 구현을 즉시 바꿀 수 있습니다.

사랑하는 이들이여, 이것은 절대적인 진리이지만 인간이 그것을 받아들이기는 매우 어렵습니다. 그들은 물질이 견고하고 변하지 않으며 영구적이라고 믿는 분리된 자아의 필터를 통해 물질세계를 바라보는 데 너무 익숙합니다.

분리된 자아는 왜 이렇게 믿을까요? 분리된 자아는 물질 우주와 동일한 진동수로 만들어졌기 때문에 분리된 자아, 에고에게 물질은 변할 수 없는 것입니다. 물질을 넘어선 마음이라는 개념에 대해 들어보았을 것입니다. 에고는 결코 물질을 변화시킬 힘을 가질 수 없습니다. 같은 진동을 가진 것은 같은 진동수 스펙트럼 내의 다른 것으로 바꿀 수 없습니다. 낮은 진동은 낮은 진동에 의해 변경될 수 없습니다. 낮은 진동은 더 높은 진동에 의해 가속되어야만 바뀔 수 있습니다. 더 높은 진동은 어디에서 오는 것일까요? 자, 그것은 여러분의 I AM 현존에게서 나오는데, 그것이 어떻게 육체로 내려올까요? 그것은, 여러분의 의식하는 마음을 나타내는 육체를 포함하여, 여러분의 네 하위체를 통해 내려와야 합니다.

루르드에 와서 어떤 사람들은 치유를 받고 어떤 사람들은 치유를 받지 못하는 이유는 무엇일까요? 성모 마리아께서 말한 것처럼, 치유를 받은 사람들은, 질병이 즉시 사라질 수 있다고 받아들이는, 의식하는 마음의 전환을 할 수 있습니다. 그들이 이것을 신의 기적으로 보는 것은 중요하지 않습니다. 중요한 것은 그들이 인식을 전환하고 물질의 변화 가능성을 받아들일 수 있을 정도로 그것을 믿느냐는 것입니다.

물질은 무한히 변화할 수 있지만, 물질적인 결과 뒤에 있는 그 원인, 즉 정신적 이미지, 마음의 상태를 기꺼이 바꿀 수 있을 때만 가능합니다. 질병이 자신이 저지른 잘못에 대한 벌이라는 미묘한 믿음, 즉 자신이 벌을 받아 마땅하고, 구원받고 하늘에 가기 위해, 한동안 고통을 받아야 한다고 믿는다면 어떻게 즉시 그 질병에서 벗어날 수 있다는 것을 받아들일 수 있을까요? 치유를 어떻게 받아들일 수 있을까요? 사랑하는 이들이여, 어떻게 완전함을 받아들일 수 있습니까?

이것은 참으로 모든 사람이 직면해야 하는 시험입니다. 그것은 예수가 물질을 즉시 변화시킬 수 있는 높은 진동의 빛의 열린 문이 되어, 사람들이 그리스도의 기적이라고 부를 만한 수준의 통달에 이르기 위해 직면해야 했던 시험입니다. 그것들은 전통적인 의미의 기적이 아니라 단순히 더 높은 법칙의 구현입니다. 내가 말했듯이 이원적 의식을 통해 물질의 진동을 바꾸는 것은 불가능합니다. 예수가 "인간에게는 불가능하다."라고 표현했습니다. 인간적인, 이원적인, 분리된, 필멸의 의식 상태에서는 마음의 힘을 통해 물질을 변화시킬 수 없습니다.

오직 물질층에서 행사할 수 있는 힘을 통해서만 물질을 변화시킬 수 있습니다. 그래서 의료 기술이 질병을 파괴하고 그 과정에서 신체를 파괴함으로써 질병을 강제로 변화시키는 힘을 강화하려는 것을 여러분은 실제로 볼 수 있습니다. 여러분은 예수께서 수행 기간이 끝날 무렵에 깨우친 진정한 깨달음, 즉 진정으로, 정직하게, 절대적으로, 현실적으로 마음을 바꾸면 물질의 어떤 상태도 순식간에 바꿀 수 있다는 참된 깨달음에 도달해야 합니다.

죽음의 의식 극복하기

그 앎, 그 수용에서 여러분을 끌어내는 것은 무엇인가요? 그것은 바로 "죽음"이라고 불리는 의식입니다. 죽음은 물질이 영구적이고 변화하기 어렵다는 의미에서 죽음을 최후의 적이라고 불렀습니다. 그 이면에는 물질이 실재하고 독립적인 존재라는 감각이 있습니다.

물론 이것은 신을 반역하고 신과 신의 왕국으로부터 자신을 분리하여 신이 없는 세상을 만든 타락한 존재들의 환영에 근거한 것입니다. 따라서 그들은 모든 사람에게 죽음의 의식을 전파하여 그것을 강화하려고 합니다. 그들은 죽음을 피할 수 없는 것으로 받아들이고 물질을 실재하고 신과 분리된 것으로 받아들입니다. 그럼으로써, 내면에서 빛을 받을 수 없어서 빛이 없는 타락한 존재들에게 그들의 빛을 줍니다. 왜 그럴까요? 그들은 궁극적인 분리의 상태로 가기로 선택했기 때문입니다.

분리의 상태에는 여러 단계가 있으며, 궁극적인 상태에 이르기 전까지는 여전히 I AM 현존으로부터 여러분을 지탱시키는 약간의 빛을 받습니다. 궁극적인 분리 상태에 이르면 빛을 받아들이려 하지 않기 때문에 더 이상 빛을 받을 수 없습니다. 신이 빛을 거두어들여서 빛이 없는 것이 아닙니다. 루시퍼, 사탄 또는 누구든지 상상할 수 있는 가장 어두운 존재조차도, 신은 그들에게서 빛을 철회하지 않습니다. 신은 여전히 그들이 하나됨으로 돌아오기를 바랄 뿐이지만, 그들은 빛을 받을 능력이나 의지, 가치 등을 절대적으로 거부하는 지점에 이를 수 있습니다.

그 시점에서, 여러분은 여전히 위로부터 빛을 받고 있지만 두려움, 분노 또는 사랑이 아닌 낮은 감정으로 인해 빛을 오용하는 다른 사람들로부터 빛을 받아야만 어떤 형태의 자아, 어떤 형태의 인식을 유지할 수 있습니다. 여러분은 실제로 이 세상이 죽음의 의식이라는 겁은 구름으로 둘러싸여 있음을 보게 될 것입니다. 그것은 죽음이 마지막 적이 되는 이유입니다. 왜냐하면 물질이 실재라는 환영을 극복하기가 매우 어렵기 때문입니다.

여러분의 오감은 물질이 실재한다고 말하고 있습니다. 여러분의 외적이고 분석적인 마음조차도 물질이 실재한다고 말하고 있습니다. 따라서 즉시 바꿀 수는 없습니다. 외면의 마음과 감각으로는, 그렇게 견고해 보이는 물질 배후에 오직 빛–의식만이 존재하며, 의식은 즉시 바뀔 수 있다는 것을 알 수 없습니다.

여러분은 모두 슬픔의 상태에서 기쁨의 상태로, 또는 그 반대로 순식간에 마음을 바꿀 수 있는 방법을 경험해 보았을 것입니다. 마음이 순식간에 바뀌는 것이 얼마나 간단한지 생각해 보세요. 여성들이 마음을 수천 번 바꾼다는 비난을 자주 받는다는 점을 생각해 보세요. 여성은 언제든지 마음을 바꿀 수 있는 완벽한 권리가 있다는 현실을 더 잘 알고 있습니다. 신은 여러분에게 자유의지를 주었습니다. 하루 동안이든, 10년 동안이든, 혹은 1만 년 동안이든 특정한 마음 상태를 선택했다고 해서 그 마음 상태를 무한정 계속 유지해야 한다고 누가 말했습니까?

이것이 바로 죽음의 의식입니다. 사랑하는 이들이여. 죽음의 의식은 여러분이 일단 금단의 열매를 먹고 이원성 의식에 참여하는 실수를 저지른 이상 그 이원성 의식을 절대 극복할 수 없다고 말합니다. 사탄의 교회는 일단 회원가입을 하면 절대 탈퇴할 수 없으며 영혼을 악마에게 넘겨주었기 때문에 결코 되돌릴 수 없다고 말합니다. 물론, 물질세계에서 영구적인 것은 없다는 것이 실재입니다. 비실재인 것은 실재에 영구적으로 영향을 미칠 수 없습니다.

자신이 진짜라는 것을 알 때, 여러분이 한 어떤 약속도 어떤 저주도 어떤 환영도, 더 이상 약속을 하거나 실수를 하거나 죽음의 의식을 받아들인 사람이 아니라고 결심하는 순간 이후로는, 여러분을 붙잡아 둘 수 없다는 것을 알게 됩니다. 여러분은 다시 태어났고, 따라서 여러분은 자유롭습니다. 여러분은 원하는 것이 될 자유가 있습니다. 여러분 안에 계신 신이 이렇게 말씀하실 것입니다. "나는 스스로를 초월해가는 존재(I Will Be Who I Will Be)이다. 그리고 이제 나는 이전보다 그 이상이 되기로 선택한다." 그 선택으로 여러분은 다시 태어나고 자유로워집니다.

자유는 도망쳐서는 찾을 수 없습니다

어떤 상황으로부터 도망치는 한 그 상황을 극복할 수 없다고 여러

번 말했습니다. 두려움을 기꺼이 직면하지 않는 한 두려움을 극복할 수 없습니다. 그렇다면 어떻게 죽음을 극복할 수 있을까요?

세상에 얼마나 많은 사람이 죽음에 대해 생각하지 않거나, 부정하거나, 생명을 연장하기 위해 온갖 수단을 동원하며 죽음으로부터 도망치려 하는지 보세요. 그러나 그것은 진정으로 육체의 삶, 또는 오히려 육체가 필요하다고 생각하는 분리된 자아의 삶입니다. 분리된 자아의 일부는, 특정한 육체를 따르기 위해 태어났으며, 육체가 죽으면 죽을 것입니다. 비록 여러분의 에고 일부가 유령을 포기하여 죽게 내버려 둘 때까지 여러분과 함께 움직이더라도 말입니다.

죽음을 어떻게 극복할 수 있을까요? 죽음에 대한 두려움을 기꺼이 직면하는 것입니다. 죽음에 대한 두려움을 직면해야만 죽음조차도 환영이라는 것을 알 수 있습니다. 여러분은 육체가 죽는다고 해서 죽지 않습니다. 여러분은 계속 살아갈 것입니다. 임사 체험을 읽어 보고, 사람들이 육체에 대한 집착을 놓아버렸을 때 얼마나 육체에서 벗어나는 것이 매끄럽고 수월하며 고통스럽지 않았는지 확인해 보세요. 갑자기, 사람들이 (혹은 오히려 그들의 존재가) 훨씬 더 확장된 의식으로 더 높은 공간에서 자신을 찾을 수 있었습니다.

육체를 가진 삶에 대한 좁은 관점을 넘어 인식을 확장하는데 두려울 것이 무엇입니까? 그것은 마치 오랫동안 감옥에 갇혀 있다 보니 침대에 집착하는 죄수와 같습니다. 간수가 문을 열고 이렇게 말합니다. "복역 기간이 만료되었습니다. 나가세요." 죄수는 이렇게 말합니다. "나는 떠나고 싶지 않습니다! 떠날 수 없어요! 이 감방을 나가면 나 자신이 누구인지 모르게 될 것입니다!"

아, 사랑하는 이들이여, 아마도 여기서 우리는 저울의 균형을 맞추기 위해 죽음의 의식, 처벌 의식의 진짜 문제를 다루고 있습니다. 마이트레야께서 그의 책에서 자세히 설명했듯이, 신비학교의 영적인 성소에서 영적인 스승이 여러분을 자급자족해야 하는 지점으로 데려가는 시점이 있습니다. 지금까지 스승은 자유의지를 실험할 수 있는 안전한 환경을 제공했습니다. 그분은 여러분이 실험을 통해 만든 카르마를 스스로 짊어졌습니다. 여러분은 어떤 부담감도 없었지만, 마음속에서 만든 조건을 경험하고 있는 것을 책임져야 하는 지점이 옵니다.

이 지점은 (바라건대) 여러분이 존재의 알파 측면인 I AM 현존과 충분히 하나가 되어, 자신의 상위 존재를 어떻게 물질세계에서 표현할 것인지를 결정하는 오메가 측면을 성취할 능력과 의지가 있는 지점입니다. 마이트레야께서 설명했듯이, 의식하는 자아의 역할은 자신이 누구인지, 어떤 사람이 되고 싶은지를 결정하고 물질층에서 표현하는 것입니다.

비록 I AM 현존 안에 결정 구조(crystalline structure)를 가지고 있고, 개별적인 특성을 부여하는 신의 불꽃을 가지고 있더라도, 여전히 물질세계에서 그것을 어떻게 표현할 것인지에 대해 여러분은 완전한 자유를 가지고 있습니다. 우리가 말했듯이, 여러분은 원하는 모든 경험을 할 권리가 있습니다. 현실은 영적인 여정에서 스승이 물러나서, 여러분이 누구인지, 어떤 사람이 되어야 하는지, 자유의지를 어떻게 사용하고 창조력을 어떻게 표현해야 하는지, 더 이상 말하지 않는 시점이 온다는 것입니다. 그때, 여러분의 상위 존재에게 더 가까이 다가가 하나가 되고, 나다께서 설명한, 존재의 자발적인 흐름을 표현할 수 있습니다. 또는 완전한 자유를 두려워하여 두려움의 진동을 선택하고, 이원성 상태로 들어가 에고를 만들 수 있습니다.

에고가 여러분을 위해 하는 일

사랑하는 이들이여, 에고는 여러분을 위해 무엇을 하나요? 의식하는 자아인 여러분이 더 이상 선택을 할 필요가 없고, 에고가 그것을 대신할 것이라는 환영을 제공합니다. 에고는 어떻게 선택할까요? 에고는 자기-의식하는 존재가 아니라서 선택의 갈림길에 설 수 있는데,

어떻게 선택할까요? 에고는 인생이라는 극장에 들어가서 미리 정해진 배역을 찾고 "아, 이것이 내가 되어야 할 사람이다."라고 말합니다. 그리고는 그 역할을 맡아서 수행해야 합니다. 이제 여러분은, 자신이 창조적일 수 없고 특정한 방식으로만 살아야 하는, 유한한 필멸의 인간이라고 생각합니다. 사랑하는 이들이여, 여러분은 일련의 조건을 받아들였고 이것이 바로 자신이라고 생각합니다.

마이트레야께서 설명했듯이 영적인 존재로서 이전의 자아감은 죽었습니다. 여러분은 이제 유한한 존재, 아니 정확히는 그것이 유한하다고 생각하는 존재로 다시 태어났습니다. 이것이 영적인 죽음입니다. 에고는 어떻게 지금 여러분이 있는 곳에 이르렀는지 절대 돌아보면 안 된다는 환영을 만듭니다. 타락한 존재들은 여러분이 이원성으로 들어가기로 한 선택에서, 결정을 내리지 않기로 한 선택에서, 결코 벗어날 수 없다는 잘못된 감각을 만들어냈습니다. 그들은 여러분이 그 분리 상태에 영구적으로 머물기를 원합니다. 실재는 언제든지 선택을 취소하고 자신의 힘, 자신이 누구인지, 이 물질세계에서 어떤 사람이 되고 싶은지, 자신을 표현하고 싶은 방법, 경험하고 싶은 것에 대해 선택을 할 수 있는 의지를 되찾을 권리가 있다는 것입니다.

그래서 우리는, 여러분이 비참한 경험을 원한다면 그 경험을 받아늘이고, 그것이 자기 선택의 결과임을 인식하라고 말했습니다. 여러분은 그 경험에서 어떤 종류의 성취감을 추구하기 때문에 그렇게 하고 있습니다. 나는 여러분이 제한된 경험을 완전히 받아들이는 순간, 그것을 바로 통과할 것이라고 장담합니다.

죽음을 받아들임으로써, 죽음 속으로 들어가, 죽을 것이라고 생각할 수 있습니다. 그렇지 않습니다. 죽음을 받아들이면 죽음 속으로 들어가 그것이 환영임을 알게 될 것입니다. 여러분은, 결코 죽을 수 없는 무한한 창조주의 확장이라는 것을 알 때, 분리된 자아의 관점에서 정말 현실 같아 보이는 것이 완전히 비현실이라는 것을 아는 상태로,

반대편에서 나타날 것입니다.

관점을 어떻게 바꾸나요? 자신을 제한한다고 생각하는 것에서 도망치는 것이 아니라 그것과 부딪히고, 직시하고, 신에게 무언가를 숨김으로써 자신에게 그것을 숨기려 하지 않는 것입니다. 이것이 바로 고해성사라는 개념의 가치인데, 물론 외부 기관에 의해 왜곡되어 왔습니다. 이 개념은 여러분이 제한된 의식 상태를 받아들였다는 것을 자신과 신에게 정직하게 고백하는 것입니다. 그런 다음 그것을 고백하고 인정함으로써 여러분은 이미 그것으로부터 자신을 분리하기 시작했다는 바로 그 현실을 받아들입니다.

이원적 역할, 이원적 자아감 안에 있으면 그것이 무엇인지 볼 수 없습니다. 여러분은 그 안에서 세상을 바라보고 있습니다. 그것은 마치 외부 세계로 향하는 작은 구멍만 있는 건물 안에 있는 것과 같습니다. 밖을 볼 수는 있지만 전경의 아주 작은 부분만 볼 수 있습니다. 건물 밖으로 나가면 전경을 볼 수 있습니다. 그 건물 또한 볼 수 있으므로, 그 건물 안에 있을 때 시야가 얼마나 제한적이었는지 알 수 있습니다. 물론, 특정하게 조건화된 정체성 감각이 자신을 어떻게 제한하는지 알기 시작하면, 더 이상 그 안에 완전히 갇혀 있지 않습니다.

여러분은 그 조건으로 인해 십자가에 못 박혔다는 것을 깨닫는 최종 지점에 이를 때까지, 단계적으로 분리 과정을 계속할 수 있습니다. 자신을 십자가에 못 박고 있는 의식 상태로는 십자가에서 내려올 수 없습니다. 예수가 십자가에서, 성모 마리아에게 대천사가 나타났을 때, 그리고 여러 시대에 걸쳐 다른 사람들이 시범 보이긴 했지만, 지구상에서 사람들이 거의 경험하지 못한 완전하고 무조건적인 항복의 마지막 행동에서, 여러분은 유령을 포기해야 합니다.

어떤 조건이나 환영도 포기하는 무조건적인 내맡김은 해방과 자유, 기쁨과 같은 것입니다. 육체적 죽음을 포함해서, 두려워하는 것으로부터 도망치는 대신 그것을 받아들입니다. 그 순간 죽는다면, 후회도 미련도 미완성된 일의 느낌도 없이 지구를 떠날 수 있다는 느낌을 경험하게 됩니다.

그 순간 여러분은 이제 모든 생명을 들어올리기 위해 참된 봉사를 하는 보살로 다시 태어날 수 있습니다. 저울의 한쪽을 높이거나 다른 쪽에 다른 이원적 조건을 달아 저울의 균형을 맞추려고 하는 것이 무익하다는 것을 알 수 있도록 도와줄 수 있습니다. 대신, 여러분은 그들이 저울로 표현된 전체 의식을 초월하는 것이 가능하다는 것을 볼 수 있도록 돕고 있습니다. 여러분은 이원성을 초월하고 그것에서 벗어나 신이 모세에게 표현했던 완전한 자유에 이를 수 있습니다. "나는 스스로를 초월해가는 존재(I Will Be Who I Will Be)입니다."

여러분과 함께한 것은 우리 모두의 큰 기쁨이었습니다. 이제 나 폴셔는 뒤로 물러나고 사랑하는 배우자 성 저메인이 앞으로 나와 여러분을 봉인할 것입니다.

성 저메인

사랑하는 이들이여, 자유의 신에게 봉인될 필요가 있다고 느끼나요? 여러분이 반-자유의 세력들의 실체를 인식하지 못한다면, 내가 여러분을 어떻게 봉인할 수 있을까요? 그들이 완전히 비실재라는 것을 알면, 여러분은 어떻게 그들로부터 봉인될 필요가 있다고 할 수 있을까요? 어떻게 여러분이 보호를 필요로 하겠습니까? 그것들은 비실재적인 조건, 즉 마음의 환영으로 만들어졌기 때문에 비실재라는 것을 알 수 있습니다.

그러나 여러분은 실재하는데, 어떻게 비실재가 실재에 영향을 미칠 수 있겠습니까? 그 깨달음 속에서 여러분은 궁극적으로 자유롭습니다. 여러분은 죽음을 초월합니다. 왜냐하면, 비실재인 죽음은 삶에 영향을 끼칠 수 없고 이처럼 죽음은 그 날카로움을 잃었기 때문입니다. 죽음은 자유에 대한 여러분의 승리, 존재의 완전한 자유인 반면, 죽음은 여러분이 존재할 수 없다는 미묘한 감각이므로, 자신을 제한하고, 자신을 통해 신의 존재를 제한합니다.

사랑하는 이들이여, 어떻게 하면 궁극적으로 자유로워질 수 있을까요? 그것은 자유가 어떤 조건으로부터의 자유가 아니며, 어떤 조건과도 상대적이지 않다는 것을 깨닫는 것입니다. 자유는 조건을 초월한 진동이며 무조건적입니다. 그것은 의식 상태입니다. 끊임없이 자신을 초월하는 의식의 흐름입니다. 자유는 언제나 그 이상이며, 자유롭게 그 이상을 표현하며, 어느 때나 그 이상이 되기 때문에, 그 초월성 안에서 어떤 제한된 표현으로 고정되거나 억제될 수 없습니다.

여러분은 어떻게 자유로워질까요? 여러분은 그 흐름, 그 의식하는 영(Spirit)과 하나가 되고, 지구를 대표하고 지구와 하나이며 자유로운 의식하는 존재인 I AM과 하나가 됨으로써 자유롭게 됩니다. 여러분이 진정으로 자유로워지고 싶다면, 나는 여러분에게 나와 하나가 되는데 도움을 주고자 합니다. 나는 다른 것은 할 수 없습니다. 여러분에게 외적인 가르침을 줄 수 없으며, 자신의 외부에서 오는 것으로 인지하는 빛조차 줄 수 없습니다. 여러분에게 줄 수 있는 것은 오직 '내 전체 존재, 나의 자유의 영' 이것뿐입니다. 여러분이 그것과 통합되면 자유와 하나가 될 것이며, 어떤 조건도 자신을 제한할 수 없다는 것을 알게 될 것입니다.

자유가 여러분을 통해 퍼지도록 하세요

여러분은 물리적으로 육화한 이곳 지상에서, 예수가 보여주었고, 붓다가 보여주었던 것, 즉 죽음이나 죽음의 두려움에 제한받지 않는 존재로 있을 수 있습니다. 여러분은 조건에 구애받지 않고 신이 여러분을 통해 표현하고자 하는 모든 것을 자유롭게 표현할 수 있습니다. 이것을 보여줌으로써 다른 사람들이 여러분의 자유를 경험할 수 있도록, 그들이 자유로워질 수 있는 잠재력을 일깨우는 것입니다. 이것이 자유가 전염되고 인류의 의식이 고양되는 방법이며, 사람들은 어제 자신을 제한했던 것이 비실재였음을 알게 됩니다.

여러분은 오랜 세월에 걸쳐 '자유'의 성장을 보았습니다. 어떤 사람들은 한 조건을 떠나 그저 또 다른 조건을 만드는 것을 보았습니다. 그런데도 전반적으로 자유가 성장하고 있다는 것을 알 수 있습니다. 말하건대, 지금은 성 저메인의 시대이며, 자유로워지고자 하는 사람은 누구나 자유로워질 수 있는 자유의 시대입니다.

사랑하는 이들이여, 죽음에 대한 두려움조차 포기하고 어떤 조건도 포기하는 궁극적인 치유와 궁극의 완전함을 기꺼이 경험하세요. 이곳 지구에 서서 여러분은 자유로운 존재임을 선언하세요. 무한한 존재를 지배할 수 있다는 환영으로부터 그들을 자유롭게 함으로써 모든 삶을 높이고자 하는 여러분의 영과 여러분을 통한 영의 표현을 제한하는 그 어떤 조건도 받아들이지 않겠다고 선언하세요.

이것이 나의 제안입니다. 그것을 숙고하세요. 그러나 숙고를 넘어 나의 진동에 조율하세요. 나는 자유로우므로 시간과 공간에 한정되어 있지 않습니다. 이것은 내가 여러분이 어디에서든 그리고 매 순간 여러분과 함께한다는 의미입니다. 나는(I AM) 신 의식 안에서 모두 곳에 존재하고 있습니다. 나는 시간과 공간의 모든 곳에 있을 뿐만 아니라 시간과 공간을 초월하여 어디에나 있습니다. 하지만, "시간과 공간을 넘어선 모든 곳"이라는 말은 의미가 없습니다. 왜냐하면, 공간에서만 이곳에 대한 감각이 있고 시간에서만 과거, 현재, 미래에 대한 감각이 있기 때문입니다.

나는(I AM) 무한하고 조건 없는 신의 존재 안에 있습니다. 여러분은 그 존재에서 나왔고, 육체와 외적인 마음이라는 겉으로 보이는 한계를 통해 그 자유를 표현하기로 여전히 선택하는 동안에도 그 자유로 돌아갈 수 있습니다.

여러분은 그리스도와 함께 포로들을 해방하려고 이곳에 왔습니다. 여러분이 그들을 변화시키려고 노력함으로써 그들을 자유롭게 만드는 것이 아닙니다. 여러분 자신을 변화시킴으로써 자유로워지고, 따라서 가장 어두운 감옥에서 타오르는 자유의 햇불이 되어 감옥 밖에 빛이 있다는 것을 보여주는 것으로 그들을 자유롭게 합니다.

그러므로 나는 여러분을 봉인하지 않고 나 자신인 자유의 영(the spirit of Freedom that I AM) 안에서 여러분을 자유롭게 합니다.

파트 3
치유의 빛을 기원하기

12
가슴의 비밀 공간 차크라 정화하기

I AM THAT I AM, 예수 그리스도의 이름으로, 나의 I AM 현존이 무한히 초월해 가는 내 미래의 현존을 통해 흐르며, 완전한 권능으로 이 기원을 해주시기를 요청합니다. 나는 사랑하는 오메가와 대천사 우지엘과 비너스께 가슴 차크라의 비밀 공간(secret chamber)에 있는 모든 불순물을 극복할 수 있도록 도와달라고 요청합니다. 내 I AM 현존의 자유로운 사랑의 흐름에 반대하는 모든 패턴이나 힘으로부터 자유로워질 수 있도록 도와주소서...

(여기에 개인적인 요청을 추가하세요)

1. 나는 나 자신을 무조건 받아들입니다

1. 나는 신성한 의미의 사랑은 반대가 있을 수 없다는 것을 받아들입니다. 그렇지 않으면 그것은 신성하지 않을 것입니다.

오 비너스여, 나에게 봉사하는 법을 알려주소서.
나는 우주를 채우는 당신의 아름다움을 바라봅니다.
당신이 금성에서 가져오는 사랑을,
우리 행성들은 줄지어 함께 노래합니다.

오 비너스여, 지고의 신성한 봉사여,

당신은 지구를 인도하는 우주의 안내자입니다.
나는 이제 당신의 무아의 봉사를 따르며,
봉사하는 삶을 살기로 결정합니다.

2. 나는 자신을 변화시키려는 노력을 멈춰야 한다는 것을 받아들입니다. 나는 자신을 있는 그대로, 무조건적으로 받아들임으로써, 분리된 자아의 마지막 환영에서 벗어납니다.

오 비너스여, 당신의 사랑은 열쇠가 되어,
지구의 굳어버린 가슴들을 해방합니다.
힘차게 빛나는 미래를 포용하며,
우리 행성의 이야기를 다시 전개합니다.

오 비너스여, 지고의 신성한 봉사여,
당신은 지구를 인도하는 우주의 안내자입니다.
나는 이제 당신의 무아의 봉사를 따르며,
봉사하는 삶을 살기로 결정합니다.

3. 나는 무조건적인 것을 표현하기 위해 충족해야 할 조건이 없다는 것을 받아들입니다. 사랑은 어떤 조건과도 상관없이 흐르고 흐르며, 초월하고 성장하고 표현합니다.

오 비너스여, 사랑하는 내 어머니시여,
당신의 사랑은 내 가슴을 순수하게 합니다.
나는 신성한 비둘기처럼 내려오는,
사랑을 위해 열린 문입니다.

오 비너스여, 지고의 신성한 봉사여,
당신은 지구를 인도하는 우주의 안내자입니다.
나는 이제 당신의 무아의 봉사를 따르며,

봉사하는 삶을 살기로 결정합니다.

4. 나는 나를 통해 신의 사랑이 흐르게 할 수 있고, 그럴 자격을 가지려면 어떤 완벽한 상태로 이동해야 한다는 개념을 포기합니다.

오 비너스여, 비밀의 선율을 연주하시어,
증오의 해독제가 되게 하소서.
독으로 오염된 가슴들을 부드럽게 치유하면서,
당신은 진실한 사랑의 면모를 드러냅니다.

**오 비너스여, 지고의 신성한 봉사여,
당신은 지구를 인도하는 우주의 안내자입니다.
나는 이제 당신의 무아의 봉사를 따르며,
봉사하는 삶을 살기로 결정합니다.**

5. 나는 사랑이 어떤 조건도 받아들이지 않는다는 것을 압니다. 나는 신을 제한할 수 없고, 사랑을 제한할 수 없으며, 사랑의 표현을 제한할 수 없습니다. 나는 이제 사랑의 흐름과 하나가 된 나 자신을 봅니다.

오 비너스여, 사랑은 모든 결핍을 채워주니,
진실로 사랑은 신의 첫 번째 씨앗입니다.
오 사랑이 꽃피게 하시고, 자라나게 하소서.
당신 사랑의 흐름으로 지구를 정화해 주소서.

**오 비너스여, 지고의 신성한 봉사여,
당신은 지구를 인도하는 우주의 안내자입니다.
나는 이제 당신의 무아의 봉사를 따르며,
봉사하는 삶을 살기로 결정합니다.**

6. 나는 증오, 분노 또는 두려움에 반대되는, 이원적이고 상대적인 사랑의 이미지를 포기합니다. 나는 사랑스럽고 친절한 척하기를 포기합니다.

오 비너스여, 신을 경애하는 사람에게 들리는,
신성한 구체들의 음악이여.
이제 우리는 하나로 목소리를 높이며,
경배와 찬양의 노래를 부릅니다.

오 비너스여, 지고의 신성한 봉사여,
당신은 지구를 인도하는 우주의 안내자입니다.
나는 이제 당신의 무아의 봉사를 따르며,
봉사하는 삶을 살기로 결정합니다.

7. 치유가 필요하다는 의식을 지니고서는 나 자신을 치유할 수 없음을 받아들입니다. 자신이 온전하지 않다고 보는 의식을 지니고서는 자신이 온전해질 수 없습니다.

오 비너스여, 우리는 대열에 합류하며,
사나트 쿠마라께 감사를 드립니다.
우리의 행성에 새로운 삶을 주셨으며,
전쟁과 투쟁 너머로 높여 주셨습니다.

오 비너스여, 지고의 신성한 봉사여,
당신은 지구를 인도하는 우주의 안내자입니다.
나는 이제 당신의 무아의 봉사를 따르며,
봉사하는 삶을 살기로 결정합니다.

8. 나는 내가 온전하지 않다는 환영을 포기합니다. 나는 완전한 자유의지를 가진 자기-의식하는 존재임을 받아들입니다. 나는 내가 원하

는 모든 경험을 창조할 자유가 있습니다.

오 비너스여, 당신의 감미로운 선율은,
이원성의 베일을 불태워버립니다.
우주적인 사랑의 음조에 흡수되어,
우리는 모든 갈등 너머로 올라섭니다.

오 비너스여, 지고의 신성한 봉사여,
당신은 지구를 인도하는 우주의 안내자입니다.
나는 이제 당신의 무아의 봉사를 따르며,
봉사하는 삶을 살기로 결정합니다.

9. 내가 아무리 분리된 정체성 감각과 자신을 동일시해도, 여전히 나 자신이라는 것을 받아들입니다. 나는 이제 사랑의 흐름에서 분리된 역할을 포기합니다.

오 비너스여, 빛나는 새벽 별이여,
당신은 우주의 전령입니다.
신성한 음류가 지구를 자유롭게 하니,
우리 행성은 이제 하늘과 결합되었습니다.

오 비너스여, 지고의 신성한 봉사여,
당신은 지구를 인도하는 우주의 안내자입니다.
나는 이제 당신의 무아의 봉사를 따르며,
봉사하는 삶을 살기로 결정합니다.

2. 나는 변화할 수 있는 나의 힘을 받아들입니다

1. 내가 불완전함의 감각에 빠지게 된 것은 외부의 힘이 아니라, 내가 선택한 것임을 받아들입니다. 그것은 내가 내린 선택이었습니다.

오메가여, 나는 우주의 문 안에 있는,
당신의 보좌를 명상합니다.
나는 알파와 오메가가 공동창조한,
무한 8자 형상에서 탄생합니다.

**오 생명의 노래여, 당신은 생명을 부어주며,
모든 가슴에 진정한 동조를 일으킵니다.
오 신성한 음류여, 당신의 연금술은,
지구를 파라다이스로 변형합니다.**

2. 나는 모든 선택을 바꾸겠습니다. 나를 완전함으로 이끄는 선택으로 대체하고, 내가 무조건적인 것에서 분리되어 있다는 환영에서 벗어날 수 있는 힘이 나에게 있음을 받아들입니다.

오메가여, 당신의 신성한 공간 안에서,
나는 우주의 부모를 포용합니다.
우주적 인종에 합류하는 일은,
무한한 은총임을 나는 압니다.

**오 생명의 노래여, 당신은 생명을 부어주며,
모든 가슴에 진정한 동조를 일으킵니다.
오 신성한 음류여, 당신의 연금술은,
지구를 파라다이스로 변형합니다.**

3. 내가 무가치하다는 감각에서 벗어나려는 노력을 의식적으로 멈춥니다. 나는 그것을 포용하고 그것을 사랑합니다.

중앙태양의 오메가여, 당신은 나에게,
삶이 우주적인 즐거움임을 보여줍니다.
이제 나는 승리를 얻고,

집으로 향하는 여정을 시작합니다.

**오 생명의 노래여, 당신은 생명을 부어주며,
모든 가슴에 진정한 동조를 일으킵니다.
오 신성한 음류여, 당신의 연금술은,
지구를 파라다이스로 변형합니다.**

4. 나는 사랑할 수 없다고 생각하게 만드는 조건을 의식적으로 사랑합니다. 나는 많은 사람이 사랑할 수 없다고 여기는 것을 사랑하며, 더 이상 사랑의 흐름에서 분리되지 않습니다.

오메가여, 여성성이야말로
무한으로 인도하는 문입니다.
나는 당신과 동화되며,
나 자신의 신성을 깨닫습니다.

**오 생명의 노래여, 당신은 생명을 부어주며,
모든 가슴에 진정한 동조를 일으킵니다.
오 신성한 음류여, 당신의 연금술은,
지구를 파라다이스로 변형합니다.**

5. 나는 문제에서 도망치려고 하지 않습니다. 내 문제에 대한 다른 관점을 얻기 위해 그 문제를 사랑합니다. 내가 그 문제가 아니라는 것을 인식합니다. 나는 그 이상입니다. 왜냐하면, 내가 그 이상이라는 것을 경험하기 때문입니다.

오메가여, 당신의 우주적 흐름 안에서,
내 신성한 계획을 명확히 깨닫습니다.
이제 내 가슴은 등불처럼 밝게 타오르고,
나는 모두에게 사랑을 비춰줍니다.

오 생명의 노래여, 당신은 생명을 부어주며,
모든 가슴에 진정한 동조를 일으킵니다.
오 신성한 음류여, 당신의 연금술은,
지구를 파라다이스로 변형합니다.

6. 나는 나의 자유를 빼앗는 조건을 포기합니다. 나는 물질 우주에서 펼쳐지는 드라마에서 나를 특정한 조건, 특정한 역할로 끌어당기는 어떤 것도 없는, 떠다니는 상태에 기꺼이 머물러 있습니다.

오메가여, 우주 어머니의 화염이여,
나는 바로 이 빛에서 나왔습니다.
나는 우주의 게임에 참여하며,
그리스도의 승리를 선언합니다.

오 생명의 노래여, 당신은 생명을 부어주며,
모든 가슴에 진정한 동조를 일으킵니다.
오 신성한 음류여, 당신의 연금술은,
지구를 파라다이스로 변형합니다.

7. 나는 무조건성을 경험합니다. 나는 조건의 세계 너머에 무언가가 있다는 것을 압니다. 나는 그것과 결합하는 다음 단계로 이동하고, 거짓된 사랑의 감각, 조건부 사랑의 감각을 포기합니다.

오메가여, 내가 왜 지구에 내려왔는지,
이제 나는 깨닫습니다.
그러므로 나는 이 행성의 상승을 돕겠다는,
의지로 충만합니다.

오 생명의 노래여, 당신은 생명을 부어주며,
모든 가슴에 진정한 동조를 일으킵니다.

오 신성한 음류여, 당신의 연금술은,
지구를 파라다이스로 변형합니다.

8. 나는 무조건적인 상태에서 이 세상의 어떤 조건도 기꺼이 바라봅
니다. 나는 이제 어떤 조건에도 사랑을 자유롭게 표현할 수 있음을
받아들입니다. 나는 사랑이 나를 통해 어떤 조건으로도 자유롭게 흘
러가게 합니다.

오메가여, 나는 지금 열망합니다.
우주적인 합창단의 대열에 합류하기를.
이 행성을 성화(聖化)하는 그리스도의 불꽃과 함께,
내 가슴은 불타오르고 있습니다.

오 생명의 노래여, 당신은 생명을 부어주며,
모든 가슴에 진정한 동조를 일으킵니다.
오 신성한 음류여, 당신의 연금술은,
지구를 파라다이스로 변형합니다.

9. 나는 자신을 신성한 연인의 사랑의 대상으로 받아들입니다. 나는
신성한 연인과 결합하고, 내가 모든 생명에게 표현되기를 원하는 사
랑을 위한 열린 문임을 압니다. 나는 나의 지복을 자유롭게 따릅니다.

오메가여, 내 가슴은 찬란히 타오르고,
내 삶은 상향의 단계로 들어왔습니다.
이제 내게 비밀의 구절을 가르치시어,
내가 이 행성을 들어올릴 수 있게 하소서.

오 생명의 노래여, 당신은 생명을 부어주며,
모든 가슴에 진정한 동조를 일으킵니다.
오 신성한 음류여, 당신의 연금술은,

지구를 파라다이스로 변형합니다.

3. 나는 무조건적인 존재입니다

1. 나는 내 존재의 핵심인 의식하는 자아가 빈 화면이라는 것을 받아들입니다. 나는 개성을 가지고 창조되었지만, 조건부로 창조되지 않았습니다.

오 비너스여, 나에게 봉사하는 법을 알려주소서.
나는 우주를 채우는 당신의 아름다움을 바라봅니다.
당신이 금성에서 가져오는 사랑을,
우리 행성들은 줄지어 함께 노래합니다.

오 비너스여, 지고의 신성한 봉사여,
당신은 지구를 인도하는 우주의 안내자입니다.
나는 이제 당신의 무아의 봉사를 따르며,
봉사하는 삶을 살기로 결정합니다.

2. 나는 이원적인 조건으로 창조되지 않았음을 받아들입니다. 나는 무조건적인 개별적 특성으로 창조되었습니다.

오 비너스여, 당신의 사랑은 열쇠가 되어,
지구의 굳어버린 가슴들을 해방합니다.
힘차게 빛나는 미래를 포용하며,
우리 행성의 이야기를 다시 전개합니다.

오 비너스여, 지고의 신성한 봉사여,
당신은 지구를 인도하는 우주의 안내자입니다.
나는 이제 당신의 무아의 봉사를 따르며,
봉사하는 삶을 살기로 결정합니다.

3. 나는 이 물질세계에서 오는 어떤 사랑도, 내 안에 내재된 사랑에 대한 갈망을 충족시킬 수 없음을 받아들입니다. 내가 가진 사랑에 대한 갈망은 나의 I AM 현존, 진정한 나와의 하나됨을 위한 갈망입니다.

오 비너스여, 사랑하는 내 어머니시여,
당신의 사랑은 내 가슴을 순수하게 합니다.
나는 신성한 비둘기처럼 내려오는,
사랑을 위해 열린 문입니다.

오 비너스여, 지고의 신성한 봉사여,
당신은 지구를 인도하는 우주의 안내자입니다.
나는 이제 당신의 무아의 봉사를 따르며,
봉사하는 삶을 살기로 결정합니다.

4. 나는 내 I AM 현존에 의해 창조된 나의 잠재력을 성취함으로써, 생명의 강 흐름 속에 있기를 바라는 나의 갈망을 받아들입니다. 나는 공동창조자이며 물질 우주에 신의 왕국을 구현하기를 바랍니다.

오 비너스여, 비밀의 선율을 연주하시어,
증오의 해독제가 되게 하소서.
독으로 오염된 가슴들을 부드럽게 치유하면서,
당신은 진실한 사랑의 면모를 드러냅니다.

오 비너스여, 지고의 신성한 봉사여,
당신은 지구를 인도하는 우주의 안내자입니다.
나는 이제 당신의 무아의 봉사를 따르며,
봉사하는 삶을 살기로 결정합니다.

5. 나는 신의 사랑, 무조건적인 사랑의 계층구조와 그 무조건성의 표현인 모든 존재와 하나인 의식의 흐름을 따릅니다.

오 비너스여, 사랑은 모든 결핍을 채워주니,
진실로 사랑은 신의 첫 번째 씨앗입니다.
오 사랑이 꽃피게 하시고, 자라나게 하소서.
당신 사랑의 흐름으로 지구를 정화해 주소서.

**오 비너스여, 지고의 신성한 봉사여,
당신은 지구를 인도하는 우주의 안내자입니다.
나는 이제 당신의 무아의 봉사를 따르며,
봉사하는 삶을 살기로 결정합니다.**

6. 나는 신의 의식의 흐름을 따르며 신의 사랑의 능력이 참으로 무한하다는 것을 인식합니다. 신은 내가 내맡기고자 하는 모든 조건을 받아들이고 소멸할 수 있습니다.

오 비너스여, 신을 경애하는 사람에게 들리는,
신성한 구체들의 음악이여.
이제 우리는 하나로 목소리를 높이며,
경배와 찬양의 노래를 부릅니다.

**오 비너스여, 지고의 신성한 봉사여,
당신은 지구를 인도하는 우주의 안내자입니다.
나는 이제 당신의 무아의 봉사를 따르며,
봉사하는 삶을 살기로 결정합니다.**

7. 나는 나의 모든 조건을 신 의식의 흐름 속으로 방출합니다. 나는 마스터 모어와의 하나됨 속에서 이렇게 말합니다. "이제 충분합니다."

오 비너스여, 우리는 대열에 합류하며,
사나트 쿠마라께 감사를 드립니다.
우리의 행성에 새로운 삶을 주셨으며,

전쟁과 투쟁 너머로 높여 주셨습니다.

오 비너스여, 지고의 신성한 봉사여,
당신은 지구를 인도하는 우주의 안내자입니다.
나는 이제 당신의 무아의 봉사를 따르며,
봉사하는 삶을 살기로 결정합니다.

8. 사랑은 흐르는 물줄기이며, 무조건성의 원천입니다. 심지어 가장 단단한 바위조차도 조금씩 마모시키며 바위 위로 흘러가는 물처럼 움직입니다.

오 비너스여, 당신의 감미로운 선율은,
이원성의 베일을 불태워버립니다.
우주적인 사랑의 음조에 흡수되어,
우리는 모든 갈등 너머로 올라섭니다.

오 비너스여, 지고의 신성한 봉사여,
당신은 지구를 인도하는 우주의 안내자입니다.
나는 이제 당신의 무아의 봉사를 따르며,
봉사하는 삶을 살기로 결정합니다.

9. 사랑은 무조건 흐릅니다. 아무데도 가지 않는 것 같고, 사람들이 그것을 받아들이지 않고 변하지 않는 것처럼 보여도, 그것은 계속 흐릅니다. 수천 년에 걸쳐 결국에는 분리된 자아라는 단단한 바위를 닳아 없어지게 합니다.

오 비너스여, 빛나는 새벽 별이여,
당신은 우주의 전령입니다.
신성한 음류가 지구를 자유롭게 하니,
우리 행성은 이제 하늘과 결합되었습니다.

오 비너스여, 지고의 신성한 봉사여,
당신은 지구를 인도하는 우주의 안내자입니다.
나는 이제 당신의 무아의 봉사를 따르며,
봉사하는 삶을 살기로 결정합니다.

4. 나는 사랑의 흐름 속에 있습니다

1. 신성한 연인은 사랑하는 사람을 결코 혼자 두지 않고, 흐르기를 멈추지 않으며, 주는 것을 멈추지 않을 것입니다. 결국, 가장 어려운 조건조차도 사랑의 흐름, 영원히 멈출 수 없고 무조건적인 사랑의 흐름에 의해 닳아 없어질 것입니다.

오메가여, 나는 우주의 문 안에 있는,
당신의 보좌를 명상합니다.
나는 알파와 오메가가 공동창조한,
무한 8자 형상에서 탄생합니다.

오 생명의 노래여, 당신은 생명을 부어주며,
모든 가슴에 진정한 동조를 일으킵니다.
오 신성한 음류여, 당신의 연금술은,
지구를 파라다이스로 변형합니다.

2. 흐르는 사랑은 낙담하지 않고 고무되어 더욱더 흘러서 원자 하나, 또 다른 원자 하나, 또 다른 원자, 또 다른 원자를 제거합니다. 곧 생명의 강은 인간 의식이라는 암반에 협곡을 조각하기 시작합니다. 그것은 흐르고, 흐르고, 영원히 흐릅니다.

오메가여, 당신의 신성한 공간 안에서,
나는 우주의 부모를 포옹합니다.
우주적 인종에 합류하는 일은,

무한한 은총임을 나는 압니다.

오 생명의 노래여, 당신은 생명을 부어주며,
모든 가슴에 진정한 동조를 일으킵니다.
오 신성한 음류여, 당신의 연금술은,
지구를 파라다이스로 변형합니다.

3. 의로운 자와 불의한 자, 악한 자와 선한 자에게 내리는 부드러운 사랑의 비처럼, 하늘에서 내리는 부드러운 비에 의해 아무리 거대한 산이라도 시간이 지남에 따라 닳아 없어질 수 있습니다.

중앙태양의 오메가여, 당신은 나에게,
삶이 우주적인 즐거움임을 보여줍니다.
이제 나는 승리를 얻고,
집으로 향하는 여정을 시작합니다.

오 생명의 노래여, 당신은 생명을 부어주며,
모든 가슴에 진정한 동조를 일으킵니다.
오 신성한 음류여, 당신의 연금술은,
지구를 파라다이스로 변형합니다.

4. 사랑에는 정의나 불의가 없고 악함과 선함도 없습니다. 그 흐르는 사랑에는 조건이 없습니다. 그 어떤 조건도 없습니다. 사랑에 있어 조건은 비현실적이고 영구적이지 않습니다.

오메가여, 여성성이야말로
무한으로 인도하는 문입니다.
나는 당신과 동화되며,
나 자신의 신성을 깨닫습니다.

오 생명의 노래여, 당신은 생명을 부어주며,
모든 가슴에 진정한 동조를 일으킵니다.
오 신성한 음류여, 당신의 연금술은,
지구를 파라다이스로 변형합니다.

5. 사랑은 계속 흐르면 아무리 힘든 조건도 닳아 없어진다는 것을 알고 있습니다. 아무리 굳은 가슴도 멈추지 않는 사랑의 흐름에 의해 닳아 없어질 것입니다.

오메가여, 당신의 우주적 흐름 안에서,
내 신성한 계획을 명확히 깨닫습니다.
이제 내 가슴은 등불처럼 밝게 타오르고,
나는 모두에게 사랑을 비춰줍니다.

오 생명의 노래여, 당신은 생명을 부어주며,
모든 가슴에 진정한 동조를 일으킵니다.
오 신성한 음류여, 당신의 연금술은,
지구를 파라다이스로 변형합니다.

6. 내 가슴은 스스로를 바라보며 이렇게 말합니다. "왜 나는 사랑의 흐름에서 계속 분리되어 있을까? 나는 분리되는 경험을 충분히 했다. 이제 나는 사랑의 흐름 속에 있는 것이 어떤 느낌일지 궁금하다."

오메가여, 우주 어머니의 화염이여,
나는 바로 이 빛에서 나왔습니다.
나는 우주의 게임에 참여하며,
그리스도의 승리를 선언합니다.

오 생명의 노래여, 당신은 생명을 부어주며,
모든 가슴에 진정한 동조를 일으킵니다.

오 신성한 음류여, 당신의 연금술은,
지구를 파라다이스로 변형합니다.

7. 나는 댐이 터진 것 같은 그 흐름에 내맡깁니다. 그리고 갑자기, 수
많은 생애 동안 막혔던 생명의 강이 폭발적으로 방출됩니다. 그 어떤
조건도 어떤 에고도 막을 수 없습니다.

오메가여, 내가 왜 지구에 내려왔는지,
이제 나는 깨닫습니다.
그러므로 나는 이 행성의 상승을 돕겠다는,
의지로 충만합니다.

오 생명의 노래여, 당신은 생명을 부어주며,
모든 가슴에 진정한 동조를 일으킵니다.
오 신성한 음류여, 당신의 연금술은,
지구를 파라다이스로 변형합니다.

8. 진정한 나는 사랑으로 흐르고 조건으로부터의 해방, 즉 완전하고
무조건적인 해방에서 그러한 기쁨과 자유를 발견합니다.

오메가여, 나는 지금 열망합니다.
우주적인 합창단의 대열에 합류하기를.
이 행성을 성화(聖化)하는 그리스도의 불꽃과 함께,
내 가슴은 불타오르고 있습니다.

오 생명의 노래여, 당신은 생명을 부어주며,
모든 가슴에 진정한 동조를 일으킵니다.
오 신성한 음류여, 당신의 연금술은,
지구를 파라다이스로 변형합니다.

9. 나는 새로운 자아감을 받아들입니다. 나는 그 이상과 하나됨을 경험했기 때문에 내가 그 이상이라는 것을 압니다.

오메가여, 내 가슴은 찬란히 타오르고,
내 삶은 상향의 단계로 들어왔습니다.
이제 내게 비밀의 구절을 가르치시어,
내가 이 행성을 들어올릴 수 있게 하소서.

**오 생명의 노래여, 당신은 생명을 부어주며,
모든 가슴에 진정한 동조를 일으킵니다.
오 신성한 음류여, 당신의 연금술은,
지구를 파라다이스로 변형합니다.**

봉인
신성한 어머니의 이름으로, 나는 이 요청의 힘이 마터 빛을 자유롭게 함으로써, 나 자신의 삶과 모든 사람과 행성을 위한 그리스도의 완전한 비전을 구현할 수 있음을 전적으로 받아들입니다. I AM THAT I AM 의 이름으로, 이것이 이루어졌습니다! 아멘.

13
가슴 차크라 정화하기

I AM THAT I AM, 예수 그리스도의 이름으로, 나의 I AM 현존이 무한히 초월해 가는 내 미래의 현존을 통해 흐르며, 완전한 권능으로 이 기원을 해주시기를 요청합니다. 나는 사랑하는 엘로힘 헤로스(Heros)와 아모라(Amora), 대천사 차무엘과 채리티, 베네치아의 폴과 비너스께 내 가슴 차크라의 모든 불순물을 극복할 수 있도록 도와달라고 요청합니다. 내 I AM 현존의 자유로운 사랑의 흐름에 반대하는 모든 패턴이나 힘으로부터 자유로워질 수 있도록 도와주소서...
(여기에 개인적인 요청을 추가하세요)

1. 내 가슴 차크라에서 반-사랑을 정화해 주소서

1. 대천사 차무엘이여, 내 가슴 차크라에 오셔서 모든 이기심과 자기중심주의, 낮은 표현을 정화해 주소서.

대천사 차무엘이여, 루비 광선의 권능 안에서,
내가 생명을 일깨우는 샤워를 하고 있음을 압니다.
사랑이 의지의 오용을 모두 불태워버리니,
홀연히 내 욕망은 고요해집니다.

대천사 차무엘이여, 루비 핑크빛 사랑과 함께,

대천사 차무엘이여, 하늘에서 하강한 존재시여,
대천사 차무엘이여, 늘 당신을 마음에 그리니,
대천사 차무엘이여, 오 거룩한 비둘기여 오소서.

2. 대천사 차무엘이여, 내 가슴 차크라에 오셔서 두려움과 분노, 증오
에 반대되는 이원적 사랑을 정화해 주소서.

대천사 차무엘이여, 빛의 나선이시여,
이제 루비 광선의 화염이 밤을 관통합니다.
더 높이 오르지 못한 모두를 태우는 당신의 화염은,
모든 어둠의 세력을 소멸합니다.

대천사 차무엘이여, 루비 핑크빛 사랑과 함께,
대천사 차무엘이여, 하늘에서 하강한 존재시여,
대천사 차무엘이여, 늘 당신을 마음에 그리니,
대천사 차무엘이여, 오 거룩한 비둘기여 오소서.

3. 대천사 차무엘이여, 내 가슴 차크라에 오셔서 내 마음과 육체에서
불순함을 나타내는 조건을 정화해 주소서.

대천사 차무엘이여, 당신의 사랑은 한없이 넓으며,
이제는 명료한 비전으로 내 삶을 이해합니다.
당신이 삶의 목적을 밝게 드러내시니,
당신의 사랑에 잠겨 신의 하나됨을 깨닫습니다.

대천사 차무엘이여, 루비 핑크빛 사랑과 함께,
대천사 차무엘이여, 하늘에서 하강한 존재시여,
대천사 차무엘이여, 늘 당신을 마음에 그리니,
대천사 차무엘이여, 오 거룩한 비둘기여 오소서.

4. 대천사 차무엘이여, 내 가슴 차크라에 오셔서 내가 더 높은 사랑을
표현할 수 없거나 합당하지 않다는 생각을 정화해 주소서.

대천사 차무엘이여, 당신이 주시는 고요함이여,
이제는 죽음도 나에게 고통을 주지 못합니다.
진실로, 사랑 안에는 쇠퇴가 없습니다.
사랑이란 새로운 날로 초월하는 것이기 때문입니다.

대천사 차무엘이여, 루비 핑크빛 사랑과 함께,
대천사 차무엘이여, 하늘에서 하강한 존재시여,
대천사 차무엘이여, 늘 당신을 마음에 그리니,
대천사 차무엘이여, 오 거룩한 비둘기여 오소서.

5. 대천사 차무엘이여, 내 가슴 차크라에 오셔서 다른 사람이나 사물
을 자기 것으로 만들려는 소유하는 사랑을 정화해 주소서.

대천사 차무엘이여, 루비 광선의 권능 안에서,
내가 생명을 일깨우는 샤워를 하고 있음을 압니다.
사랑이 의지의 오용을 모두 불태워버리니,
홀연히 내 욕망은 고요해집니다.

대천사 차무엘이여, 루비 핑크빛 사랑과 함께,
대천사 차무엘이여, 하늘에서 하강한 존재시여,
대천사 차무엘이여, 늘 당신을 마음에 그리니,
대천사 차무엘이여, 오 거룩한 비둘기여 오소서.

6. 대천사 차무엘이여, 내 가슴 차크라에 오셔서 거절에 대한 두려움
과 소유 또는 대가로 무언가를 얻고자 하는 에고의 욕구를 정화해 주
소서.

대천사 차무엘이여, 빛의 나선이시여,
이제 루비 광선의 화염이 밤을 관통합니다.
더 높이 오르지 못한 모두를 태우는 당신의 화염은,
모든 어둠의 세력을 소멸합니다.

대천사 차무엘이여, 루비 핑크빛 사랑과 함께,
대천사 차무엘이여, 하늘에서 하강한 존재시여,
대천사 차무엘이여, 늘 당신을 마음에 그리니,
대천사 차무엘이여, 오 거룩한 비둘기여 오소서.

7. 대천사 차무엘이여, 내 가슴 차크라에 오셔서 내가 다른 사람에게서 무언가가 필요하다는 환영, 그 결핍감을 정화해 주소서.

대천사 차무엘이여, 당신의 사랑은 한없이 넓으며,
이제는 명료한 비전으로 내 삶을 이해합니다.
당신이 삶의 목적을 밝게 드러내시니,
당신의 사랑에 잠겨 신의 하나됨을 깨닫습니다.

대천사 차무엘이여, 루비 핑크빛 사랑과 함께,
대천사 차무엘이여, 하늘에서 하강한 존재시여,
대천사 차무엘이여, 늘 당신을 마음에 그리니,
대천사 차무엘이여, 오 거룩한 비둘기여 오소서.

8. 대천사 차무엘이여, 내 가슴 차크라에 오셔서 물질 우주의 어떤 근원으로부터 무언가가 필요하다는 환영, 그 결핍 의식을 정화해 주소서.

대천사 차무엘이여, 당신이 주시는 고요함이여,
이제는 죽음도 나에게 고통을 주지 못합니다.
진실로, 사랑 안에는 쇠퇴가 없습니다.

사랑이란 새로운 날로 초월하는 것이기 때문입니다.

대천사 차무엘이여, 루비 핑크빛 사랑과 함께,
대천사 차무엘이여, 하늘에서 하강한 존재시여,
대천사 차무엘이여, 늘 당신을 마음에 그리니,
대천사 차무엘이여, 오 거룩한 비둘기여 오소서.

9. 대천사 차무엘이여, 내 가슴 차크라에 오셔서 내가 한 일이나 하지 않은 일 때문에 내가 사랑받을 자격이 없다는 환영을 정화해 주소서.

천사들과 함께 날아오르며,
나는 스스로를 초월합니다.
천사들은 진실로 존재하며,
그들의 사랑은 모든 것을 치유합니다.

천사들이 평화를 가져오면,
모든 갈등은 그칩니다.
빛의 천사들과 함께,
우리는 새로운 높이로 비상합니다.

전사 날개의 바스락거리는 소리,
물질조차 노래하는 기쁨이여,
모든 원자를 울리는 기쁨이여,
천사들의 날갯짓과 조화 속에서.

2. 사랑의 흐름을 여세요

1. 엘로힘 헤로스여, 내 가슴 차크라에 오셔서 신성한 사랑의 무조건 성인 3광선의 진정한 진동의 흐름을 방출해 주소서.

오 헤로스-아모라여, 당신의 무한한 핑크빛 사랑 안에서,
남들이 나를 어떻게 생각하든 개의치 않습니다.
나는 당신과 하나되어 새날을 선포하며,
천진한 아이처럼 즐겁게 뛰어놉니다.

**오 헤로스-아모라여, 새로운 삶이 시작되었고,
나는 심각한 악마를 비웃습니다.
당신의 영광스러운 루비-핑크 태양 안에서 정화되며,
나는 신이 주시는 즐거운 삶을 누립니다.**

2. 엘로힘 헤로스여, 내 가슴 차크라에 오셔서 표현되기를 원하는 무조건적인 힘인 사랑의 흐름을 방출해 주소서. 나는 이제 무조건성의 표현을 위한 열린 문이 되기 위해 아무것도 할 필요가 없다는 것을 압니다.

오 헤로스-아모라여, 삶은 지고의 기쁨이며,
세상은 거대한 장난감과 같습니다.
내 마음이 그 안으로 보내는 모든 것을,
삶의 거울은 그대로 반사합니다.

**오 헤로스-아모라여, 나는 뿌린 대로 거둡니다.
그러나 이것은 성장을 위한 차선의 계획입니다.
진정한 원래의 계획은 생명의 흐름으로 들어가,
당신이 주시는 무한한 사랑에 잠기는 것입니다.**

3. 엘로힘 헤로스여, 내 가슴 차크라에 오셔서 거절에 대한 모든 두려움을 없애는 무조건성의 진동을 방출해 주소서.

오 헤로스-아모라여, 당신이 조건들을 불태워 주시니,
나는 자유롭게 새로운 전환을 맞이합니다.

무한한 사랑의 흐름에 잠기며,
나는 내 영이 하늘에서 왔음을 깨닫습니다.

오 헤로스-아모라여, 나는 깨어나서 봅니다.
진실한 사랑에는 아무런 조건도 없음을,
악마는 자신의 이원성에 갇혀 있지만,
사랑의 실재는 나를 자유롭게 합니다.

4. 엘로힘 헤로스여, 내 가슴 차크라에 오셔서 무조건적인 사랑의 흐름을 방출해 주소서. 그것은 표현되고 흐르는 것에서 기쁨을 발견하기 때문에 자급자족합니다.

오 헤로스-아모라여, 나는 마침내,
과거의 덫을 벗어나 높이 올라갑니다.
진정한 사랑 안에서 더 큰 자유를 선언하며,
나는 무한한 사랑과 하나되어 영원히 흘러갑니다.

오 헤로스-아모라여, 조건들은 속박이며,
뱀의 거짓말로 엮인 그물을 던지지만,
제한 없는 당신의 사랑은 영원히 날아오르며,
루비-핑크빛 하늘로 모든 생명을 들어올립니다.

5. 엘로힘 헤로스여, 내 가슴 차크라에 오셔서 모든 곳에 존재하는 무조건적인 사랑의 흐름을 방출해 주소서. 신의 무조건적인 사랑이 존재하지 않는 곳이 있을 수 있다는 환영을 소멸해 주소서.

오 헤로스-아모라여, 당신의 무한한 핑크빛 사랑 안에서,
남들이 나를 어떻게 생각하든 개의치 않습니다.
나는 당신과 하나되어 새날을 선포하며,
천진한 아이처럼 즐겁게 뛰어놉니다.

오 헤로스-아모라여, 새로운 삶이 시작되었고,
나는 심각한 악마를 비웃습니다.
당신의 영광스러운 루비-핑크 태양 안에서 정화되며,
나는 신이 주시는 즐거운 삶을 누립니다.

6. 엘로힘 헤로스여, 내 가슴 차크라에 오셔서 누구도 제한하지 않고
모든 사람이 그 이상이 되고 생명의 강과 함께 자유롭게 흐르기를 바
라는 무조건적인 사랑의 흐름을 방출해 주소서.

오 헤로스-아모라여, 삶은 지고의 기쁨이며,
세상은 거대한 장난감과 같습니다.
내 마음이 그 안으로 보내는 모든 것을,
삶의 거울은 그대로 반사합니다.

오 헤로스-아모라여, 나는 뿌린 대로 거둡니다.
그러나 이것은 성장을 위한 차선의 계획입니다.
진정한 원래의 계획은 생명의 흐름으로 들어가,
당신이 주시는 무한한 사랑에 잠기는 것입니다.

7. 엘로힘 헤로스여, 내 가슴 차크라에 오셔서 I AM 현존의 무조건적
인 흐름을 방출해 주소서. 내가 불완전하고 이런저런 조건 때문에 사
랑할 수 없다는 환영을 소멸해 주소서.

오 헤로스-아모라여, 당신이 조건들을 불태워 주시니,
나는 자유롭게 새로운 전환을 맞이합니다.
무한한 사랑의 흐름에 잠기며,
나는 내 영이 하늘에서 왔음을 깨닫습니다.

오 헤로스-아모라여, 나는 깨어나서 봅니다.
진실한 사랑에는 아무런 조건도 없음을,

**악마는 자신의 이원성에 갇혀 있지만,
사랑의 실재는 나를 자유롭게 합니다.**

8. 엘로힘 헤로스여, 내 가슴 차크라에 오셔서 어떤 것은 사랑할 가치가 없다는 환영을 소멸하는 무조건성의 흐름을 방출해 주소서. 나는 기꺼이 사랑이 나를 통해 자유롭게 흐르게 할 것이니 모든 조건을 소멸해 주소서.

오 헤로스-아모라여, 나는 마침내,
과거의 덫을 벗어나 높이 올라갑니다.
진정한 사랑 안에서 더 큰 자유를 선언하며,
나는 무한한 사랑과 하나되어 영원히 흘러갑니다.

**오 헤로스-아모라여, 조건들은 속박이며,
뱀의 거짓말로 엮인 그물을 던지지만,
제한 없는 당신의 사랑은 영원히 날아오르며,
루비-핑크빛 하늘로 모든 생명을 들어올립니다.**

9. 엘로힘 헤로스여, 내 가슴 차크라에 오셔서 내가 사랑받기 위해 조건을 충족시켜야 한다는 환영을 소멸하는, 무조건성의 흐름을 방출해 주소서. 나는 이제 신성한 사랑을 무조건 받아들입니다.

하나됨으로 가속하소서. 나는(I AM) 실재하며,
하나됨으로 가속하소서. 모든 생명이 치유됩니다.
하나됨으로 가속하소서. 나는(I AM) 무한히 초월하며,
하나됨으로 가속하소서. 모두가 높이 날아오릅니다.

하나됨으로 가속하소서! (3번)
사랑하는 헤로스와 아모라.
하나됨으로 가속하소서! (3번)

사랑하는 차무엘과 채리티,
하나됨으로 가속하소서! (3번)
사랑하는 베네치아의 폴,
하나됨으로 가속하소서! (3번)
사랑하는 I AM.

3. 나는 조건의 환영을 초월합니다

1. 베네치아의 폴이여, 내 가슴 차크라에 오셔서 내가 무언가를 놓치고 있고 누군가가 와서 그 구멍을 메워야 내가 완전해질 수 있다는 환영을 초월할 수 있게 해주소서.

마스터 폴, 베네치아의 꿈이여,
아름다움을 향한 당신의 사랑은 강처럼 흐릅니다.
마스터 폴이여, 사랑의 모태 안에서,
당신의 권능은 에고의 무덤을 흩어버립니다.

**오 성령이시여, 나를 통해 흐르소서.
나는 당신을 위해 열린 문입니다.
세차게 흘러오는 전능한 빛의 강이여,
초월은 나의 신성한 권리입니다.**

2. 베네치아의 폴이여, 내 가슴 차크라에 오셔서 내 I AM 현존과 하나가 되어야만 내가 완전해질 수 있고 온전해질 수 있다는 것을 알게 해주소서.

마스터 폴이여, 당신의 조언은 지혜롭고,
우리 마음을 높은 하늘로 올려줍니다.
마스터 폴이여, 지혜가 지닌 사랑 안에서,
하늘의 지고한 아름다움이 흘러옵니다.

오 성령이시여, 나를 통해 흐르소서.
나는 당신을 위해 열린 문입니다.
세차게 흘러오는 전능한 빛의 강이여,
초월은 나의 신성한 권리입니다.

3. 베네치아의 폴이여, 내 가슴 차크라에 오셔서 진지하고 낭만적인 사랑에 대한 환영을 초월할 수 있게 해주소서. 사랑은 진지하게 받아들여야 하는 것이 아님을 수용하게 해주소서.

마스터 폴이여, 사랑은 예술이며,
신성한 가슴을 열리게 합니다.
마스터 폴이여, 사랑의 세찬 흐름은,
우리의 가슴을 신성한 광휘로 씻어줍니다.

오 성령이시여, 나를 통해 흐르소서.
나는 당신을 위해 열린 문입니다.
세차게 흘러오는 전능한 빛의 강이여,
초월은 나의 신성한 권리입니다.

4. 베네치아의 폴이여, 내 가슴 차크라에 오셔서 내가 사랑을 심각하게 받아들인다면 그것은 조건부 사랑일 뿐이라는 것을 알게 해주소서. 내가 신의 무조건적인 사랑에 조율하게 해주소서. 그리하여 나는 생명의 강과 함께 흐르며 기뻐합니다.

마스터 폴이여, 가속해 주소서.
우리는 순수한 사랑을 명상합니다.
마스터 폴이여, 모든 의도를 정화하며,
우리는 단호하게 스스로를 초월합니다.

오 성령이시여, 나를 통해 흐르소서.

나는 당신을 위해 열린 문입니다.
세차게 흘러오는 전능한 빛의 강이여,
초월은 나의 신성한 권리입니다.

5. 베네치아의 폴이여, 내 가슴 차크라에 오셔서 이 지구상에 내 사랑을 받을 만한 사람은 오직 한 사람뿐이며, 그 사랑을 반드시 돌려받아야 한다는 환영을 초월할 수 있게 해주소서.

마스터 폴이여, 당신의 사랑은 우리를 치유하며,
우리 내면의 빛을 다시 드러냅니다.
마스터 폴이여, 모든 생명을 위로하며,
우리는 당신과 함께 완전한 전체가 됩니다.

오 성령이시여, 나를 통해 흐르소서.
나는 당신을 위해 열린 문입니다.
세차게 흘러오는 전능한 빛의 강이여,
초월은 나의 신성한 권리입니다.

6. 베네치아의 폴이여, 내 가슴 차크라에 오셔서 사랑에 대해서는 진지해지는 나 자신을 비웃을 수 있게 해주소서. 더 위대한 연인, 즉 신성한 연인이 나를 사랑한다는 것을 깨닫는 기쁨의 연인이 되게 해주소서.

마스터 폴이여, 당신은 모두에게 봉사하며,
우리를 추락에서 벗어나게 합니다.
마스터 폴이여, 우리는 평화롭게 상승하며,
에고는 최후를 맞이합니다.

오 성령이시여, 나를 통해 흐르소서.
나는 당신을 위해 열린 문입니다.

세차게 흘러오는 전능한 빛의 강이여,
초월은 나의 신성한 권리입니다.

7. 베네치아의 폴이여, 내 가슴 차크라에 오셔서 나의 I AM 현존이,
자신의 유일한 연인으로서 나를 사랑하는, 개인적인 신성한 연인이라
는 것을 경험하게 해주소서. 내가 상위 존재의 사랑으로 충만할 수
있게 해주소서.

마스터 폴이여, 사랑은 모든 생명을 자유롭게 하며,
당신의 사랑은 영원히 지속됩니다.
마스터 폴이여, 당신은 하나됨 안에 머물며,
우리의 여정을 즐겁게 해줍니다.

오 성령이시여, 나를 통해 흐르소서.
나는 당신을 위해 열린 문입니다.
세차게 흘러오는 전능한 빛의 강이여,
초월은 나의 신성한 권리입니다.

8. 베네치아의 폴이여, 내 가슴 차크라에 오셔서 내가 신성한 연인과
하나가 되어 사랑의 흐름을 위한 열린 문인 신성한 연인이 되게 해주
소서. 나는 모든 생명을 사랑하고 모든 생명을 높이려는 힘을 위한
열린 문입니다.

마스터 폴이여, 우리의 요청으로,
당신은 일곱 광선을 모두 균형 잡습니다.
마스터 폴이여, 우리를 기쁘게 하는 색으로,
당신은 하늘을 물들입니다.

오 성령이시여, 나를 통해 흐르소서.
나는 당신을 위해 열린 문입니다.

세차게 흘러오는 전능한 빛의 강이여,
초월은 나의 신성한 권리입니다.

9. 베네치아의 폴이여, 내 가슴 차크라에 오셔서 나와 내 파트너가 조건에 얽매이지 않고 자유로워질 수 있게 해주소서. 경계, 조건, 기대, 비난 그리고 사랑을 돌려받지 못한다는 느낌에 얽매이지 않고 유쾌하고, 즐거우며, 흐르는 관계를 맺을 수 있게 해주소서.

마스터 폴이여, 당신의 현존은,
내면의 구체를 충만히 채워줍니다.
삶은 이제 신성한 흐름이 되며,
나는 모두에게 신성한 사랑을 부여합니다.

오 성령이시여, 나를 통해 흐르소서.
나는 당신을 위해 열린 문입니다.
세차게 흘러오는 전능한 빛의 강이여,
초월은 나의 신성한 권리입니다.

4. 나는 세포를 온전히 자유롭게 합니다

1. 사랑하는 비너스여, 내 가슴 차크라에 오셔서 내가 사랑의 흐름을 차단하기 시작하면 하위체가 폐쇄계가 되어 육체에 질병을 일으킨다는 것을 알 수 있게 해주소서.

오 비너스여, 나에게 봉사하는 법을 알려주소서.
나는 우주를 채우는 당신의 아름다움을 바라봅니다.
당신이 금성에서 가져오는 사랑을,
우리 행성들은 줄지어 함께 노래합니다.

오 비너스여, 지고의 신성한 봉사여,

**당신은 지구를 인도하는 우주의 안내자입니다.
나는 이제 당신의 무아의 봉사를 따르며,
봉사하는 삶을 살기로 결정합니다.**

2. 사랑하는 비너스여, 내 가슴 차크라에 오셔서 육체가 나에게 저항한다는 환영을 초월할 수 있게 해주소서. 질병을 바라보는 것에 대한 두려움과, 아프기 때문에 몸을 사랑할 수 없다는 환영을 극복할 수 있게 해주소서.

오 비너스여, 당신의 사랑은 열쇠가 되어,
지구의 굳어버린 가슴들을 해방합니다.
힘차게 빛나는 미래를 포용하며,
우리 행성의 이야기를 다시 전개합니다.

**오 비너스여, 지고의 신성한 봉사여,
당신은 지구를 인도하는 우주의 안내자입니다.
나는 이제 당신의 무아의 봉사를 따르며,
봉사하는 삶을 살기로 결정합니다.**

3. 사랑하는 비너스여, 내 가슴 차크라에 오셔서 내 세포들이 사랑의 흐름을 차단하게 믿는 의식 상태를 구현하고 있다는 것을 알게 해주소서. 세포를 사랑하여 그것을 아프게 하는 조건들에서 벗어날 수 있게 해주소서.

오 비너스여, 사랑하는 내 어머니시여,
당신의 사랑은 내 가슴을 순수하게 합니다.
나는 신성한 비둘기처럼 내려오는,
사랑을 위해 열린 문입니다.

오 비너스여, 지고의 신성한 봉사여,

당신은 지구를 인도하는 우주의 안내자입니다.
나는 이제 당신의 무아의 봉사를 따르며,
봉사하는 삶을 살기로 결정합니다.

4. 사랑하는 비너스여, 내 가슴 차크라에 오셔서 사랑의 흐름을 차단하는 악순환을 끊고 내 몸을 질병으로부터 자유롭게 할 수 있도록 해 주소서.

오 비너스여, 비밀의 선율을 연주하시어,
증오의 해독제가 되게 하소서.
독으로 오염된 가슴들을 부드럽게 치유하면서,
당신은 진실한 사랑의 면모를 드러냅니다.

오 비너스여, 지고의 신성한 봉사여,
당신은 지구를 인도하는 우주의 안내자입니다.
나는 이제 당신의 무아의 봉사를 따르며,
봉사하는 삶을 살기로 결정합니다.

5. 사랑하는 비너스여, 내 가슴 차크라에 오셔서 진정한 치유의 열쇠는 사랑의 흐름을 회복하는 것이며, 그것을 회복하는 이가 바로 나 자신이라는 것을 받아들이게 해주소서.

오 비너스여, 사랑은 모든 결핍을 채워주니,
진실로 사랑은 신의 첫 번째 씨앗입니다.
오 사랑이 꽃피게 하시고, 자라나게 하소서.
당신 사랑의 흐름으로 지구를 정화해 주소서.

오 비너스여, 지고의 신성한 봉사여,
당신은 지구를 인도하는 우주의 안내자입니다.
나는 이제 당신의 무아의 봉사를 따르며,

봉사하는 삶을 살기로 결정합니다.

6. 사랑하는 비너스여, 내 가슴 차크라에 오셔서 하나됨과 완전한 건
강의 더 높은 패턴을 자유롭게 구현하고 세포를 사랑하여 모든 질병
으로부터 자유로워질 수 있게 해주소서.

오 비너스여, 신을 경애하는 사람에게 들리는,
신성한 구체들의 음악이여.
이제 우리는 하나로 목소리를 높이며,
경배와 찬양의 노래를 부릅니다.

오 비너스여, 지고의 신성한 봉사여,
당신은 지구를 인도하는 우주의 안내자입니다.
나는 이제 당신의 무아의 봉사를 따르며,
봉사하는 삶을 살기로 결정합니다.

7. 사랑하는 비너스여, 내 가슴 차크라에 오셔서 내가 무의식적으로
내 몸의 세포에 투사한 조건들을 소멸할 무조건적인 사랑의 흐름을
열 수 있게 해주소서.

오 비너스여, 우리는 대열에 합류하며,
사나트 쿠마라께 감사를 드립니다.
우리의 행성에 새로운 삶을 주셨으며,
전쟁과 투쟁 너머로 높여 주셨습니다.

오 비너스여, 지고의 신성한 봉사여,
당신은 지구를 인도하는 우주의 안내자입니다.
나는 이제 당신의 무아의 봉사를 따르며,
봉사하는 삶을 살기로 결정합니다.

8. 사랑하는 비너스여, 내 가슴 차크라에 오셔서 세포 속의 지혜, 세포 안에 있는 것을 구현하는 것만 허용된다면, 완벽한 건강을 표현하는 방법을 아는 신성한 어머니의 지혜를 열 수 있게 해주소서.

오 비너스여, 당신의 감미로운 선율은,
이원성의 베일을 불태워버립니다.
우주적인 사랑의 음조에 흡수되어,
우리는 모든 갈등 너머로 올라섭니다.

**오 비너스여, 지고의 신성한 봉사여,
당신은 지구를 인도하는 우주의 안내자입니다.
나는 이제 당신의 무아의 봉사를 따르며,
봉사하는 삶을 살기로 결정합니다.**

9. 사랑하는 비너스여, 나의 가슴 차크라에 오셔서 나의 내면에 그분의 법칙을 기록해 놓았다는 것을 받아들일 수 있게 해주소서. 내가 세포를 사랑하여 그것을 자유롭게 하고, 모든 질병을 떨쳐버리고 완전한 건강의 자연 상태를 구현할 수 있게 해주소서.

오 비너스여, 빛나는 새벽 별이여,
당신은 우주의 전령입니다.
신성한 음류가 지구를 자유롭게 하니,
우리 행성은 이제 하늘과 결합되었습니다.

**오 비너스여, 지고의 신성한 봉사여,
당신은 지구를 인도하는 우주의 안내자입니다.
나는 이제 당신의 무아의 봉사를 따르며,
봉사하는 삶을 살기로 결정합니다.**

봉인

신성한 어머니의 이름으로, 나는 이 요청의 힘이 마터 빛을 자유롭게 함으로써, 나 자신의 삶과 모든 사람과 행성을 위한 그리스도의 완전한 비전을 구현할 수 있음을 전적으로 받아들입니다. I AM THAT I AM 의 이름으로, 이것이 이루어졌습니다! 아멘.

14
태양신경총 차크라 정화하기

I AM THAT I AM, 예수 그리스도의 이름으로, 나의 I AM 현존이 무한히 초월해 가는 내 미래의 현존을 통해 흐르며, 완전한 권능으로 이 기원을 해주시기를 요청합니다. 나는 사랑하는 피이스(Peace)와 알로하(Aloha), 대천사 유리엘과 오로라, 사랑하는 나다께 내 태양신경총 차크라의 모든 불순물을 극복할 수 있도록 도와달라고 요청합니다. 내 I AM 현존의 자유로운 평화의 흐름에 반대하는 내부 또는 외부의 모든 패턴이나 힘으로부터 자유로워질 수 있도록 도와주소서...
(여기에 개인적인 요청을 추가하세요)

1. 감정의 흐름을 회복합니다

1. 대천사 유리엘이여, 내 태양신경총 차크라에 오셔서 나의 영적인 빛이 거부되고 끌어내려진 경험에 대한 트라우마를 정화해 주소서.

대천사 유리엘이여, 평화의 천사들이 가진 광대한 힘은,
모든 전쟁을 삼켜버립니다.
전쟁의 데몬들은 당신의 빛과 대적할 수 없으며,
찬란한 광휘는 그들 모두를 소멸합니다.

대천사 유리엘이여, 당신의 위대한 검으로,

대천사 유리엘이여, 모든 불협화음을 소멸하소서.
대천사 유리엘이여, 우리는 하나의 화음으로,
대천사 유리엘이여, 주님과 함께 걸어갑니다.

2. 대천사 유리엘이여, 내 태양신경총 차크라에 오셔서 지구의 조건에
맞게 내 빛의 표현을 조정해야 한다고 결정하게 만든, 거절에 대한
두려움을 정화해 주소서.

대천사 유리엘이여, 수백만 천사의 음성이 합해지니,
그 소리의 진동은 너무나 강렬합니다.
그들의 소리가 점점 커져서 밤을 갈라버리니,
생명의 영광스러운 하나됨이 시야에 드러납니다.

대천사 유리엘이여, 당신의 위대한 검으로,
대천사 유리엘이여, 모든 불협화음을 소멸하소서.
대천사 유리엘이여, 우리는 하나의 화음으로,
대천사 유리엘이여, 주님과 함께 걸어갑니다.

3. 대천사 유리엘이여, 내 태양신경총 차크라에 오셔서 내 빛을 억압
하게 만든 두려움, 분노 및 부당함에 대한 감각을 정화해 주소서.

대천사 유리엘이여, 당신의 위대한 왕좌로부터,
수백만의 트럼펫 소리가 하나의 음조로 울려 퍼집니다.
당신의 조화 안에서 모든 불협화음이 사라지며,
모든 소리 중의 소리가 전(全) 생명을 자유롭게 합니다.

대천사 유리엘이여, 당신의 위대한 검으로,
대천사 유리엘이여, 모든 불협화음을 소멸하소서.
대천사 유리엘이여, 우리는 하나의 화음으로,
대천사 유리엘이여, 주님과 함께 걸어갑니다.

4. 대천사 유리엘이여, 내 태양신경총 차크라에 오셔서 영적인 사람으로서 부정적인 감정을 가져서는 안되고, 그것을 억눌러야 한다는 환영을 정화해 주소서.

대천사 유리엘이여, 이제 모든 전쟁은 사라지고,
당신은 신(the One)의 가슴에서 오는 메시지를 가져옵니다.
모든 이의 가슴은 이제 평화를 노래하고,
사랑의 나선들은 영원히 확장됩니다.

대천사 유리엘이여, 당신의 위대한 검으로,
대천사 유리엘이여, 모든 불협화음을 소멸하소서.
대천사 유리엘이여, 우리는 하나의 화음으로,
대천사 유리엘이여, 주님과 함께 걸어갑니다.

5. 대천사 유리엘이여, 내 태양신경총 차크라에 오셔서 부정적인 감정을 억압하여 생긴 모든 에너지, 축적되어 빛의 흐름을 막는 에너지를 정화해 주소서.

대천사 유리엘이여, 평화의 천사들이 가진 광대한 힘은,
모든 전쟁을 삼켜버립니다.
전쟁의 대군들은 당신의 빛과 대적할 수 없으며,
찬란한 광휘는 그들 모두를 소멸합니다.

대천사 유리엘이여, 당신의 위대한 검으로,
대천사 유리엘이여, 모든 불협화음을 소멸하소서.
대천사 유리엘이여, 우리는 하나의 화음으로,
대천사 유리엘이여, 주님과 함께 걸어갑니다.

6. 대천사 유리엘이여, 내 태양신경총 차크라에 오셔서 부정적인 감정을 인정하지도 표현하지도 않으려는 마음을 정화해 주소서. 네 하위

체를 통과하는 빛의 흐름을 회복할 수 있게 해주소서.

대천사 유리엘이여, 수백만 천사의 음성이 합해지니,
그 소리의 진동은 너무나 강렬합니다.
그들의 소리가 점점 커져서 밤을 갈라버리니,
생명의 영광스러운 하나됨이 시야에 드러납니다.

대천사 유리엘이여, 당신의 위대한 검으로,
대천사 유리엘이여, 모든 불협화음을 소멸하소서.
대천사 유리엘이여, 우리는 하나의 화음으로,
대천사 유리엘이여, 주님과 함께 걸어갑니다.

7. 대천사 유리엘이여, 내 태양신경총 차크라에 오셔서 감정과 동일시하게 만드는 환영을 정화해 주소서. 감정은 단지 에너지일 뿐이며 나는 에너지 그 이상, 감정 그 이상이라는 자유를 경험하게 해주소서.

대천사 유리엘이여, 당신의 위대한 왕좌로부터,
수백만의 트럼펫 소리가 하나의 음조로 울려 퍼집니다.
당신의 조화 안에서 모든 불협화음이 사라지며,
모든 소리 중의 소리가 전(全) 생명을 자유롭게 합니다.

대천사 유리엘이여, 당신의 위대한 검으로,
대천사 유리엘이여, 모든 불협화음을 소멸하소서.
대천사 유리엘이여, 우리는 하나의 화음으로,
대천사 유리엘이여, 주님과 함께 걸어갑니다.

8. 대천사 유리엘이여, 내 태양신경총 차크라에 오셔서 특정한 감정을 가진 나 자신을 받아들이지 않으려는 모든 거부하는 마음을 정화해 주소서. 당신은 내 감정과 상관없이 나를 있는 그대로 사랑한다는 것을 경험할 수 있게 해주소서.

대천사 유리엘이여, 이제 모든 전쟁은 사라지고,
당신은 신(the One)의 가슴에서 오는 메시지를 가져옵니다.
모든 이의 가슴은 이제 평화를 노래하고,
사랑의 나선들은 영원히 확장됩니다.

대천사 유리엘이여, 당신의 위대한 검으로,
대천사 유리엘이여, 모든 불협화음을 소멸하소서.
대천사 유리엘이여, 우리는 하나의 화음으로,
대천사 유리엘이여, 주님과 함께 걸어갑니다.

9. 대천사 유리엘이여, 내 태양신경총 차크라에 오셔서 나를 무조건적으로 그리고 감정 그 이상의 존재로 받아들이는 것을 거부하는 모든 마음을 정화해 주소서.

천사들과 함께 날아오르며,
나는 스스로를 초월합니다.
천사들은 진실로 존재하며,
그들의 사랑은 모든 것을 치유합니다.

천사들이 평화를 가져오면,
모든 갈등은 그칩니다.
빛의 천사들과 함께,
우리는 새로운 높이로 비상합니다.

천사 날개의 바스락거리는 소리,
물질조차 노래하는 기쁨이여,
모든 원자를 울리는 기쁨이여,
천사들의 날갯짓과 조화 속에서.

2. 나는 더 이상 내 빛을 억누르지 않을 것입니다

1. 엘로힘 피이스여, 내 태양신경총 차크라에 오셔서 내가 지구에 존재하고 이곳에서 내 빛을 표현할 권리를 완전히 받아들이도록 인식을 전환할 수 있게 적극적인 평화의 에너지를 방출해 주소서.

오 엘로힘 피이스여, 화합(Unity)의 불꽃 안에서,
이원성 게임을 위한 공간은 없습니다.
우리는 모든 형상이 같은 근원에서 왔음을 알며,
새로운 진로를 구상할 힘을 얻습니다.

오 엘로힘 피이스여, 당신이 지금 종을 울리시니,
모든 원자가 진동하며 노래합니다.
이제 만물에 아무런 분리가 없음을 보며,
에고가 만든 자아에 집착하지 않습니다.

2. 엘로힘 피이스여, 내 태양신경총 차크라에 오셔서 내가 여기에 있을 권리가 있고 내 빛이 신께 받아들여지므로 내 빛을 비출 권리가 있다는 의식적인 결정을 내릴 수 있는 토대가 되는 평화를 방출해 주소서.

오 엘로힘 피이스여, 당신은 예수께서,
평화의 불꽃을 주러 오셨음을 알려줍니다.
우리는 이제 투쟁을 내려놓고,
그리스도를 따라 무한한 생명으로 들어갑니다.

오 엘로힘 피이스여, 당신의 눈을 통해,
오직 하나됨 안에만 영원한 자유가 있음을 봅니다.
내가 지녔던 분리감을 던져버리고,
나는 윤회의 거친 바다를 건너갑니다.

3. 엘로힘 피이스여, 내 태양신경총 차크라에 오셔서 다른 사람들이

나에게 빛을 억누르라고 요구할 권리가 없다는 것을 깨닫게 도와주는
평화를 방출해 주소서. 나는 다른 사람들이 어떻게 반응하든 상관없
이 내 빛을 비출 권리가 있습니다.

오 엘로힘 피이스여, 우리의 마음에서,
이원성 투쟁이 사라지는 길을 보여주소서.
당신은 시간과 공간의 환영을 꿰뚫으시며,
무한한 은총으로 모든 분리를 소멸합니다.

오 엘로힘 피이스여, 당신의 아름다운 이름은,
내 안에서 이원성의 수치를 불태웁니다.
당신의 황금빛 화염의 진동을 통해,
그리스도는 죽음의 환영을 극복했습니다.

4. 엘로힘 피이스여, 내 태양신경총 차크라에 오셔서 내가 가진 어떤
감정이든 표현할 용기를 주는 평화를 방출해 주소서. 내 감정체를 통
과하는 영적인 빛의 흐름을 회복할 수 있게 해주소서.

오 엘로힘 피이스여, 우주를 새로이 탄생시키는,
불멸의 화염을 지금 지구로 가져오소서.
나는 소유의 삼각을 놓아버리고,
당신의 빛이 나를 통해 빛나게 합니다.

오 엘로힘 피이스여, 당신의 고요함을 통해,
우리는 이원성의 혼돈에서 벗어납니다.
신과의 하나됨 안에서 새로운 정체성을 얻어,
우리는 지구를 무한 속으로 들어올립니다.

5. 엘로힘 피이스여, 내 태양신경총 차크라에 오셔서 제한된 사고 패
턴을 바라볼 수 있는 용기를 주는 평화를 방출해 주소서. 내 멘탈체

를 통과하는 영적인 빛의 흐름을 회복할 수 있게 해주소서.

오 엘로힘 피이스여, 화합(Unity)의 불꽃 안에서,
이원성 게임을 위한 공간은 없습니다.
우리는 모든 형상이 같은 근원에서 왔음을 알며,
새로운 진로를 구상할 힘을 얻습니다.

오 엘로힘 피이스여, 당신이 지금 종을 울리시니,
모든 원자가 진동하며 노래합니다.
이제 만물에 아무런 분리가 없음을 보며,
에고가 만든 자아에 집착하지 않습니다.

6. 엘로힘 피이스여, 내 태양신경총 차크라에 오셔서 제한된 정체성 감각을 바라볼 수 있는 용기를 주는 평화를 방출해 주소서. 내 정체 성체를 통과하는 영적인 빛의 흐름을 회복할 수 있게 해주소서.

오 엘로힘 피이스여, 당신은 예수께서,
평화의 불꽃을 주러 오셨음을 알려줍니다.
우리는 이제 투쟁을 내려놓고,
그리스도를 따라 무한한 생명으로 들어갑니다.

오 엘로힘 피이스여, 당신의 눈을 통해,
오직 하나됨 안에만 영원한 자유가 있음을 봅니다.
내가 지녔던 분리감을 던져버리고,
나는 윤회의 거친 바다를 건너갑니다.

7. 엘로힘 피이스여, 내 태양신경총 차크라에 오셔서 내가 완전한 평화의 중심에 설 수 있게 해주소서. 나는 외부의 특정한 자극에 특정한 방식으로 반응하도록 강요받는 무력한 존재라는 이미지를 이제 내려놓습니다.

오 엘로힘 피이스여, 우리의 마음에서,
이원성 투쟁이 사라지는 길을 보여주소서.
당신은 시간과 공간의 환영을 꿰뚫으시며,
무한한 은총으로 모든 분리를 소멸합니다.

**오 엘로힘 피이스여, 당신의 아름다운 이름은,
내 안에서 이원성의 수치를 불태웁니다.
당신의 황금빛 화염의 진동을 통해,
그리스도는 죽음의 환영을 극복했습니다.**

8. 엘로힘 피이스여, 내 태양신경총 차크라에 오셔서 내가 진짜라는 것을 알 수 있게 도와주는 평화를 방출해 주소서. 이원성 의식에서 창조된 모든 것은 비실재이며, 나는 비실재가 실재인 나에게 영향을 미치게 할 의무가 없습니다. 또한 비실재인 것에 대해 실재인 내가 특정한 방식으로 반응해야 한다는 자연법칙도 없습니다.

오 엘로힘 피이스여, 우주를 새로이 탄생시키는,
불멸의 화염을 지금 지구로 가져오소서.
나는 소유의 감각을 놓아버리고,
당신의 빛이 나를 통해 빛나게 합니다.

**오 엘로힘 피이스여, 당신의 고요함을 통해,
우리는 이원성의 혼돈에서 벗어납니다.
신과의 하나됨 안에서 새로운 정체성을 얻어,
우리는 지구를 무한 속으로 들어올립니다.**

9. 엘로힘 피이스여, 내 태양신경총 차크라에 오셔서 실재인 나는 과거의 선택에 결코 얽매이지 않는다는 경험을 제공하는 평화를 방출해 주소서. 어느 순간이든 "나는 스스로를 초월해가는 존재(I Will Be Who I Will Be)"라고 결정할 권리가 있으며 그 어느 때보다 그 이상이

될 것입니다.

화합으로 가속하소서. 나는(I AM) 실재하며,
화합으로 가속하소서. 모든 생명은 치유됩니다.
화합으로 가속하소서. 나는(I AM) 무한히 초월하며,
화합으로 가속하소서. 모든 의지는 비상합니다.

화합으로 가속하소서! (3번)
사랑하는 피이스와 알로하.
화합으로 가속하소서! (3번)
사랑하는 유리엘과 오로라.
화합으로 가속하소서! (3번)
사랑하는 예수님과 나다.
화합으로 가속하소서! (3번)
사랑하는 I AM.

3. 내 몸은 양육되고 치유됩니다

1. 사랑하는 나다여, 내 태양신경총 차크라에 오셔서 육체의 모든 종류의 질병은 나라는 빛을 억누르면서, 세 상위체에서 시작되었다는 것을 알 수 있게 해주소서. 육체적 질병을 초래한 연쇄 반응을 시작한 것은 억압이었습니다.

마스터 나다여, 아름다움의 힘은,
신성한 꽃처럼 펼쳐집니다.
마스터 나다여, 너무나 숭고한 의지는,
시간마저 정복합니다.

**오 성령이시여, 나를 통해 흐르소서.
나는 당신을 위해 열린 문입니다.**

세차게 흘러오는 전능한 빛의 강이여,
초월은 나의 신성한 권리입니다.

2. 사랑하는 나다여, 내 태양신경총 차크라에 오셔서 빛을 계속 억눌러서는, 질병을 치유할 수 없다는 것을 알게 해주소서. 내 모든 차크라를 통과하는 빛의 흐름을 회복해야만 치유할 수 있습니다.

마스터 나다여, 당신의 지혜가,
우리에게 세차게 흘러옵니다.
마스터 나다여, 굳건한 마음으로
당신 노래의 날개를 타고 올라갑니다.

오 성령이시여, 나를 통해 흐르소서.
나는 당신을 위해 열린 문입니다.
세차게 흘러오는 전능한 빛의 강이여,
초월은 나의 신성한 권리입니다.

3. 사랑하는 나다여, 내 태양신경총 차크라에 오셔서 막혀 있는 감정에 집중하고, 의식적인 인식을 통해 열을 가하여 감정이 다시 흐를 수 있게 해주소서.

마스터 나다여, 고귀한 향기여,
당신의 사랑은 진정 하늘에서 옵니다.
마스터 나다여, 온화하고 부드러운 사랑의 날개를 타고
우리는 하늘 높이 상승합니다.

오 성령이시여, 나를 통해 흐르소서.
나는 당신을 위해 열린 문입니다.
세차게 흘러오는 전능한 빛의 강이여,
초월은 나의 신성한 권리입니다.

4. 사랑하는 나다여, 내 태양신경총 차크라에 오셔서 내가 과거의 어떤 것에도 얽매이지 않는다는 것을 알게 해주소서. 외적인 마음으로 모든 것을 판단하고 평가하고 분석하려는 욕구를 극복할 수 있게 해주소서.

마스터 나다여, 어머니 빛이여,
내 가슴은 연처럼 떠오릅니다.
마스터 나다여, 당신의 눈에는,
모든 생명이 아침 이슬처럼 순수합니다.

오 성령이시여, 나를 통해 흐르소서.
나는 당신을 위해 열린 문입니다.
세차게 흘러오는 전능한 빛의 강이여,
초월은 나의 신성한 권리입니다.

5. 사랑하는 나다여, 내 태양신경총 차크라에 오셔서 내가 생명의 강의 흐름 속에 있게 해주소서. 삶이 나를 통해 표현하고자 하는 무엇이든 언제든지 표현하고 있습니다. 나의 I AM 현존에게서 오는 것을 과감하게 자발적으로 표현합니다.

마스터 나다여, 당신은 진리를 가져오고,
아침의 새들은 사랑으로 노래합니다.
마스터 나다여, 이제 우리는 네 하위체를,
모두 치유하는 당신의 사랑을 느낍니다.

오 성령이시여, 나를 통해 흐르소서.
나는 당신을 위해 열린 문입니다.
세차게 흘러오는 전능한 빛의 강이여,
초월은 나의 신성한 권리입니다.

6. 사랑하는 나다여, 내 태양신경총 차크라에 오셔서 나의 과거 선택이 나의 미래에 대한 패턴을 규정하지 않았다는 것을 알게 해주소서. 이로써 지금 자유롭게 새로운 선택을 할 수 없다는 투사를 거부합니다.

마스터 나다여, 평화롭게 봉사하며,
우리는 모든 감정을 놓아버립니다.
마스터 나다여, 삶이 즐거워지고,
우리의 태양신경총은 태양이 됩니다.

오 성령이시여, 나를 통해 흐르소서.
나는 당신을 위해 열린 문입니다.
세차게 흘러오는 전능한 빛의 강이여,
초월은 나의 신성한 권리입니다.

7. 사랑하는 나다여, 내 태양신경총 차크라에 오셔서 생명의 강과 함께 흘러갈 권리를 온전히 받아들이게 해주소서. 그리스도 의식에는 규칙이 없다는 것을 알게 해주소서. 내가 무엇이어야 하는지, 내 존재를 어떻게 표현해야 하는지에 대한 규칙은 없습니다. 나는 생명의 강과 함께 흘러가고 있습니다.

마스터 나다여, 사랑은 자유롭고,
우리는 아무런 조건도 보지 않습니다.
마스터 나다여, 높이 상승하여,
인간적인 형태의 작은 사랑을 초월합니다.

오 성령이시여, 나를 통해 흐르소서.
나는 당신을 위해 열린 문입니다.
세차게 흘러오는 전능한 빛의 강이여,
초월은 나의 신성한 권리입니다.

8. 사랑하는 나다여, 내 태양신경총 차크라에 오셔서 과거에 대해 분석하고 불평하는 모든 경향을 놓아버릴 수 있게 해주소서. 과거에 무엇을 했든, 나는 흐름 속으로 다시 이동하여 그 이상의 존재가 되고 있음을 경험할 수 있게 해주소서.

마스터 나다여, 우리의 요청으로,
당신은 일곱 광선을 모두 균형 잡습니다.
마스터 나다여, 높이 오르며 비추소서.
당신의 찬란한 아름다움은 너무나 신성합니다.

오 성령이시여, 나를 통해 흐르소서.
나는 당신을 위해 열린 문입니다.
세차게 흘러오는 전능한 빛의 강이여,
초월은 나의 신성한 권리입니다.

9. 사랑하는 나다여, 내 태양신경총 차크라에 오셔서 내가 아직 얻지 못한 것을 볼 수 있게 해주소서. 내 존재를 풀어줄 특정한 개별 열쇠와 통찰력을 찾을 수 있게 해주소서. 나 자신을 온전히 받아들이는 데 방해가 되는 특정한 개별 장애물을 볼 수 있게 해주소서.

사랑하는 나다여, 당신의 현존은,
내면의 구체를 충만히 채워줍니다.
삶은 이제 신성한 흐름이 되며,
나는 모두에게 신성한 평화를 부여합니다.

오 성령이시여, 나를 통해 흐르소서.
나는 당신을 위해 열린 문입니다.
세차게 흘러오는 전능한 빛의 강이여,
초월은 나의 신성한 권리입니다.

4. 나는 진정한 봉사에서 기쁨을 찾습니다

1. 사랑하는 나다여, 내 태양신경총 차크라에 오셔서 내 감정이 나의 적이 아니라는 것을 받아들이게 해주소서. 그것들은 삶의 충만함을 가져오고, 내가 가진 더 높은 비전을 육체적으로 나타내는데 필요한 하나의 표현입니다.

오 나다, 복된 우주의 은총이시여,
나의 내적인 공간을 충만하게 하시니.
당신의 노래는 신성한 향유와도 같고,
내 마음은 완전한 고요의 바다가 됩니다.

나다의 신비로운 선율과 함께,
내 마음은 영원한 자유를 누립니다.
나다의 교향악을 지휘하며,
나는 영원한 평화를 선언합니다.

2. 사랑하는 나다여, 내 태양신경총 차크라에 오셔서 내가 진정으로 건강의 비전을 느끼고, 완전한 건강을 느끼고, 완전함을 느낄 수 있게 해주소서. 내 육체에 완전함이 나타나고 영양을 공급할 수 있게 해주소서.

나다여, 당신의 붓다 마음 안에서,
나는 진실로 내면의 평화를 발견합니다.
당신의 노래를 울려 퍼지게 하며,
나는 당신의 사랑과 동화됩니다.

나다의 신비로운 선율과 함께,
내 마음은 영원한 자유를 누립니다.
나다의 교향악을 지휘하며,

나는 영원한 평화를 선언합니다.

3. 사랑하는 나다여, 내 태양신경총 차크라에 오셔서 내 몸이 영적인 영양을 받아야만 기능할 수 있다는 것을 알게 해주소서. 나의 감정은 영적인 빛을 내 세포가 흡수할 수 있는 물질층으로 가져와서, 그 빛에 의해 가속되고 영양을 공급하게 만드는 매개체입니다.

오 나다, 너무나 숭고한 아름다움이시여,
나는 모든 시간을 넘어 당신을 따릅니다.
우리는 소리 없는 소리 안에 잠기며,
우주를 재창조합니다.

**나다의 신비로운 선율과 함께,
내 마음은 영원한 자유를 누립니다.
나다의 교향악을 지휘하며,
나는 영원한 평화를 선언합니다.**

4. 사랑하는 나다여, 내 태양신경총 차크라에 오셔서 내가 바뀔 수 있게 해주소서. 그리하여 나는 내가 실제로 느끼는 것을 억누르거나 부정하거나 거기에서 도망치지 않습니다. 나는 내 감정에 귀를 기울이고, 인정하고, 표현하고, 감정의 흐름이 감정체를 통해 흐르게 합니다.

오 나다여, 우리는 예견합니다
그리스도 의식이 제한받지 않는 미래를.
우리는 붓다의 마음으로 인식하고,
더 나은 미래를 마음에 품습니다.

**나다의 신비로운 선율과 함께,
내 마음은 영원한 자유를 누립니다.
나다의 교향악을 지휘하며,**

나는 영원한 평화를 선언합니다.

5. 사랑하는 나다여, 내 태양신경총 차크라에 오셔서 감정을 참으려는 욕구를 놓아버릴 수 있게 해주소서. 나는 이로써 감정을 분석하고 분류해야 한다는 모든 생각을 포기합니다. 그 대신 나는 에너지가 움직이도록 내버려둡니다.

오 나다여, 우리는 미래를 다시 씁니다.
그곳에선 결코 무력이 의(義)가 아니고,
그리스도 마음이 왕이며,
우리는 모든 것 안에서 그리스도를 봅니다.

**나다의 신비로운 선율과 함께,
내 마음은 영원한 자유를 누립니다.
나다의 교향악을 지휘하며,
나는 영원한 평화를 선언합니다.**

6. 사랑하는 나다여, 내 태양신경총 차크라에 오셔서 나의 신성한 계획과 최고의 봉사에 조율할 수 있게 해주소서. 삶에 대한 나의 가장 높은 봉사의 구현을 가로막는 어떤 막힌 감정도 허용하지 않을 것입니다.

오 나다여, 이제 평화는 일상의 기준이 되고,
내 영은 모든 형상을 초월합니다.
나는 더 이상 형상에 순응하지 않으며,
미개발의 잠재력을 활용합니다.

**나다의 신비로운 선율과 함께,
내 마음은 영원한 자유를 누립니다.
나다의 교향악을 지휘하며,**

나는 영원한 평화를 선언합니다.

7. 사랑하는 나다여, 내 태양신경총 차크라에 오셔서 나의 존재를 통한 흐름을 회복할 수 있게 해주소서. 나는 I AM 현존이 다른 사람들이 필요로 하는 것을 자발적으로 표현할 수 있게 허용합니다.

오 나다, 눈부시게 빛나는 기쁨이시어,
나는 진정으로 내 삶을 즐깁니다.
나에게 즐거움이 허락되니,
내 태양신경총은 태양처럼 빛납니다.

나다의 신비로운 선율과 함께,
내 마음은 영원한 자유를 누립니다.
나다의 교향악을 지휘하며,
나는 영원한 평화를 선언합니다.

8. 사랑하는 나다여, 내 태양신경총 차크라에 오셔서 모든 것이 기쁨이 되는 봉사의 흐름에 완전히 몰입할 수 있게 해주소서. 나는 항상 어떤 형태로든 봉사하고 있기 때문에 내 삶 전체가 기쁨입니다.

오 나다여, 봉사는,
실재 안에서 살기 위한 열쇠입니다.
이제 내가 생명의 하나됨을 깨달으니,
내 지고의 봉사가 시작되었습니다.

나다의 신비로운 선율과 함께,
내 마음은 영원한 자유를 누립니다.
나다의 교향악을 지휘하며,
나는 영원한 평화를 선언합니다.

9. 사랑하는 나다여, 내 태양신경총 차크라에 오셔서 신이 나를 통해 충만함을 경험하는 것을, 내가 봉사를 통해 경험하게 해주소서. 나는 창조주께서 표현하는 기쁨을 경험합니다. 나는 그 기쁨을 따르고 그것과 합쳐지며 모든 것이 기쁨이라는 것을 압니다. 모든 형태의 근본적인 실체는 무조건적이고, 끝이 없고, 끊임없이 흐르고, 창조적이고, 자기를 초월하는 기쁨입니다.

오 나다여, 우리는 이제 명합니다.
지상의 생명은 근심 없이 존재하라.
예수님과 함께 우리가 탐구를 완성하니,
이제 신의 나라가 구현됩니다.

나다의 신비로운 선율과 함께,
내 마음은 영원한 자유를 누립니다.
나다의 교향악을 지휘하며,
나는 영원한 평화를 선언합니다.

봉인
신성한 어머니의 이름으로, 나는 이 요청의 힘이 마터 빛을 자유롭게 함으로써, 나 자신의 삶과 모든 사람과 행성을 위한 그리스도의 완전한 비전을 구현할 수 있음을 전적으로 받아들입니다. I AM THAT I AM 의 이름으로, 이것이 이루어졌습니다! 아멘.

15
목 차크라 정화하기

I AM THAT I AM, 예수 그리스도의 이름으로, 나의 I AM 현존이 무한히 초월해 가는 내 미래의 현존을 통해 흐르며, 완전한 권능으로 이 기원을 해주시기를 요청합니다. 나는 사랑하는 대천사 미카엘과 페이쓰(Faith), 엘로힘 헤라클레스(Hercules)와 아마조니아(Amazonia), 마스터 모어, 마레이타이께 목 차크라에 있는 모든 불순물을 극복할 수 있도록 도와달라고 요청합니다. I AM 현존의 자유로운 힘의 흐름에 반대하는 내부 또는 외부의 모든 패턴이나 힘에서 벗어날 수 있도록 도와주소서...

(여기에 개인적인 요청을 추가하세요)

1. 나는 모든 반-의지를 포기합니다

1. 대천사 미카엘이여, 내 목 차크라에 오셔서, 이제 충분하다고 결정하고 앞으로 나아갈 권리를 주장하는 것을 방해하는 반-의지를 정화해 주소서.

대천사 미카엘이여, 당신의 빛나는 푸른 불꽃 안에서,
어두운 밤은 사라지고 오직 당신만이 존재합니다.
당신과 하나되어 당신의 빛으로 채워지니,
눈앞에 영광스러운 경이가 펼쳐집니다.

**대천사 미카엘이여, 당신의 페이쓰(Faith)는 너무나 강렬하여,
대천사 미카엘이여, 나를 단숨에 정화합니다.
대천사 미카엘이여, 나는 당신의 노래를 부르며,
대천사 미카엘이여, 당신과 하나가 됩니다.**

2. 대천사 미카엘이여, 내 목 차크라에 오셔서 부정직의 핵심, 무언가를 숨길 수 있다는 믿음, 내면에서 다른 것을 생각하면서 특정한 것을 말하거나 행동하는 경향을 정화해 주소서.

대천사 미카엘이여, 당신은 보호자시니,
나는 늘 당신의 푸른 방패 안에 거합니다.
어둠 속을 떠도는 모든 존재로부터 봉인되어,
나는 푸른 광휘로 빛나는 당신의 구체 안에 머뭅니다.

**대천사 미카엘이여, 당신의 페이쓰(Faith)는 너무나 강렬하여,
대천사 미카엘이여, 나를 단숨에 정화합니다.
대천사 미카엘이여, 나는 당신의 노래를 부르며,
대천사 미카엘이여, 당신과 하나가 됩니다.**

3. 대천사 미카엘이여, 내 목 차크라에 오셔서 내가 특정한 역할에 갇혀 있고 어떤 외부의 힘이 내가 앞으로 나아가는 것을 방해한다고 생각하게 만드는 반-의지의 부정직함을 정화해 주소서.

대천사 미카엘이여, 수백만의 천사가,
당신의 권능을 찬양합니다.
의심과 두려움의 데몬들을 태워버리는,
당신의 현존은 언제나 가까이 있습니다.

**대천사 미카엘이여, 당신의 페이쓰(Faith)는 너무나 강렬하여,
대천사 미카엘이여, 나를 단숨에 정화합니다.**

**대천사 미카엘이여, 나는 당신의 노래를 부르며,
대천사 미카엘이여, 당신과 하나가 됩니다.**

4. 대천사 미카엘이여, 내 목 차크라에 오셔서 어떤 외적인 힘이, 나를 현재 상황에 처하게 했다고 생각하게 만드는 잘못된 힘(anti-power)을 정화해 주소서. 내 상황을 바꿀 수 있는 힘을 되찾을 수 있게 해주소서.

대천사 미카엘이여, 신의 의지는 당신의 사랑이며,
당신은 하늘에서 신의 빛을 모두에게 가져옵니다.
신의 의지는 모든 생명이 비상(飛上)하는 것이며,
자아의 초월은 우리의 가장 신성한 권리입니다.

**대천사 미카엘이여, 당신의 페이쓰(Faith)는 너무나 강렬하여,
대천사 미카엘이여, 나를 단숨에 정화합니다.
대천사 미카엘이여, 나는 당신의 노래를 부르며,
대천사 미카엘이여, 당신과 하나가 됩니다.**

5. 대천사 미카엘이여, 내 목 차크라에 오셔서 내 자유의지를 외부의 힘에 내어주게 만드는 반-의지를 정화해 주소서.

대천사 미카엘이여, 당신의 빛나는 푸른 불꽃 안에서,
어두운 밤은 사라지고 오직 당신만이 존재합니다.
당신과 하나되어 당신의 빛으로 채워지니,
눈앞에 영광스러운 경이가 펼쳐집니다.

**대천사 미카엘이여, 당신의 페이쓰(Faith)는 너무나 강렬하여,
대천사 미카엘이여, 나를 단숨에 정화합니다.
대천사 미카엘이여, 나는 당신의 노래를 부르며,
대천사 미카엘이여, 당신과 하나가 됩니다.**

6. 대천사 미카엘이여, 내 목 차크라에 오셔서 더 이상 결정하고 싶지 않다고 결정하게 만든 반-의지를 정화해 주소서. 내 삶을 지배하는 어떤 외부의 힘이 있다는 고정된 이미지를 버릴 수 있게 해주소서.

대천사 미카엘이여, 당신은 보호자시니,
나는 늘 당신의 푸른 방패 안에 거합니다.
어둠 속을 떠도는 모든 존재로부터 봉인되어,
나는 푸른 광휘로 빛나는 당신의 구체 안에 머뭅니다.

대천사 미카엘이여, 당신의 페이쓰(Faith)는 너무나 강렬하여,
대천사 미카엘이여, 나를 단숨에 정화합니다.
대천사 미카엘이여, 나는 당신의 노래를 부르며,
대천사 미카엘이여, 당신과 하나가 됩니다.

7. 대천사 미카엘이여, 내 목 차크라에 오셔서 분리된 자아를 위해 물건을 소유하고 지배할 수 있다고 생각하게 만드는 잘못된 힘을 정화해 주소서. 다른 사람과 비교하여 분리된 자아를 높이거나, 사회에서 우월한 지위를 얻으려는 모든 욕망을 포기하게 해주소서.

대천사 미카엘이여, 수백만의 천사가,
당신의 권능을 찬양합니다.
의심과 두려움의 데몬들을 태워버리는,
당신의 현존은 언제나 가까이 있습니다.

대천사 미카엘이여, 당신의 페이쓰(Faith)는 너무나 강렬하여,
대천사 미카엘이여, 나를 단숨에 정화합니다.
대천사 미카엘이여, 나는 당신의 노래를 부르며,
대천사 미카엘이여, 당신과 하나가 됩니다.

8. 대천사 미카엘이여, 내 목 차크라에 오셔서 내가 신과 같다고 생각

하게 만들고 에고의 이원적 사고에 근거하여 선과 악을 정의할 능력
과 권리가 있다고 생각하게 만드는 잘못된 힘을 정화해 주소서.

대천사 미카엘이여, 신의 의지는 당신의 사랑이며,
당신은 하늘에서 신의 빛을 모두에게 가져옵니다
신의 의지는 모든 생명이 비상(飛上)하는 것이며,
자아의 초월은 우리의 가장 신성한 권리입니다.

대천사 미카엘이여, 당신의 페이쓰(Faith)는 너무나 강렬하여,
대천사 미카엘이여, 나를 단숨에 정화합니다.
대천사 미카엘이여, 나는 당신의 노래를 부르며,
대천사 미카엘이여, 당신과 하나가 됩니다.

9. 대천사 미카엘이여, 내 목 차크라에 오셔서 내가 물질세계에서 보
는 형태가 궁극적인 실체를 가지고 있다고 생각하게 만드는 잘못된
힘을 정화해 주소서. 내 영(Spirit)이 물질세계에서 십자가에 못 박혔
다고 생각하는 유령을 놓아버릴 수 있게 해주소서.

천사들과 함께 날아오르며,
나는 스스로를 초월합니다.
천사늘은 진실로 존재하며,
그들의 사랑은 모든 것을 치유합니다.

천사들이 평화를 가져오면,
모든 갈등은 그칩니다.
빛의 천사들과 함께,
우리는 새로운 높이로 비상합니다.

천사 날개의 바스락거리는 소리,
물질조차 노래하는 기쁨이여,

모든 원자를 울리는 기쁨이여,
천사들의 날갯짓과 조화 속에서.

2. 나는 정직합니다

1. 엘로힘 헤라클레스여, 내 목 차크라에 오셔서 신의 의지와 창조의 힘과 하나되어 정직함의 진동을 방출해 주소서.

오 헤라클레스 블루여, 당신은 모든 공간을,
무한한 권능과 은혜로 채워줍니다.
당신은 창조력을 열어주는 열쇠이며,
무한 속으로 초월하는 의지를 구현합니다.

오 헤라클레스 블루여, 당신과 하나되어,
당신의 실재에 내 가슴을 엽니다.
당신의 불꽃 안에서 이제 명료하게,
자기 초월이 진정한 연금술임을 깨닫습니다.

2. 엘로힘 헤라클레스여, 내 목 차크라에 오셔서 내가 지구에서 수행하기로 선택한, 제한된 역할을 벗어날 수 있는 권리와 능력을 받아들이는 데 도움이 되는, 창조적인 자유의 진동을 방출해 주소서.

오 헤라클레스 블루여, 나는 사랑으로,
소리를 높여 신께 무한한 찬양을 바칩니다.
무한히 정묘한 신의 활동 안에서,
각자의 역할을 하는 것에 감사합니다.

오 헤라클레스 블루여, 당신은 모든 생명을 치유하고,
푸른 불꽃의 봉인으로 감싸줍니다.
당신의 빛나는 푸른 불꽃은,

전체 실재를 향한 우리의 깊은 염원을 드러냅니다.

3. 엘로힘 헤라클레스여, 내 목 차크라에 오셔서 내가 제한된 정체성 감각에서 벗어날 수 있게 힘을 실어주는 창조적인 의지를 방출해 주소서.

오 헤라클레스 블루여, 이제 내 삶에 맹세하나니,
이 행성이 인간의 투쟁을 초월하도록 돕겠습니다.
당신의 빛은 이원성 거짓말을 꿰뚫고,
나의 내적인 시력을 온전히 회복시킵니다.

오 헤라클레스 블루여, 내가 당신의 의지와 하나되니,
내 전 존재는 당신의 푸른 화염으로 충만합니다.
당신의 권능이 나를 연마하니,
나는 모든 베일을 뚫고 모든 언덕에 오릅니다.

4. 엘로힘 헤라클레스여, 내 목 차크라에 오셔서 신이 창조하신, 순수한 존재로서 나 자신을 받아들일 수 있게 힘을 실어주는, 정직과 현실감의 진동을 방출해 주소서.

오 헤라클레스 블루여, 당신 빛의 사원은,
우리 내면의 눈에 모든 것을 드러내 주며,
타오르는 불꽃이 지구에 빛을 방사하니,
우리 행성은 새롭게 다시 태어납니다.

오 헤라클레스 블루여, 당신은 모든 생명을 보호하며,
우리에게 항상 초월하는 힘을 부어줍니다.
당신 안에서 자아는 끝없이 확장되며,
나는 신의 무한한 나선 안에서 상승합니다.

5. 엘로힘 헤라클레스여, 내 목 차크라에 오셔서 내 의지의 완전한 힘
을 되찾도록 도와주는 창조적인 추진력의 흐름을 방출해 주소서.

오 헤라클레스 블루여, 당신은 모든 공간을,
무한한 권능과 은혜로 채워줍니다.
당신은 창조력을 열어주는 열쇠이며,
무한 속으로 초월하는 의지를 구현합니다.

오 헤라클레스 블루여, 당신과 하나되어,
당신의 실재에 내 가슴을 엽니다.
당신의 불꽃 안에서 이제 명료하게,
자기 초월이 진정한 연금술임을 깨닫습니다.

6. 엘로힘 헤라클레스여, 내 목 차크라에 오셔서 내 정체성 감각을 바
꾸고, 자아상을 바꾸고, 관점을 바꾸게 해주소서. 더 이상 분리가 아닌
하나됨을 보게 되는 정체성의 엄청난 변화를 겪을 수 있게 해주소서.

오 헤라클레스 블루여, 나는 사랑으로,
소리를 높여 신께 무한한 찬양을 바칩니다.
무한히 정묘한 신의 활동 안에서,
각자의 역할을 하는 것에 감사합니다.

오 헤라클레스 블루여, 당신은 모든 생명을 치유하고,
푸른 불꽃의 봉인으로 감싸줍니다.
당신의 빛나는 푸른 불꽃은,
전체 실재를 향한 우리의 깊은 염원을 드러냅니다.

7. 엘로힘 헤라클레스여, 내 목 차크라에 오셔서 내 창조력을 되찾게
해주소서. 내가 I AM 현존인 상위 존재와 다시 연결되고 예수님과 함
께 말하게 해주소서: "나와 내 아버지는 하나이다. 내 아버지께서 지금

까지 일하시니 나도 일한다."

오 헤라클레스 블루여, 이제 내 삶에 맹세하나니,
이 행성이 인간의 투쟁을 초월하도록 돕겠습니다.
당신의 빛은 이원성 거짓말을 꿰뚫고,
나의 내적인 시력을 온전히 회복시킵니다.

오 헤라클레스 블루여, 내가 당신의 의지와 하나되니,
내 전 존재는 당신의 푸른 화염으로 충만합니다.
당신의 권능이 나를 연마하니,
나는 모든 베일을 뚫고 모든 언덕에 오릅니다.

8. 엘로힘 헤라클레스여, 내 목 차크라에 오셔서 내가 먼저 그리스도
의식의 하나됨을 추구하여 신의 능력이 나를 통해 흐르고 카르마의
균형을 훨씬 더 빨리 잡을 수 있게 해주소서.

오 헤라클레스 블루여, 당신 빛의 사원은,
우리 내면의 눈에 모든 것을 드러내 주며,
타오르는 불꽃이 지구에 빛을 방사하니,
우리 행성은 새롭게 다시 태어납니다.

오 헤라클레스 블루여, 당신은 모든 생명을 보호하며,
우리에게 항상 초월하는 힘을 부어줍니다.
당신 안에서 자아는 끝없이 확장되며,
나는 신의 무한한 나선 안에서 상승합니다.

9. 엘로힘 헤라클레스여, 내 목 차크라에 오셔서 나라는 더 위대한 존
재의 힘을 주장하고 그것을 사용하여 내 삶을 상향나선으로 바꿀 수
있게 해주소서.

창조력으로 가속하소서. 나는(I AM) 실재하며,
창조력으로 가속하소서. 모든 생명은 치유됩니다.
창조력으로 가속하소서. 나는(I AM) 무한히 초월하며,
창조력으로 가속하소서. 모든 의지는 비상합니다.

창조력으로 가속하소서! (3번)
사랑하는 헤라클레스와 아마조니아.
창조력으로 가속하소서! (3번)
사랑하는 미카엘과 페이쓰(Faith).
창조력으로 가속하소서! (3번)
사랑하는 마스터 모어.
창조력으로 가속하소서! (3번)
사랑하는 I AM.

3. 나는 내 안의 신의 힘을 받아들입니다

1. 마스터 모어여, 내 목 차크라에 오셔서 내 눈의 들보를 바라보고,
몸에 질병을 촉발시키는 의식을 바라보고 초월하려는 의지를 주장할
수 있게 해주소서.

마스터 모어여, 우리 앞에 나타나소서.
초월로 가속하는 당신의 불꽃을 받아들이겠습니다.
마스터 모어여, 우리의 의지는 강렬하고,
우리의 에너지 센터는 노래로 정화됩니다.

오 성령이시여, 나를 통해 흐르소서.
나는 당신을 위해 열린 문입니다.
세차게 흘러오는 전능한 빛의 강이여,
초월은 나의 신성한 권리입니다.

2. 마스터 모어여, 내 목 차크라에 오셔서 질병의 근원이 부정직함, 무언가를 숨길 수 있다는 환영이라는 실체를 볼 수 있게 해주소서.

마스터 모어여, 당신의 지혜가 흘러오니,
당신과의 조율이 점점 증가합니다.
마스터 모어여, 우리가 서로 연결되니,
뱀의 거짓말을 꿰뚫어봅니다.

**오 성령이시여, 나를 통해 흐르소서.
나는 당신을 위해 열린 문입니다.
세차게 흘러오는 전능한 빛의 강이여,
초월은 나의 신성한 권리입니다.**

3. 마스터 모어여, 내 목 차크라에 오셔서 신의 의지의 오메가 측면, 즉 진정한 치유는, 스스로 치유하는 것임을 완전히 받아들이게 해주소서!

마스터 모어여, 당신의 핑크빛 사랑보다,
더 순수한 사랑은 없습니다.
마스터 모어여, 당신은 모든 조건에서,
우리를 자유롭게 해방합니다.

**오 성령이시여, 나를 통해 흐르소서.
나는 당신을 위해 열린 문입니다.
세차게 흘러오는 전능한 빛의 강이여,
초월은 나의 신성한 권리입니다.**

4. 마스터 모어여, 내 목 차크라에 오셔서 삶의 목적이 자아의 성장, 자기-의식의 성장이라는 것을 받아들이게 해주소서. 이 성장은 자기 성장이며 신이 나에게 강요하는 것이 아니라는 것을 수용하게 해주소

서.

마스터 모어여, 우리를 순수하게 만드는,
당신의 단련법을 견뎌내겠습니다.
마스터 모어여, 우리의 의도는 진실하고,
언제나 당신과 하나입니다.

오 성령이시여, 나를 통해 흐르소서.
나는 당신을 위해 열린 문입니다.
세차게 흘러오는 전능한 빛의 강이여,
초월은 나의 신성한 권리입니다.

5. 마스터 모어여, 내 목 차크라에 오셔서 내가 이 우주에 갇혀 있지 않고 특정한 역할에 갇혀 있지 않은 영적인 존재라는 것을 받아들이게 해주소서. 내가 스스로를 치유할 수 있는 힘을 요청할 수 있게 해주소서.

마스터 모어여, 우리의 비전은 고양되고,
신의 의지는 늘 찬양을 받습니다.
마스터 모어여, 창조적인 의지는,
모든 생명을 더욱더 높이 올립니다.

오 성령이시여, 나를 통해 흐르소서.
나는 당신을 위해 열린 문입니다.
세차게 흘러오는 전능한 빛의 강이여,
초월은 나의 신성한 권리입니다.

6. 마스터 모어여, 내 목 차크라에 오셔서 내 자유의지가 진정으로 자유롭다는 것을 받아들이게 해주소서. 언제든 나는 역할에서 자신을 분리할 완전한 자유가 있습니다. 그것을 그냥 벗어버리고, 내게서 떨

어뜨리고, 옛사람이 죽게 하고, 새로운 자아감으로 다시 태어날 수 있습니다.

마스터 모어여, 당신의 평화는 권능이며,
전쟁의 데몬들을 삼켜버립니다.
마스터 모어여, 우리는 모든 생명에 봉사하며,
우리의 화염은 전쟁과 투쟁을 소멸합니다.

오 성령이시여, 나를 통해 흐르소서.
나는 당신을 위해 열린 문입니다.
세차게 흘러오는 전능한 빛의 강이여,
초월은 나의 신성한 권리입니다.

7. 마스터 모어여, 내 목 차크라에 오셔서 내가 제한된 존재가 되었기 때문에, 제한된 자아에서 벗어날 수 없다는 뱀의 거짓말을 떨쳐버릴 수 있게 해주소서.

마스터 모어여, 크나큰 자유 안에서,
우리는 당신과 영원히 결속됩니다.
마스터 모어여, 당신의 영원한 환희의 강에서,
우리는 새로운 반생을 맞이합니다.

오 성령이시여, 나를 통해 흐르소서.
나는 당신을 위해 열린 문입니다.
세차게 흘러오는 전능한 빛의 강이여,
초월은 나의 신성한 권리입니다.

8. 마스터 모어여, 내 목 차크라에 오셔서 신의 힘은 외부에서만 올 수 있다는 뱀의 거짓말을 떨쳐버릴 수 있게 해주소서. 나의 내면에 있는 신의 힘을 주장할 수 있게 해주소서.

마스터 모어여, 우리의 요청으로,
당신은 일곱 광선을 모두 균형 잡습니다.
마스터 모어여, 영원히 스스로를 초월하며,
우리는 영을 위해 열린 문입니다.

오 성령이시여, 나를 통해 흐르소서.
나는 당신을 위해 열린 문입니다.
세차게 흘러오는 전능한 빛의 강이여,
초월은 나의 신성한 권리입니다.

9. 마스터 모어여, 내 목 차크라에 오셔서 내가 죄의 사함을 받거나 카르마의 균형을 맞추기 위해, 이 지구에서 분리된 자아로서 무언가를 해야 한다는 환영을 버리게 해주소서.

마스터 모어여, 당신의 현존은,
내면의 구체를 충만히 채워줍니다.
삶은 이제 신성한 흐름이 되며,
우리는 모두에게 신성한 힘을 부여합니다.

오 성령이시여, 나를 통해 흐르소서.
나는 당신을 위해 열린 문입니다.
세차게 흘러오는 전능한 빛의 강이여,
초월은 나의 신성한 권리입니다.

4. 나는 모든 이원적 조건을 포기합니다

1. 마스터 모어여, 내 목 차크라에 오셔서 나에게 아무런 문제가 없다는 것을 받아들이게 해주소서. 나에게 진정으로 잘못된 것은 내가 무언가 잘못되었다는 그 개념입니다.

오 우주의 어머니여, 나를 본향으로 부르는,
공(gong) 소리를 울려주소서.
당신이 내게 부어주시는 온화한 사랑을 깨달으며,
그 앎 속에서, 나는 자유롭습니다.

**마레이타이여, 우주의 문을 열어주는 노래가
내 안에 울려 퍼집니다.
당신의 선율이 내 존재를 진동시키면
내 자아감은 새로이 창조됩니다.**

2. 마스터 모어여, 내 목 차크라에 오셔서 하나됨 안에서 창조된 것만
이 진짜라는 것을 받아들이게 해주소서. 분리 의식으로 창조된 것은
진짜가 아니며, 진정한 나의 일부에 영향을 줄 수 없습니다.

오 우주의 어머니여, 나를 굳게 잡아주소서.
당신의 빛이 내 안에 울려 퍼집니다.
당신의 음악은 내 가슴을 정화하고,
나는 모두에게 당신의 사랑을 전해줍니다.

**마레이타이여, 우주의 문을 열어주는 노래가
내 안에 울려 퍼집니다.
당신의 선율이 내 존재를 진동시키면
내 자아감은 새로이 창조됩니다.**

3. 마스터 모어여, 내 목 차크라에 오셔서 하나됨에는 어떤 조건도 있
을 수 없다는 것을 볼 수 있게 해주소서. 나는 서로 반대되는 두 가
지 조건을 만들어 하나됨에서 분리합니다.

오 우주의 어머니여, 우리는 하나이며,
당신의 가슴은 불타오르는 태양입니다.

당신에게서 크게 울려 나오는 신성한 음류는,
내 존재를 통해 더욱더 증폭됩니다.

**마레이타이여, 우주의 문을 열어주는 노래가
내 안에 울려 퍼집니다.
당신의 선율이 내 존재를 진동시키면
내 자아감은 새로이 창조됩니다.**

4. 마스터 모어여, 내 목 차크라에 오셔서 하나의 이원적 조건의 반대
편으로 이동하는 것으로, 그것을 중화, 균형 또는 무효화할 수 없다는
것을 볼 수 있게 해주소서. 문제를 일으킨 것과 같은 의식 상태로는
문제를 극복할 수 없습니다.

오 우주의 어머니여, 나는 이제,
신성한 구체의 미묘한 소리를 듣습니다.
우주의 훔(Hum) 소리에 나를 조율하며,
더 작은 자아를 넘어섭니다.

**마레이타이여, 우주의 문을 열어주는 노래가
내 안에 울려 퍼집니다.
당신의 선율이 내 존재를 진동시키면
내 자아감은 새로이 창조됩니다.**

5. 마스터 모어여, 내 목 차크라에 오셔서 내가 나를 분리된 존재로
보았기 때문에 카르마를 만들었음을 알 수 있게 해주소서. 나는 자아
에 집중하게 되었고, 그래서 독선적이고 이기적인 행동을 했습니다.

오 우주의 어머니여, 나를 집으로 데려가소서.
내가 신성한 옴(OM) 소리와 공명하니,
소리 안의 소리는 나를 위로 들어올리고,

내 잔에는 오직 빛만이 존재합니다.

**마레이타이여, 우주의 문을 열어주는 노래가
내 안에 울려 퍼집니다.
당신의 선율이 내 존재를 진동시키면
내 자아감은 새로이 창조됩니다.**

6. 마스터 모어여, 내 목 차크라에 오셔서 분리된 자아를 통해 어떤 일을 하는 것으로는, 카르마를 상쇄할 수 없다는 것을 알게 해주소서. 분리된 자아가 만든 카르마의 균형을 맞추기 위해 분투하는 것은, 내가 분리된 자아라는 환영을 강화할 뿐입니다.

오 우주의 어머니여, 나는 우주 교향악의,
일부가 되리니.
나의 전 현존은(All that I AM),
하늘에서 오는 소리를 연주하는 악기입니다.

**마레이타이여, 우주의 문을 열어주는 노래가
내 안에 울려 퍼집니다.
당신의 선율이 내 존재를 진동시키면
내 사아삼은 새로이 창조됩니다.**

7. 마스터 모어여, 내 목 차크라에 오셔서 내 안의 신의 힘과 하나가 됨으로써 하늘에 들어간다는 것을 받아들이게 해주소서. 나는 분리된 자아를 극복해야만 신의 힘과 하나가 될 수 있습니다.

오 우주의 어머니여, 이제 요청드리니,
나를 신성한 음악의 전당으로 들어가게 하소서.
별들이 빛나는 창공을 향해 가며,
나는 생명의 상승에 참여합니다.

마레이타이여, 우주의 문을 열어주는 노래가
내 안에 울려 퍼집니다.
당신의 선율이 내 존재를 진동시키면
내 자아감은 새로이 창조됩니다.

8. 마스터 모어여, 내 목 차크라에 오셔서 나의 지복을 따를 수 있게
해주소서. 나에게 가장 큰 기쁨을 주는 것이 내 내면의 존재, 신의 불
꽃, 내가 나온 더 큰 영적인 존재와의 하나되는 감각임을 경험하게
해주소서.

오 우주의 어머니여, 내 현들을 조율하시어,
내 전 존재가 당신과 함께 노래하게 하소서.
이제 당신의 노래를 울려 퍼지게 하며,
나는 우주적인 사랑을 찬양합니다.

마레이타이여, 우주의 문을 열어주는 노래가
내 안에 울려 퍼집니다.
당신의 선율이 내 존재를 진동시키면
내 자아감은 새로이 창조됩니다.

9. 마스터 모어여, 내 목 차크라에 오셔서 내가 신의 의지와 힘을 사
랑함으로써, 그 의지와 힘과 하나가 되게 해주소서. 나의 동기를 정화
하도록 도와주소서. 신의 힘이 모든 생명을 높이기 위해 나를 통해
흐를 것입니다. 나는 이로써 내가 진짜라는 것을 받아들입니다.

오 우주의 어머니여, 당신을 사랑합니다.
당신의 사랑 노래는 나를 영원히 진실되게 합니다.
당신이 신성한 음조로 나를 가득 채워주시니,
이제 내 외로움은 완전히 사라졌습니다.

마레이타이여, 우주의 문을 열어주는 노래가
내 안에 울려 퍼집니다.
당신의 선율이 내 존재를 진동시키면
내 자아감은 새로이 창조됩니다.

봉인

신성한 어머니의 이름으로, 나는 이 요청의 힘이 마터 빛을 자유롭게
함으로써, 나 자신의 삶과 모든 사람과 행성을 위한 그리스도의 완전
한 비전을 구현할 수 있음을 전적으로 받아들입니다. I AM THAT I AM
의 이름으로, 이것이 이루어졌습니다! 아멘.

16
영혼 차크라 정화하기

I AM THAT I AM, 예수 그리스도의 이름으로, 나의 I AM 현존이 무한히 초월해 가는 내 미래의 현존을 통해 흐르며, 완전한 권능으로 이 기원을 해주시기를 요청합니다. 나는 사랑하는 대천사 자드키엘과 애머시스트, 엘로힘 악튜러스(Arcturus)와 빅토리아(Victoria), 성 저메인, 관음께 내 영혼 차크라의 모든 불순물을 극복할 수 있도록 도와달라고 요청합니다. 내 I AM 현존의 자유의 흐름에 반대하는 내부 또는 외부의 모든 패턴이나 힘으로부터 자유로워질 수 있도록 도와주소서
…

(여기에 개인적인 요청을 추가하세요)

1. 나는 신의 정의를 받아들입니다

1. 대천사 자드키엘이여, 내 영혼 차크라에 오셔서 정의에 대한 이원적 개념, 특히 벌을 충분히 받아야만 과거의 선택으로부터 자유로울 수 있다는 환영을 정화해 주소서.

대천사 자드키엘이여, 보라색 광선 안에서,
나는 당신의 빠른 흐름을 타고,
더 작은 자아의 제한을 즉시 벗어나서,
우리를 자유롭게 하는 진동으로 이동합니다.

**대천사 자드키엘이여, 당신의 보라색 띠로,
대천사 자드키엘이여, 지구를 둘러싸소서.
대천사 자드키엘이여, 멈추지 않는 지복 안에서,
대천사 자드키엘이여, 우리 행성은 다시 태어납니다.**

2. 대천사 자드키엘이여, 내 영혼 차크라에 오셔서 신은 분노한 심판자이므로, 질병이나 불행이 신의 형벌이라는 믿음을 정화해 주소서.

대천사 자드키엘이여, 우리는 진정으로,
보라색 불꽃을 통달한 마스터가 되기를 열망합니다.
우리는 당신의 연금술의 힘을 사용하며,
신성한 말씀으로 모든 생명을 해방합니다.

**대천사 자드키엘이여, 당신의 보라색 띠로,
대천사 자드키엘이여, 지구를 둘러싸소서.
대천사 자드키엘이여, 멈추지 않는 지복 안에서,
대천사 자드키엘이여, 우리 행성은 다시 태어납니다.**

3. 대천사 자드키엘이여, 내 영혼 차크라에 오셔서 특히 질병이 잘못한 것에 대한 벌이라는 믿음과 관련된, 두려움의 에너지를 정화해 주소서.

대천사 자드키엘이여, 당신의 보라색 광선은,
멈출 수 없는 힘으로 지구를 변형합니다.
우리 행성은 즉시 회전을 시작하고,
수십억 천사와 함께 우리는 승리합니다.

**대천사 자드키엘이여, 당신의 보라색 띠로,
대천사 자드키엘이여, 지구를 둘러싸소서.
대천사 자드키엘이여, 멈추지 않는 지복 안에서,**

대천사 자드키엘이여, 우리 행성은 다시 태어납니다.

4. 대천사 자드키엘이여, 내 영혼 차크라에 오셔서 나를 이원론적 한 쪽 극단으로 끌어당기고, 삶의 모든 측면에서 균형을 찾지 못하게 하는 모든 에너지를 정화해 주소서.

대천사 자드키엘이여, 보라색 화염이여,
지구와 인류는 결코 이전과 같지 않습니다.
성 저메인의 황금시대는 현실이 되고,
우리는 기뻐하며 영광스러운 경이를 바라봅니다.

대천사 자드키엘이여, 당신의 보라색 띠로,
대천사 자드키엘이여, 지구를 둘러싸소서.
대천사 자드키엘이여, 멈추지 않는 지복 안에서,
대천사 자드키엘이여, 우리 행성은 다시 태어납니다.

5. 대천사 자드키엘이여, 내 영혼 차크라에 오셔서 신이 내가 실수를 한 것에 대해 벌을 받기를 원한다거나, 고통을 통해 과거의 선택을 보상할 수 있다는 환영을 정화해 주소서.

내선사 자드키엘이여, 보라색 광선 안에서,
나는 당신의 빠른 흐름을 타고,
더 작은 자아의 제한을 즉시 벗어나서,
우리를 자유롭게 하는 진동으로 이동합니다.

대천사 자드키엘이여, 당신의 보라색 띠로,
대천사 자드키엘이여, 지구를 둘러싸소서.
대천사 자드키엘이여, 멈추지 않는 지복 안에서,
대천사 자드키엘이여, 우리 행성은 다시 태어납니다.

6. 대천사 자드키엘이여, 내 영혼 차크라에 오셔서 물질이 영구적이고 변화하기 어렵다고 믿게 만드는 죽음의 의식, 심지어 물질이 실재이고 독립적인 것이라고 믿게 만드는, 죽음의 의식을 정화해 주소서.

대천사 자드키엘이여, 우리는 진정으로,
보라색 불꽃을 통달한 마스터가 되기를 열망합니다.
우리는 당신의 연금술의 힘을 사용하며,
신성한 말씀으로 모든 생명을 해방합니다.

대천사 자드키엘이여, 당신의 보라색 띠로,
대천사 자드키엘이여, 지구를 둘러싸소서.
대천사 자드키엘이여, 멈추지 않는 지복 안에서,
대천사 자드키엘이여, 우리 행성은 다시 태어납니다.

7. 대천사 자드키엘이여, 내 영혼 차크라에 오셔서 견고해 보이는 물질 너머에 의식이 있으며, 의식은 즉각 바뀔 수 있음을 알 수 있도록, 죽음의 의식의 검은 구름을 정화해 주소서.

대천사 자드키엘이여, 당신의 보라색 광선은,
멈출 수 없는 힘으로 지구를 변형합니다.
우리 행성은 즉시 회전을 시작하고,
수십억 천사와 함께 우리는 승리합니다.

대천사 자드키엘이여, 당신의 보라색 띠로,
대천사 자드키엘이여, 지구를 둘러싸소서.
대천사 자드키엘이여, 멈추지 않는 지복 안에서,
대천사 자드키엘이여, 우리 행성은 다시 태어납니다.

8. 대천사 자드키엘이여, 내 영혼 차크라에 오셔서 내가 이원성 의식에 참여하는 실수를 저지르면 결코 분리를 극복할 수 없다고 말하는

죽음의 의식을 정화해 주소서. 비실재가 실재에 영구적으로 영향을 미칠 수 없다는 것을 받아들이게 해주소서.

대천사 자드키엘이여, 보라색 화염이여,
지구와 인류는 결코 이전과 같지 않습니다.
성 저메인의 황금시대는 현실이 되고,
우리는 기뻐하며 영광스러운 경이를 바라봅니다.

대천사 자드키엘이여, 당신의 보라색 띠로,
대천사 자드키엘이여, 지구를 둘러싸소서.
대천사 자드키엘이여, 멈추지 않는 지복 안에서,
대천사 자드키엘이여, 우리 행성은 다시 태어납니다.

9. 대천사 자드키엘이여, 내 영혼 차크라에 오셔서 내가 더 이상 죽음의 의식을 받아들인 사람이 아니라고 결정하는 순간, 어떤 환영도 나를 더 이상 붙잡을 수 없다는 것을 경험하게 해주소서. 나는 이제 내가 원하는 것이 될 자유가 있음을 받아들입니다. 내면의 신은 이렇게 말합니다. "나는 스스로를 초월해가는 존재(I will be who I will be)이다. 그리고 이제 나는 이전보다 그 이상이 되기로 선택한다."

천사늘과 함께 날아오르며,
나는 스스로를 초월합니다.
천사들은 진실로 존재하며,
그들의 사랑은 모든 것을 치유합니다.

천사들이 평화를 가져오면,
모든 갈등은 그칩니다.
빛의 천사들과 함께,
우리는 새로운 높이로 비상합니다.

천사 날개의 바스락거리는 소리,
물질조차 노래하는 기쁨이여,
모든 원자를 울리는 기쁨이여,
천사들의 날갯짓과 조화 속에서.

2. 나는 창조적인 존재입니다

1. 엘로힘 악튜러스여, 내 영혼 차크라에 오셔서 부활의 에너지를 방출하시어, 내가 죽음의 의식 속으로 아무리 멀리 내려가더라도, 언제든지 그리스도께 손을 뻗을 수 있다는 것을 받아들일 수 있게 해주소서. 나는 이제 구원자 그리스도를 받아들입니다.

사랑하는 악튜러스여, 모든 생명이 성장하도록,
지금 보라색 화염의 흐름을 방출하소서.
끝없이 확장되는 빛의 원들은,
모든 원자 안에서 너무나 밝게 고동칩니다.

**사랑하는 악튜러스여, 그대 자유의 엘로힘이여,
당신의 실재에 내 가슴을 엽니다.
내 가슴은 무한 속으로 확장되며,
당신의 불꽃은 신성한 승리의 열쇠입니다.**

2. 엘로힘 악튜러스여, 내 영혼 차크라에 오셔서 신의 무조건성을 방출해 주소서. 내가 저지른 실수가 무엇이든 그 당시의 의식 상태를 표현한 것임을 알게 해주소서. 나는 이제 그 의식을 죽도록 내버려두고, 새로운 자아감으로 다시 태어났음을 받아들입니다.

사랑하는 악튜러스여, 항상 나와 함께하소서.
나는 다시 태어나 새날을 맞을 준비가 되었습니다.
나는 이곳 지구의 삶에 아무런 집착이 없으며,

당신 부활의 불꽃 속에서 새 삶을 선포합니다.

**사랑하는 악튜러스여, 당신의 순수한 보라색 화염은,
모든 병에 대한 최고의 치료제입니다.
어떤 어둠도 그 화염을 견딜 수 없으며,
나의 자유를 영원히 지켜줍니다.**

3. 엘로힘 악튜러스여, 내 영혼 차크라에 오셔서 내가 물질 우주에서 직면하는 모든 조건이, 정신적 이미지의 표현이라는 것을 받아들이게 해주소서. 내가 이제 진실로 의식을 바꾸면, 물리적인 조건을 만드는 이미지를 바꾼다는 것을 받아들입니다.

사랑하는 악튜러스여, 당신의 찬란한 보라색 불꽃은,
이제 모든 원자를 채우며 더 높이 가속합니다.
모든 원자의 공간이 당신의 빛으로 충만해지니,
물질 자체가 밝은 빛을 내며 반짝입니다.

**사랑하는 악튜러스여, 변형을 가져오는 당신의 은총은,
이제 모든 도전에 맞설 힘을 내게 부어주시고,
당신의 보라색 광선이 내면에 흘러넘치니,
나는 상승을 향해 흔쾌히 달려집니다.**

4. 엘로힘 악튜러스, 내 영혼 차크라에 오셔서 에고가 물질 우주와 동일한 주파수로 만들어져서, 분리된 자아는 물질이 견고하고 변하지 않는다고 믿는다는 것을 알게 해주소서. 나는 영(Spirit)의 진동으로 만들어졌습니다.

사랑하는 악튜러스여, 새로운 시대를 가져오시어,
지구와 인류가 새로운 장으로 진입하게 하소서.
당신의 변형하는 빛은 우리에게 확신을 주며,

성 저메인의 황금시대는 현실이 되고.

**사랑하는 악튜러스여, 모든 두려움을 굴복시키니,
당신의 현존은 닿을 듯이 가까이 있습니다.
나는 당신의 자유의 노래를 들으며,
신께서 나를 영원히 사랑하심을 깨닫습니다.**

5. 엘로힘 악튜러스여, 내 영혼 차크라에 오셔서 물질이 무한히 변화할 수 있다는 것을 경험하게 해주소서. 나는 이제 내가 벌을 받을 필요가 없음을 받아들입니다. 나는 즉시 질병에서 벗어난다는 것을 받아들입니다. 나는 치유를 받아들이고 완전함을 받아들입니다.

사랑하는 악튜러스여, 모든 생명이 성장하도록,
지금 보라색 화염의 흐름을 방출하소서.
끝없이 확장되는 빛의 원들은,
모든 원자 안에서 너무나 밝게 고동칩니다.

**사랑하는 악튜러스여, 그대 자유의 엘로힘이여,
당신의 실재에 내 가슴을 엽니다.
내 가슴은 무한 속으로 확장되며,
당신의 불꽃은 신성한 승리의 열쇠입니다.**

6. 엘로힘 악튜러스여, 내 영혼 차크라에 오셔서 예수께서 가져오신 깨달음, 즉 진정으로, 정직하게, 절대적으로, 현실적으로 내가 마음을 바꾸면, 물질의 어떤 조건도 순식간에 바꿀 수 있다는 것을 받아들이게 해주소서.

사랑하는 악튜러스여, 항상 나와 함께하소서.
나는 다시 태어나 새날을 맞을 준비가 되었습니다.
나는 이곳 지구의 삶에 아무런 집착이 없으며,

당신 부활의 불꽃 속에서 새 삶을 선포합니다.

사랑하는 악튜러스여, 당신의 순수한 보라색 화염은,
모든 병에 대한 최고의 치료제입니다.
어떤 어둠도 그 화염을 견딜 수 없으며,
나의 자유를 영원히 지켜줍니다.

7. 엘로힘 악튜러스여, 내 영혼 차크라에 오셔서 죽음에 대한 두려움을 직면하게 해주소서. 나는 육체 그 이상이므로 죽음조차도 환영이라는 것을 경험하게 해주소서.

사랑하는 악튜러스여, 당신의 찬란한 보라색 불꽃은,
이제 모든 원자를 채우며 더 높이 가속합니다.
모든 원자의 공간이 당신의 빛으로 충만해지니,
물질 자체가 밝은 빛을 내며 반짝입니다.

사랑하는 악튜러스여, 변형을 가져오는 당신의 은총은,
이제 모든 도전에 맞설 힘을 내게 부어주시고,
당신의 보라색 광선이 내면에 흘러넘치니,
나는 상승을 향해 흔쾌히 달려갑니다.

8. 엘로힘 악튜러스여, 내 영혼 차크라에 오셔서 내가 마음에서 만든 조건들을 경험하는 것에 대해 책임질 수 있게 해주소서. 내 안에 있는 무한한 창조력을 경험하고 받아들이게 해주소서.

사랑하는 악튜러스여, 새로운 시대를 가져오시어,
지구와 인류가 새로운 장으로 진입하게 하소서.
당신의 변형하는 빛은 우리에게 확신을 주며,
성 저메인의 황금시대는 현실이 되고.

사랑하는 악튜러스여, 모든 두려움을 굴복시키니,
당신의 현존은 닿을 듯이 가까이 있습니다.
나는 당신의 자유의 노래를 들으며,
신께서 나를 영원히 사랑하심을 깨닫습니다.

9. 엘로힘 악튜러스여, 내 영혼 차크라에 오셔서 완전한 창조적 자유의 에너지를 방출해 주소서. 나는 내가 누구이며 나의 창의력을 어떻게 표현할지 기꺼이 결정합니다. 나의 I AM 현존과 하나됨을 받아들이고, 존재의 자발적이고 자연스러운 흐름을 표현합니다.

자유로 가속하소서. 나는(I AM) 실재하며,
자유로 가속하소서. 모든 생명은 치유됩니다.
자유로 가속하소서. 나는(I AM) 무한히 초월하며,
자유로 가속하소서. 모든 의지는 비상합니다.

자유로 가속하소서! (3번)
사랑하는 악튜러스와 빅토리아.
자유로 가속하소서! (3번)
사랑하는 자드키엘과 애머시스트.
자유로 가속하소서! (3번)
사랑하는 성 저메인.
자유로 가속하소서! (3번)
사랑하는 I AM.

3. 나는 신과 함께하는 공동창조자입니다

1. 성 저메인이여, 나의 영혼 차크라에 오셔서 내가 특정한 의식 상태에 있는 이유는, 내가 특정한 선택을 했기 때문임을 받아들이게 해주소서. 내가 그러한 선택을 초월해야만 그 의식 상태에서 벗어날 수 있습니다.

성 저메인이여, 보라색 화염의 연금술로,
당신은 우리를 자유롭게 해방합니다.
성 저메인이여, 자유의 거침없는 흐름 안에서,
우리는 영원히 성장합니다.

오 성령이시여, 나를 통해 흐르소서.
나는 당신을 위해 열린 문입니다.
세차게 흘러오는 전능한 빛의 강이여,
초월은 나의 신성한 권리입니다.

2. 성 저메인이여, 내 영혼 차크라에 오셔서, 나는 옛사람(old man)을 죽이고 새사람(new man)을 기꺼이 입겠습니다. 내가 다시 태어났고 새사람이라는 것을 인식하고 받아들이게 해주소서. 나는 실수하지 않았고, 그러므로 벌을 받는 것은 마땅하지 않다는 것을 받아들이게 해주소서.

성 저메인이여, 보라색 화염의 기하학을,
통달한 존재시여.
성 저메인이여, 당신 안에서,
우리를 자유롭게 해주는 공식을 봅니다.

오 성령이시여, 나를 통해 흐르소서.
나는 당신을 위해 열린 문입니다.
세차게 흘러오는 전능한 빛의 강이여,
초월은 나의 신성한 권리입니다.

3. 성 저메인이여, 내 영혼 차크라에 오셔서 과거의 잘못을 보상하기 위해, 더 많이 애쓸수록 분리된 자아의 실체를 더 확인하게 된다는 것을 받아들이게 해주소서.

성 저메인이여, 당신은 자유 안에서,
모두를 해방하는 사랑을 보내줍니다.
성 저메인이여, 모두를 초월로 이끄는,
보라색 화염에 경배합니다.

**오 성령이시여, 나를 통해 흐르소서.
나는 당신을 위해 열린 문입니다.
세차게 흘러오는 전능한 빛의 강이여,
초월은 나의 신성한 권리입니다.**

4. 성 저메인이여, 내 영혼 차크라에 오셔서 내가 진정으로 의식을 바꿀 때, 내 육체와 그 안의 모든 상태도 바뀐다는 것을 받아들이게 해주소서. 마음속의 이미지를 바꾸면, 육체에서 나타나는 현상을 즉시 바꿀 수 있다는 것을 받아들입니다.

성 저메인이여, 화합 안에서,
우리는 이원성을 초월하겠습니다.
성 저메인이여, 자아는 너무나 순수해지고,
당신의 보라색 연금술은 명확합니다.

**오 성령이시여, 나를 통해 흐르소서.
나는 당신을 위해 열린 문입니다.
세차게 흘러오는 전능한 빛의 강이여,
초월은 나의 신성한 권리입니다.**

5. 성 저메인이여, 내 영혼 차크라에 오셔서 내가 어떻게 지금 이 자리에 오게 되었는지, 절대 보지 말아야 한다는 에고 환영을 극복하게 해주소서. 어떤 선택이든 되돌릴 수 있는 권리를 받아들이게 해주소서. 신과 함께하는 공동창조자로서 내가 누구인지 선택을 할 수 있는 힘과 의지를 되찾게 해주소서.

성 저메인이여, 진실한 존재시여,
보라색 광선 안에서 모든 근심은 사라집니다.
성 저메인이여, 우리의 오라를 봉인하며,
당신의 보라색 화염은 우리의 차크라를 치유합니다.

오 성령이시여, 나를 통해 흐르소서.
나는 당신을 위해 열린 문입니다.
세차게 흘러오는 전능한 빛의 강이여,
초월은 나의 신성한 권리입니다.

6. 성 저메인이여, 내 영혼 차크라에 오셔서 내가 죽음을 받아들이고
그 안으로 들어가서 그것이 환영임을 볼 수 있게 해주소서.

성 저메인이여, 보라색 화염의 연금술로,
당신은 모든 원자를 자유롭게 합니다.
성 저메인이여, 우리는 바라봅니다.
납을 황금으로 변형하는 비전을.

오 성령이시여, 나를 통해 흐르소서.
나는 당신을 위해 열린 문입니다.
세차세 흘러오는 전능한 빛의 강이여,
초월은 나의 신성한 권리입니다.

7. 성 저메인이여, 내 영혼 차크라에 오셔서 내가 죽음의 반대편에 서
게 하시고, 분리된 자아의 관점에서 실재로 보이는 것이 완전히 비실
재라는 것을 볼 수 있게 해주소서. 나는 이제 내가 절대 죽을 수 없
는 무한한 창조주의 확장임을 알고 받아들입니다.

성 저메인이여, 무한한 초월이여,
우리는 언제나 당신과 하나입니다.

성 저메인이여, 우리는 영혼에서 해방되어,
당신을 알아가는 큰 기쁨을 누립니다.

**오 성령이시여, 나를 통해 흐르소서.
나는 당신을 위해 열린 문입니다.
세차게 흘러오는 전능한 빛의 강이여,
초월은 나의 신성한 권리입니다.**

8. 성 저메인이여, 내 영혼 차크라에 오셔서 내가 신이나 자신으로부터 아무것도 숨기려 하지 않고, 한계를 살펴봐야만 관점을 바꿀 수 있음을 알게 해주소서. 나는 이제 한계를 고백하고 그것을 인정함으로써, 이미 그것으로부터 나를 분리하기 시작했다는 바로 그 현실을 받아들입니다.

성 저메인이여, 고결함은,
신성한 연금술을 여는 열쇠입니다.
성 저메인이여, 우리의 요청으로,
당신은 일곱 광선을 모두 균형 잡습니다.

**오 성령이시여, 나를 통해 흐르소서.
나는 당신을 위해 열린 문입니다.
세차게 흘러오는 전능한 빛의 강이여,
초월은 나의 신성한 권리입니다.**

9. 성 저메인이여, 내 영혼 차크라에 오셔서 내 진정한 정체성 감각을 다시 확립하게 해주소서. 나는 이렇게 말합니다: "나는 과거에 그런 실수를 하지 않았다. 그때 나는 다른 사람이었다. 나는 그 실수를 저질렀을 때의 그 사람, 그 자아감을 죽도록 내버려두었다. 나는 다시 태어났고 이제 그리스도 안에서 새로운 존재가 되었다."

성 저메인이여, 당신의 현존은,
내면의 구체를 충만히 채워줍니다.
삶은 이제 신성한 흐름이 되며,
나는 모두에게 신성한 자유를 부여합니다.

오 성령이시여, 나를 통해 흐르소서.
나는 당신을 위해 열린 문입니다.
세차게 흘러오는 전능한 빛의 강이여,
초월은 나의 신성한 권리입니다.

4. 나는 완전히 내맡깁니다

1. 성 저메인이여, 내 영혼 차크라에 오셔서 나는 내 자신의 정신적 이미지에 의해, 십자가에 못 박혀 있다는 것을 깨닫게 해주소서. 나를 십자가에 못 박는 의식 상태로는 내가 십자가에서 내려올 수 없습니다. 나는 이제 모든 정신적 이미지와 조건에 대한, 완전하고 무조건적인 내맡김의 마지막 행동으로 유령을 포기합니다.

오 관음, 성스러운 이름이시여,
나를 자비의 불꽃으로 채워주소서.
자비를 베풀어 나는 자유로워지고,
모두를 용서함은 마법의 열쇠입니다.

관음의 감미로운 선율 안에서,
나는 진아의 자유를 얻고.
관음의 생명력 안에서,
내 불멸을 선언합니다.

2. 성 저메인이여, 내 영혼 차크라에 오셔서 모든 조건과 환영을 포기하는, 무조건적인 내맡김에서 오는 해방, 자유, 기쁨을 경험하게 해주

소서.

오 관음이시여, 나는 이곳 지상에서의,
모든 집착을 보내버립니다.
갇혀 있던 느낌들을 모두 놓아주고,
감정의 질병에서 해방됩니다.

관음의 감미로운 선율 안에서,
나는 진아의 자유를 얻고.
관음의 생명력 안에서,
내 불멸을 선언합니다.

3. 성 저메인이여, 내 영혼 차크라에 오셔서 내가 두려워하는 것으로부터 도망치는 대신, 그것을 포용할 수 있음을 경험하게 해주소서. 지금, 이 순간 내가 죽어도 후회도, 끌어당김도, 미완성된 일의 느낌도 없이 이 지구를 떠날 수 있다는 느낌을 경험하게 해주소서.

오 관음이시여, 왜 삶이 내 이상(理想)에,
미치지 못한다고 느껴야 합니까?
나는 모든 기대를 던져버렸고,
이제 내 마음은 비워진 잔입니다

관음의 감미로운 선율 안에서,
나는 진아의 자유를 얻고.
관음의 생명력 안에서,
내 불멸을 선언합니다.

4. 성 저메인이여, 내 영혼 차크라에 오셔서 저울로 표현되는, 전체의식을 초월할 수 있다는 것을 사람들이 알 수 있도록 돕는, 보살(Bodhisattva)로 다시 태어나게 해주소서. 이원성을 초월하여 그것에

서 벗어나 신께서 모세에게 표현한 완전한 자유로 나아갈 수 있습니다: "나는 스스로를 초월해가는 존재(I will be who I will be)이다."

오 관음이시여, 과거를 초월하니,
마침내 모든 원한은 사라집니다.
나는 미래의 어느 것도 기대하지 않고,
영원한 현재를 거부하지 않습니다.

관음의 감미로운 선율 안에서,
나는 진아의 자유를 얻고.
관음의 생명력 안에서,
내 불멸을 선언합니다.

5. 성 저메인이여, 내 영혼 차크라에 오셔서 내가 실재하며 비실재인 죽음은 생명에 영향을 미칠 수 없다는 것을 받아들이게 해주소서. 이제 나는 죽음이 그 날카로움을 잃었음을 봅니다. 나의 자유, 나를 통해 신의 존재가 되는 완전한 자유를 받아들입니다. 죽음이여 너의 승리는 어디에 있는가.

오 관음이시여, 윤회의 거친 바다 위로,
나를 들어올려 주소서.
당신의 반야의 배 안에선 모두가 안전하니,
이제는 피안이 멀지 않았습니다.

관음의 감미로운 선율 안에서,
나는 진아의 자유를 얻고.
관음의 생명력 안에서,
내 불멸을 선언합니다.

6. 성 저메인이여, 내 영혼 차크라에 오셔서 자유는 어떤 조건과도 관

련이 없으므로, 자유가 어떤 조건으로부터의 자유가 아님을 받아들이게 해주소서. 자유는 조건을 초월한 진동이며 무조건적입니다. 그것은 의식 상태입니다. 끊임없이 자신을 초월하는 의식의 흐름입니다. 자유는 언제나 그 이상이며, 자유롭게 그 이상을 표현하며, 어느 때나 그 이상이 되기 때문에, 그 초월성 안에서 어떤 제한된 표현으로 고정되거나 억제될 수 없습니다.

오 관음이시여, 당신의 연금술은,
기적과 함께 나를 해방합니다.
나는 용서함으로써 용서를 받으며,
더 이상 죄책감에 끌려가지 않습니다.

관음의 감미로운 선율 안에서,
나는 진아의 자유를 얻고.
관음의 생명력 안에서,
내 불멸을 선언합니다.

7. 성 저메인이여, 내 영혼 차크라에 오셔서 지구를 대표하며 자유로운 의식하는 존재, 의식의 영, 그 흐름인 당신과 하나가 되도록 도와주소서. 나는 진정으로 자유로워지고 싶기 때문에, 당신과 하나가 되기 위하여 당신의 도움을 받아들입니다. 성 저메인이여, 나는 당신의 완전한 존재, 당신의 자유의 영을 받아들입니다. 나는 그것과 결합하고, 자유와 하나이며 어떤 조건도 나를 제한할 수 없다는 것을 압니다.

오 관음이시여, 모든 근심이 사라지며,
행함이 없어도 이루지 못한 일이 없습니다.
내가 분리된 자아를 통해 행하지 않으니,
당신과 온전히 하나되어 휴식합니다.

관음의 감미로운 선율 안에서,
나는 진아의 자유를 얻고.
관음의 생명력 안에서,
내 불멸을 선언합니다.

8. 성 저메인이여, 내 영혼 차크라에 오소서. 나는 죽음에 대한 두려움조차 내려놓고, 어떤 조건도 포기하는 궁극적인 치유와 궁극적인 완전함을 기꺼이 경험하고자 합니다. 여기 지상에 서서 나는 자유로운 존재이며, 모든 생명을 높이고자 하는 나의 영과, 나를 통한 영의 표현을 제한하는 어떤 조건도 받아들이지 않겠다고 선언합니다.

오 관음이시여, 당신의 지혜는,
이제 나를 허상에서 자유롭게 합니다.
진정 이 모든 것이 나에게 무엇이리까.
나는 다 놓아버리고 당신을 따릅니다.

관음의 감미로운 선율 안에서,
나는 진아의 자유를 얻고.
관음의 생명력 안에서,
내 불멸을 선언합니다.

9. 성 저메인이여, 내 영혼 차크라에 오셔서 내가 그리스도와 함께 일하며, 포로들을 자유롭게 하기 위해 이곳에 왔다는 것을 깨닫게 해주소서. 나는 그들을 변화시켜서 자유롭게 하려는 것이 아닙니다. 나는 나 자신을 변화시킴으로써 그들을 자유롭게 합니다. 내가 자유롭다는 것을 받아들이므로, 나는 사람들에게 마음의 감옥의 밖에 빛이 있다는 것을 보여주는, 자유의 횃불입니다.

오 관음이시여, 신성한 영역에서 울려 나오는,
너무나 감미로운 음류여.

내가 에고의 작업을 놓아버리니,
피안의 기슭에서 나 자신을 발견합니다.

**관음의 감미로운 선율 안에서,
나는 진아의 자유를 얻고.
관음의 생명력 안에서,
내 불멸을 선언합니다.**

봉인
신성한 어머니의 이름으로, 나는 이 요청의 힘이 마터 빛을 자유롭게
함으로써, 나 자신의 삶과 모든 사람과 행성을 위한 그리스도의 완전
한 비전을 구현할 수 있음을 전적으로 받아들입니다. I AM THAT I AM
의 이름으로, 이것이 이루어졌습니다! 아멘.

17
제3의 눈 차크라 정화하기

I AM THAT I AM, 예수 그리스도의 이름으로, 나의 I AM 현존이 무한히 초월해 가는 내 미래의 현존을 통해 흐르며, 완전한 권능으로 이 기원을 해주시기를 요청합니다. 나는 사랑하는 대천사 라파엘과 성모 마리아, 엘로힘 사이클로피아(Cyclopea)와 버지니아(Virginia)와 힐라리온께 내 제3의 눈 차크라의 모든 불순물을 극복할 수 있도록 도와달라고 요청합니다. 내 I AM 현존의 자유로운 진리의 흐름에 반대하는 모든 패턴이나 힘으로부터 자유로워질 수 있도록 도와주소서…
(여기에 개인적인 요청을 추가하세요)

1. 신(God)께서 나를 받아들인다는 것을 압니다

1. 대천사 라파엘이여, 내 제3의 눈 차크라에 오셔서 내가 외롭거나 신에게 버림받았다고 느끼게 하는 분리의 환영을 정화해 주소서.

대천사 라파엘이여, 강렬한 당신의 빛은,
모든 인간적인 가식 너머로 나를 들어올립니다.
성모 마리아와 당신의 대담한 비전은,
우리의 가장 높은 잠재력을 펼쳐서 보여줍니다.

대천사 라파엘이여, 비전을 청하며 기도합니다.

대천사 라파엘이여, 내게 길을 보여주소서.
대천사 라파엘이여, 당신의 에메랄드 광선은,
대천사 라파엘이여, 내 삶에 새로운 날을 엽니다.

2. 대천사 라파엘이여, 내 제3의 눈 차크라에 오셔서 영적인 자만, 신에 거역하는 오만 그리고 존재들이 신에 대항하여, 지구를 신이 존재하지 않는 곳으로 바꿀 수 있다는 환영을 정화해 주소서.

대천사 라파엘이여, 빛나는 에메랄드 구체 안에서,
나는 항상 무결한 비전을 유지합니다.
성모 마리아께서 신성한 가슴속에 나를 안아 주시니,
나는 어머니의 진정한 사랑을 결코 떠나지 않습니다.

대천사 라파엘이여, 비전을 청하며 기도합니다.
대천사 라파엘이여, 내게 길을 보여주소서.
대천사 라파엘이여, 당신의 에메랄드 광선은,
대천사 라파엘이여, 내 삶에 새로운 날을 엽니다.

3. 대천사 라파엘이여, 내 제3의 눈 차크라에 오셔서 내가 신이나 신성한 어머니가 나를 외면하게 만드는 무언가를 할 수 있거나, 할 수도 있었다는 뱀의 거짓말을 정화해 주소서.

대천사 라파엘이여, 당신은 모든 질병을 치유하며,
내 몸의 모든 세포를 빛 속에 봉인합니다.
성모 마리아의 무결한 관념을 보며,
이제 나에게 완전한 건강이 실현됩니다.

대천사 라파엘이여, 비전을 청하며 기도합니다.
대천사 라파엘이여, 내게 길을 보여주소서.
대천사 라파엘이여, 당신의 에메랄드 광선은,

대천사 라파엘이여, 내 삶에 새로운 날을 엽니다.

4. 대천사 라파엘이여, 내 제3의 눈 차크라에 오셔서 물질세계가 나의 영적인 성장의 적이며, 여기서 내 그리스도 의식을 표현하는 대신, 물질세계에서 벗어나야 한다는 거짓말을 정화해 주소서

대천사 라파엘이여, 진실한 당신의 빛은,
내 안에 그리스도의 비전을 드러냅니다.
이제 성모 마리아께서 나의 초월을 도우시니,
나는 당신과 에메랄드빛 안에서 상승합니다.

대천사 라파엘이여, 비전을 청하며 기도합니다.
대천사 라파엘이여, 내게 길을 보여주소서.
대천사 라파엘이여, 당신의 에메랄드 광선은,
대천사 라파엘이여, 내 삶에 새로운 날을 엽니다.

5. 대천사 라파엘이여, 내 제3의 눈 차크라에 오셔서 영적인 가르침을 사용하여, 분리된 자아를 "완벽하게" 하고 신의 눈에 들게 할 수 있다는 환영을 정화해 주소서.

대천사 라파엘이여, 강렬한 명신의 빛은,
모든 인간적인 가식 너머로 나를 들어올립니다.
성모 마리아와 당신의 대담한 비전은,
우리의 가장 높은 잠재력을 펼쳐서 보여줍니다.

대천사 라파엘이여, 비전을 청하며 기도합니다.
대천사 라파엘이여, 내게 길을 보여주소서.
대천사 라파엘이여, 당신의 에메랄드 광선은,
대천사 라파엘이여, 내 삶에 새로운 날을 엽니다.

6. 대천사 라파엘이여, 내 제3의 눈 차크라에 오셔서 내가 영적인 사람으로서, 반-그리스도의 세력들과 싸우고 파괴해야 한다는 거짓말을 정화해 주소서. 나는 그들이 나를 이원적 투쟁에 끌어들이는 것을 거부합니다.

대천사 라파엘이여, 빛나는 에메랄드 구체 안에서,
나는 항상 무결한 비전을 유지합니다.
성모 마리아께서 신성한 가슴속에 나를 안아 주시니,
나는 어머니의 진정한 사랑을 결코 떠나지 않습니다.

대천사 라파엘이여, 비전을 청하며 기도합니다.
대천사 라파엘이여, 내게 길을 보여주소서.
대천사 라파엘이여, 당신의 에메랄드 광선은,
대천사 라파엘이여, 내 삶에 새로운 날을 엽니다.

7. 대천사 라파엘이여, 내 제3의 눈 차크라에 오셔서 내가 옳아야 하고, 다른 사람들이 틀렸고, 내가 인증을 받아야 하고, 다른 사람들에게 변화를 강요해야 한다는 이원적 감각을 정화해 주소서.

대천사 라파엘이여, 당신은 모든 질병을 치유하며,
내 몸의 모든 세포를 빛 속에 봉인합니다.
성모 마리아의 무결한 관념을 보며,
이제 나에게 완전한 건강이 실현됩니다.

대천사 라파엘이여, 비전을 청하며 기도합니다.
대천사 라파엘이여, 내게 길을 보여주소서.
대천사 라파엘이여, 당신의 에메랄드 광선은,
대천사 라파엘이여, 내 삶에 새로운 날을 엽니다.

8. 대천사 라파엘이여, 내 제3의 눈 차크라에 오셔서 자신의 에고 환

영을 통해 다른 사람들에게 반응함으로써, 그들의 에고 환영을 인증하기 위해 내가 여기에 있다는 환영을 정화해 주소서.

대천사 라파엘이여, 진실한 당신의 빛은,
내 안에 그리스도의 비전을 드러냅니다.
이제 성모 마리아께서 나의 초월을 도우시니,
나는 당신과 에메랄드빛 안에서 상승합니다.

대천사 라파엘이여, 비전을 청하며 기도합니다.
대천사 라파엘이여, 내게 길을 보여주소서.
대천사 라파엘이여, 당신의 에메랄드 광선은,
대천사 라파엘이여, 내 삶에 새로운 날을 엽니다.

9. 대천사 라파엘이여, 내 제3의 눈 차크라에 오셔서 내가 환영에 갇혀 있지 않다는 것을 보여주기 위해 여기에 있음을 받아들이게 해주소서. 나는 사람들이 나에게 무엇을 던지든, 나를 그들의 의식 상태로 끌어들일 수 없다는 것을 보여주기 위해 여기에 있습니다.

천사들과 함께 날아오르며,
나는 스스로를 초월합니다.
천사들은 신실로 손재하며,
그들의 사랑은 모든 것을 치유합니다.

천사들이 평화를 가져오면,
모든 갈등은 그칩니다.
빛의 천사들과 함께,
우리는 새로운 높이로 비상합니다.

천사 날개의 바스락거리는 소리,
물질조차 노래하는 기쁨이여,

모든 원자를 울리는 기쁨이여,
천사들의 날갯짓과 조화 속에서.

2. 나는 관점을 바꿉니다

1. 엘로힘 사이클로피아여, 내 제3의 눈 차크라에 오셔서 인생에 대한 내 관점을 즉시 바꾸는 것이 가능하다는 비전을 방출해 주소서. 신이 나와 함께 있고, 신성한 어머니가 나와 함께 있다는 것을 압니다. 모든 삶은 하나이므로 나는 결코 혼자가 아닙니다.

사랑하는 사이클로피아여, 당신이 드러내는 진리는,
이원성의 질병을 치유하고,
당신의 에메랄드빛은 진귀한 향유처럼,
내 감정체를 완전히 고요하게 합니다.

사랑하는 사이클로피아여, 에메랄드 구체 안에서,
나는 항상 명료한 비전을 지닙니다.
가슴 깊은 곳에서 당신의 진리에 경배하며,
나는 끊임없이 인식을 높여 갑니다.

2. 엘로힘 사이클로피아여, 내 제3의 눈 차크라에 오셔서 나의 현재 의식 상태를 넘어서, 나를 나아가게 하는 그 백색 광선의 강렬함 속에서, 힘과 지혜와 사랑의 가속을 방출해 주소서.

사랑하는 사이클로피아여, 당신과 함께,
내 마음을 흐리는 부정적인 나선들을 풉니다.
순수의식이야말로 나의 진정한 중심핵이며,
온전히 열린 문이 되는 열쇠입니다.

사랑하는 사이클로피아여, 내면의 눈을 정화하소서.

나는 힘을 얻어 영혼의 두려운 밤을 통과합니다.
나는 이제 이원성의 베일을 뚫고 비상하여,
당신의 투시하는 에메랄드빛 속에 잠깁니다.

3. 엘로힘 사이클로피아여, 내 제3의 눈 차크라에 오셔서 자유의지의 법칙이, 나로 하여금 나 자신의 마음 상태에 대해 100% 책임을 지게 하고, 다른 이의 마음 상태에 대해서는, 100% 책임을 지게 하지 않는다는 진리의 감각을 방출해 주소서.

사랑하는 사이클로피아여, 삶이 반영하는 것은,
단지 마음이 투사하는 이미지일 뿐입니다.
치유의 열쇠는, 에고가 숨기고 있는 상들을,
마음에서 지우는 일입니다.

사랑하는 사이클로피아여, 높은 목표를 추구하며,
당신의 치유 화염에 가까이 다가갑니다.
이제 당신의 단일한 눈(single eye)을 통해 삶을 보며,
나는 모든 질병을 넘어 비상합니다.

4. 엘로힘 사이클로피아여, 내 제3의 눈 차크라에 오셔서 책임에 대한, 길잇된 김직을 소널하는 신리의 진동을 방출해 주소서. 내 인생 경험이 다른 사람들의 선택에 좌우되는 것을 허용해야 한다는 환영을 소멸해 주소서.

사랑하는 사이클로피아여, 당신의 에메랄드 화염은,
교묘한 이원성의 파워 게임을 모두 드러냅니다.
진리가 오직 한 방식으로 정의된다고 말하는 게임도,
이러한 이원성 게임입니다.

사랑하는 사이클로피아여, 당신이 생명의 진리를 주시니,

나는 그 흐름을 느낍니다.
나는 지상의 체계를 모두 초월하는 진리를 깨닫고,
당신의 빛에 잠겨 계속 성장합니다.

5. 엘로힘 사이클로피아여, 내 제3의 눈 차크라에 오셔서 내가 내면의
평화를 얻기 위해서는, 다른 모든 사람이 나와 같아져야 한다는, 에고
환영을 소멸할 진리의 진동을 방출해 주소서.

사랑하는 사이클로피아여, 당신이 드러내는 진리는,
이원성의 질병을 치유하고,
당신의 에메랄드빛은 진귀한 향유처럼,
내 감정체를 완전히 고요하게 합니다.

**사랑하는 사이클로피아여, 에메랄드 구체 안에서,
나는 항상 명료한 비전을 지닙니다.
가슴 깊은 곳에서 당신의 진리에 경배하며,
나는 끊임없이 인식을 높여 갑니다.**

6. 엘로힘 사이클로피아여, 내 제3의 눈 차크라에 오셔서 내 마음 상
태가, 이 우주의 물질적인 조건에 달려 있다는 감각, 그 잘못된 책임
감을 내려놓는 경험을 할 수 있게 해주소서.

사랑하는 사이클로피아여, 당신과 함께,
내 마음을 흐리는 부정적인 나선들을 풉니다.
순수의식이야말로 나의 진정한 중심핵이며,
온전히 열린 문이 되는 열쇠입니다.

**사랑하는 사이클로피아여, 내면의 눈을 정화하소서.
나는 힘을 얻어 영혼의 두려운 밤을 통과합니다.
나는 이제 이원성의 베일을 뚫고 비상하여,**

당신의 투시하는 에메랄드빛 속에 잠깁니다.

7. 엘로힘 사이클로피아여, 내 제3의 눈 차크라에 오셔서 내가 한 사람을 구하거나, 인류 전체를 구하려고 하강했다는 느낌과, 다른 사람들의 구원에 대한 책임이 나에게 있다는 느낌을 극복하게 해주소서.

사랑하는 사이클로피아여, 삶이 반영하는 것은,
단지 마음이 투사하는 이미지일 뿐입니다.
치유의 열쇠는, 에고가 숨기고 있는 상들을,
마음에서 지우는 일입니다.

사랑하는 사이클로피아여, 높은 목표를 추구하며,
당신의 치유 화염에 가까이 다가갑니다.
이제 당신의 단일한 눈(single eye)을 통해 삶을 보며,
나는 모든 질병을 넘어 비상합니다.

8. 엘로힘 사이클로피아여, 내 제3의 눈 차크라에 오셔서 자유의지의 실체를 깨닫게 해주소서. 즉 아무도 다른 사람을 구할 수 없습니다. 나는 단지 모든 사람이 그들의 근원으로부터 분리되어 있다는 환영에서 벗어남으로써, 어떻게 그들 자신 안에서 구원을 얻을 수 있는지 보여주기 위해 여기에 있습니다.

사랑하는 사이클로피아여, 당신의 에메랄드 화염은,
교묘한 이원성의 파워 게임을 모두 드러냅니다.
진리가 오직 한 방식으로 정의된다고 말하는 게임도,
이러한 이원성 게임입니다.

사랑하는 사이클로피아여, 당신이 생명의 진리를 주시니,
나는 그 흐름을 느낍니다.
나는 지상의 체계를 모두 초월하는 진리를 깨닫고,

당신의 빛에 잠겨 계속 성장합니다.

9. 엘로힘 사이클로피아여, 내 제3의 눈 차크라에 오셔서 내가 이로써 모든 잘못된 책임감을, 적극적으로 포기하기로 의식적인 결정을 내렸습니다. 나는 이제 모든 거짓된 책임감을 떨쳐버립니다. 나는 가벼워짐을 느끼고 해방감을 느끼며, 자유롭다는 것을 받아들입니다.

완전함으로 가속하소서. 나는(I AM) 실재하며,
완전함으로 가속하소서. 모든 생명은 치유됩니다.
완전함으로 가속하소서. 나는(I AM) 무한히 초월하며,
완전함으로 가속하소서. 모든 의지는 비상합니다.

완전함으로 가속하소서! (3번)
사랑하는 사이클로피아와 버지니아.
완전함으로 가속하소서! (3번)
사랑하는 라파엘과 마리아.
완전함으로 가속하소서! (3번)
사랑하는 힐라리온.
완전함으로 가속하소서! (3번)
사랑하는 I AM.

3. 나는 그리스도를 십자가에서 내립니다

1. 힐라리온이여, 내 제3의 눈 차크라에 오셔서 분리의 환영이 이미지를 창조하여, 내 육체에 투사하고 있다는 것을 알 수 있게 해주소서. 내 몸의 상태나 그 뒤에 숨겨진 의식에서 도망치려는 것은, 나를 자유롭게 하지 못할 것입니다.

힐라리온이여, 에메랄드 바닷가에서,
우리는 지난날의 모든 것에서 해방됩니다.

힐라리온이여, 신성한 흐름과 하나됨을 막고 있는,
모든 것을 놓아버립니다.

오 성령이시여, 나를 통해 흐르소서.
나는 당신을 위해 열린 문입니다.
세차게 흘러오는 전능한 빛의 강이여,
초월은 나의 신성한 권리입니다.

2. 힐라리온이여, 내 제3의 눈 차크라에 오셔서 내 현재의 마음 상태가 행복하지 않다는 것을 깨닫는, 진리와 현실주의(realism)의 지점에 도달할 수 있게 해주소서. 다른 결과를 기대하면서 동일한 작업을 계속하는, 중간 지대(twilight zone)에서 벗어날 수 있게 해주소서.

힐라리온이여, 비밀의 열쇠는,
실재하는 지혜 그 자체입니다.
힐라리온이여, 모든 생명은 치유되고,
에고의 얼굴은 더 이상 감출 수 없습니다.

오 성령이시여, 나를 통해 흐르소서.
나는 당신을 위해 열린 문입니다.
세사세 흘러오는 전능한 빛의 강이여,
초월은 나의 신성한 권리입니다.

3. 힐라리온이여, 내 제3의 눈 차크라에 오셔서 마터 빛이 그리스도 의식의 로고스에서 나오는 것을 알게 해주소서. 그러므로 나의 육체에는 그리스도 의식이 그 안에 내재되어 있습니다.

힐라리온이여, 생명을 향한 당신의 사랑은,
내면의 투쟁을 놓아버리게 합니다.
힐라리온이여, 당신의 사랑 어린 말은,

새들의 노래처럼 가슴을 설레게 합니다.

오 성령이시여, 나를 통해 흐르소서.
나는 당신을 위해 열린 문입니다.
세차게 흘러오는 전능한 빛의 강이여,
초월은 나의 신성한 권리입니다.

4. 힐라리온이여, 내 제3의 눈 차크라에 오셔서 내 안의 그리스도가 이원성을 통해 투사된, 낮은 이미지에 의해 십자가에 못 박혔음을 볼 수 있게 해주소서. 그러나 그리스도를 제한하거나 가둘 수 있는 것은 아무것도 없습니다. 그러므로 내 몸은 모든 불완전함에서 부활할 수 있는 잠재력을 가지고 있습니다.

힐라리온이여, 빛을 불러일으키는,
당신의 신성한 공식을 낭송하소서.
힐라리온이여, 당신의 비밀스러운 음조는,
철학자의 가장 신성한 돌입니다.

오 성령이시여, 나를 통해 흐르소서.
나는 당신을 위해 열린 문입니다.
세차게 흘러오는 전능한 빛의 강이여,
초월은 나의 신성한 권리입니다.

5. 힐라리온이여, 내 제3의 눈 차크라에 오셔서 내 안의 그리스도가 부활하기 위해, 내가 에고의 유령을 포기하고 더 높이 올라갈 수 있게 해주소서.

힐라리온이여, 당신은 크레타의 사원에서,
사랑으로 우리를 반겨줍니다.
힐라리온이여, 제3의 눈은 그리스도 시력으로,

당신의 에메랄드 빛을 바라봅니다.

오 성령이시여, 나를 통해 흐르소서.
나는 당신을 위해 열린 문입니다.
세차게 흘러오는 전능한 빛의 강이여,
초월은 나의 신성한 권리입니다.

6. 힐라리온이여, 내 제3의 눈 차크라에 오셔서 내 선택이 어떻게 그리스도를, 물질세계에서 십자가에 못 박았는지 보게 해주소서. 내가 개인적으로 어떻게 그리스도를 십자가에서 내릴 수 있는지 알게 해주소서.

힐라리온이여, 당신은 우리에게,
절대 진리의 과일을 줍니다.
힐라리온이여, 야심을 놓아버리면,
모든 스트레스는 사라집니다.

오 성령이시여, 나를 통해 흐르소서.
나는 당신을 위해 열린 문입니다.
세차게 흘러오는 전능한 빛의 강이여,
초월은 나의 신성한 권리입니다.

7. 힐라리온이여, 내 제3의 눈 차크라에 오셔서 내가 다른 사람에게 한 것은, 이미 나 자신에게 한 것임을 보게 해주소서. 내가 어머니와 아이들을 십자가에서 내리고, 자신이 누구인지 항상 알고 있는 어머니와 다시 연결할 수 있게 해주소서.

힐라리온이여, 가장 미묘한 두려움을,
놓아버릴 때 우리의 차크라는 맑아집니다.
힐라리온이여, 우리는 진실하게,

자유의 진리에 경배합니다.

오 성령이시여, 나를 통해 흐르소서.
나는 당신을 위해 열린 문입니다.
세차게 흘러오는 전능한 빛의 강이여,
초월은 나의 신성한 권리입니다.

8. 힐라리온이여, 내 제3의 눈 차크라에 오셔서 내가 에고의 유령을 완벽하게 만들 수 있다는 환영을 극복하게 해주소서. 대신, 유령을 포기하는 방법을 알게 도와주소서.

힐라리온이여, 우리의 요청으로,
당신은 일곱 광선을 모두 균형 잡습니다.
힐라리온이여, 당신이 우리를 진실되게 하시니,
우리는 당신과 완전한 하나됨을 이룹니다.

오 성령이시여, 나를 통해 흐르소서.
나는 당신을 위해 열린 문입니다.
세차게 흘러오는 전능한 빛의 강이여,
초월은 나의 신성한 권리입니다.

9. 힐라리온이여, 내 제3의 눈 차크라에 오셔서 경쟁과 전쟁의 의식을 정화해 주소서. 완전한 내맡김의 진정한 여정을 밟을 수 있게 해주소서.

힐라리온이여, 당신의 현존은,
내면의 구체를 충만히 채워줍니다.
삶은 이제 신성한 흐름이 되며,
나는 모두에게 신성한 비전을 부여합니다.

오 성령이시여, 나를 통해 흐르소서.
나는 당신을 위해 열린 문입니다.
세차게 흘러오는 전능한 빛의 강이여,
초월은 나의 신성한 권리입니다.

4. 나는 나의 진정한 봉사를 봅니다

1. 힐라리온이여, 내 제3의 눈 차크라에 오셔서 내맡김이 수동적인 포기 행위라는 환영을 극복하게 해주소서. 유령을 포기하는 적극적인 과정인 내맡김을 배울 수 있게 해주소서. 나는 온전한 사람이 되기 위해 기꺼이 분리된 자아를 포기합니다.

오 은혜로우신 마리아의 생명의 노래는,
모든 투쟁의 형상을 소멸합니다.
너무나 매혹적인 음류에 조율하면서,
나는 모든 세포가 건강함을 선언합니다.

오 성모 마리아시여,
더 높이 가속하는 노래를 내어주소서.
내 세포들은 높은 상태로 고양되어,
완벽안 신상 안에서 빛을 냅니다.

2. 힐라리온이여, 내 제3의 눈 차크라에 오셔서 내가 자신의 드라마를 보고 내려놓도록 도와주소서. 나는 이기거나 지는 혹은 다른 사람들과 비교해서 내가 옳거나 그르다는, 이원적 게임을 하고 싶지 않습니다. 나는 내 안에 완전함을 원합니다.

생명에서 흘러나오는 노래를 항상 들으니,
모든 두려움의 감각이 불타버립니다.
신성한 어머니의 교향악과 화합을 이루니,

모든 질병이 나에게서 사라집니다.

**오 성모 마리아시여,
더 높이 가속하는 노래를 내어주소서.
내 세포들은 높은 상태로 고양되어,
완벽한 건강 안에서 빛을 냅니다.**

3. 힐라리온이여, 내 제3의 눈 차크라에 오셔서 다른 사람을 도울 수 있는, 내가 가진 자질을 빠르게 인식하게 해주소서. 나는 생명의 다른 부분을 높이는 사심 없는 봉사를 위해, 그러한 자질을 더 의식적으로 기꺼이 이용합니다.

어머니의 사랑 안에서 초월해 나갈 때,
내 모든 투쟁은 끝이 납니다.
내가 성모의 눈으로 볼 때면,
어떤 불완전함도 내게 오지 못합니다.

**오 성모 마리아시여,
더 높이 가속하는 노래를 내어주소서.
내 세포들은 높은 상태로 고양되어,
완벽한 건강 안에서 빛을 냅니다.**

4. 힐라리온이여, 내 제3의 눈 차크라에 오셔서 나 자신의 내적 자질만을 이용하는 것이 아니라, 열린 문이 되어 봉사하는 나의 잠재력을 더 잘 의식할 수 있게 해주소서. 나는 누구도 닫을 수 없는 열린 문이 되기를 원합니다.

내면에 살아 있는 그리스도를 깨달음으로써
치유가 일어나기 시작합니다.
내가 (그리스도의) 단일한 눈으로 볼 때,

각 세포의 빛이 증가하기 때문입니다.

오 성모 마리아시여,
더 높이 가속하는 노래를 내어주소서.
내 세포들은 높은 상태로 고양되어,
완벽한 건강 안에서 빛을 냅니다.

5. 힐라리온이여, 내 제3의 눈 차크라에 오셔서 내가 누구도 닫을 수 없는, 열린 문이라는 것을 아는 지점으로 올 수 있게 해주소서. 나 자신의 에고나 다른 사람들의 반응도, 내가 나의 빛, 사랑, 봉사를 보류하도록 만들 수 없습니다.

어머니의 음악 안에서 자유로워지니,
더 작은 나에 대한 기억들은 사라졌습니다.
내 비전이 완전해지니,
내 모든 세포가 소생합니다.

오 성모 마리아시여,
더 높이 가속하는 노래를 내어주소서.
내 세포들은 높은 상태로 고양되어,
완벽한 건강 안에서 빛을 냅니다.

6. 힐라리온이여, 내 제3의 눈 차크라에 오셔서 내가 다른 사람들과 싸우고 교전하기 위해 여기에 있는 것이 아니라는 것을 알게 해주소서. 나는 여기 서서 존재하고 빛을 발산하고, 그들이 나에게 무엇을 던지든 나를 건드릴 수 없고, 나의 자아상을 바꿀 수 없다는 것을 보여주기 위해 여기에 있습니다.

오 어머니의 사랑이여, 감미로운 선율이여,
나는(I AM) 모든 불완전함에서 해방되었습니다.

오 성모 마리아시여, 소리 안의 소리여,
내 가슴은 당신의 사랑으로 충만합니다.

**오 성모 마리아시여,
더 높이 가속하는 노래를 내어주소서.
내 세포들은 높은 상태로 고양되어,
완벽한 건강 안에서 빛을 냅니다.**

7. 힐라리온이여, 내 제3의 눈 차크라에 오셔서 다른 사람들이 나를 이원적 전투에 끌어들이지 못하게 하는, 5광선의 입문을 통과하게 해주소서. 나의 하위체를 치유하는 방법은 에고 너머로 손을 뻗어, 에고를 초월하여 다른 사람들을 치유하고 빛을 가져오는 것임을 알게 해주소서.

어머니의 숭고한 아름다움을 통해서,
시간과 공간의 속박을 초월합니다.
모든 세포는 필멸의 무덤을 넘어서,
어머니 모태 안에서 완전체가 됩니다.

**오 성모 마리아시여,
더 높이 가속하는 노래를 내어주소서.
내 세포들은 높은 상태로 고양되어,
완벽한 건강 안에서 빛을 냅니다.**

8. 힐라리온이여, 내 제3의 눈 차크라에 오셔서 내가 남긴 상처, 내 존재 안에 해결되지 않은 실체를, 내가 다른 사람들로부터 만나게 될 것이라는 진리를 알게 해주소서. 사람들과의 관계를 비개인화(depersonalize)하고 집착하지 않게 해주소서.

나는 생명의 노래와 공명하며,

생명의 화성과 조화를 이룹니다.
내 완전한 상태를 담은 신의 설계가
모든 세포를 다시 신성하게 합니다.

**오 성모 마리아시여,
더 높이 가속하는 노래를 내어주소서.
내 세포들은 높은 상태로 고양되어,
완벽한 건강 안에서 빛을 냅니다.**

9. 힐라리온이여, 내 제3의 눈 차크라에 오셔서 이 진리를 적용하게 하시고, 내가 항상 반응했던 방식으로 반응할 필요가 없다는 해방감을 느낄 수 있게 해주소서. 이전에 반응하던 패턴 밖으로 나올 수 있게 해주소서. 나는 이제 이렇게 말합니다: "나는 인생의 드라마에서 그 역할을 하는 것을 충분히 즐겼다. 이 역할은 더 이상 나 자신을 반영하지 못한다."

모든 세포의 소리굽쇠는
이제 어머니의 종에 맞춰 조율되었습니다.
이제 나는(I AM) 죽음의 저주에서 해방되어,
내 불멸을 선언합니다.

**오 성모 마리아시여,
더 높이 가속하는 노래를 내어주소서.
내 세포들은 높은 상태로 고양되어,
완벽한 건강 안에서 빛을 냅니다.**

봉인
신성한 어머니의 이름으로, 나는 이 요청의 힘이 마터 빛을 자유롭게 함으로써, 나 자신의 삶과 모든 사람과 행성을 위한 그리스도의 완전한 비전을 구현할 수 있음을 전적으로 받아들입니다. I AM THAT I AM

의 이름으로, 이것이 이루어졌습니다! 아멘.

18
베이스 차크라 정화하기

I AM THAT I AM, 예수 그리스도의 이름으로, 나의 I AM 현존이 무한히 초월해 가는 내 미래의 현존을 통해 흐르며, 완전한 권능으로 이 기원을 해주시기를 요청합니다. 나는 사랑하는 대천사 가브리엘과 호프, 엘로힘 퓨리티와 아스트레아, 세라피스 베이, 리버티 여신께 내 베이스 차크라의 모든 불순함을 극복할 수 있도록 도와주시기를 요청합니다. 내 I AM 현존의 자유로운 흐름에 반대하는 내부 또는 외부의 모든 패턴이나 힘으로부터 자유로워질 수 있도록 도와주소서…
(여기에 개인적인 요청을 추가하세요)

1. 나는 순수함의 진동에 귀를 기울입니다

1. 대천사 가브리엘이여, 내 베이스 차크라에 오셔서 외부 상징에 집중하는 모든 경향을 정화해 주소서. 외부 형태와 상징 너머를 보고 모든 모습 뒤에 있는, 그리스도의 진동에 조율할 수 있게 해주소서.

대천사 가브리엘이여, 당신의 빛에 경배합니다.
당신의 현존과 하나되니, 모든 두려움이 사라집니다.
나는 그리스도의 제자가 되어,
같은 방식으로 대응하려는 에고의 욕망을 떠납니다.

대천사 가브리엘이여, 나는 확신합니다.
대천사 가브리엘이여, 그리스도의 빛은 치유임을.
대천사 가브리엘이여, 모든 의도가 순수해지니,
대천사 가브리엘이여, 당신 안에서 나는 안전합니다.

2. 대천사 가브리엘이여, 내 베이스 차크라에 오셔서 불순함과 반대되는, 순수함의 이원적 개념을 정화해 주소서. 순수함을 얻기 위해서는 내 불순함을 극복하거나, 파괴하거나 도망치거나 덮어야 한다는 환영을 극복할 수 있게 해주소서.

대천사 가브리엘이여, 빛에 대한 두려움이 사라지고,
나는 정화의 불꽃 안에서 기쁨을 누립니다.
당신의 손을 잡고 모든 도전을 마주하며,
무한한 은총의 나선을 따라갑니다.

대천사 가브리엘이여, 나는 확신합니다.
대천사 가브리엘이여, 그리스도의 빛은 치유임을.
대천사 가브리엘이여, 모든 의도가 순수해지니,
대천사 가브리엘이여, 당신 안에서 나는 안전합니다.

3. 대천사 가브리엘이여, 내 베이스 차크라에 오셔서 신(God)께서 내 불순함을 보지 않기를 원하는 마음의 상태를 정화해 주소서. 신에게서 무언가를 숨기려고 할 때, 내가 그것을 스스로 살펴볼 수 없고, 그것의 진동을 높여 불순함에서 벗어나게 가속할 수 없다는 것을 알게 해주소서.

대천사 가브리엘이여, 당신의 화염이 흰빛으로 타오르니,
당신과 함께 밤을 벗어나 상승합니다.
에고가 달아나 숨을 곳은 어디에도 없으며,
나는 당신과 빛나는 상승나선 안에 거합니다.

대천사 가브리엘이여, 나는 확신합니다.
대천사 가브리엘이여, 그리스도의 빛은 치유임을.
대천사 가브리엘이여, 모든 의도가 순수해지니,
대천사 가브리엘이여, 당신 안에서 나는 안전합니다.

4. 대천사 가브리엘이여, 내 베이스 차크라에 오셔서 내 몸이 아플 때, 내가 단순히 병에서 멀어질 수 없다는 환영을 정화해 주소서. 질병은 영구적이지 않고, 궁극적으로 비실재이며 나를 지배하는 어떤 힘도 없으므로, 내가 질병에서 벗어날 수 있다는 것을 받아들이게 해주소서.

대천사 가브리엘이여, 그리스도의 탄생이 다가옴을 알리는,
당신의 트럼펫 소리가 들립니다.
현존의 밝은 빛 안에서 나는 지금 다시 태어나,
찬란한 부활절 아침에 그리스도와 함께 상승합니다.

대천사 가브리엘이여, 나는 확신합니다.
대천사 가브리엘이여, 그리스도의 빛은 치유임을.
대천사 가브리엘이여, 모든 의도가 순수해지니,
대천사 가브리엘이여, 당신 안에서 나는 안전합니다.

5. 대천사 가브리엘이여, 내 베이스 차크라에 오셔서 내가 아무리 부담을 느끼더라도, 나는 그 부담 이상의 존재라는 사실을 볼 수 있게 해주소서. 나는 이제 내 I AM 현존의 모든 힘을 발휘하여 내 존재를 가속하고, 내 세포를 가속하고, 내 원자를 가속하고, 진동을 넘어서서 심지어 부담을 지고 있는 세포와 원자의 진동을 높이기로 결정합니다.

대천사 가브리엘이여, 당신의 빛에 경배합니다.
당신의 현존과 하나되니, 모든 두려움이 사라집니다.
나는 그리스도의 제자가 되어,

같은 방식으로 대응하려는 에고의 욕망을 떠납니다.

대천사 가브리엘이여, 나는 확신합니다.
대천사 가브리엘이여, 그리스도의 빛은 치유임을.
대천사 가브리엘이여, 모든 의도가 순수해지니,
대천사 가브리엘이여, 당신 안에서 나는 안전합니다.

6. 대천사 가브리엘이여, 내 베이스 차크라에 오셔서 내가 실재하며, 나를 지배하고 있다고 받아들이게 된 조건을 정화해 주소서. 나는 이제 한계를 넘어 가속하고, 순수의 진동에 조율하기로 결정했습니다. 나는 순수함의 진동을 흡수하고 있으며, 어떤 조건도 넘어서 가속할 수 있다는 것을 압니다.

대천사 가브리엘이여, 빛에 대한 두려움이 사라지고,
나는 정화의 불꽃 안에서 기쁨을 누립니다.
당신의 손을 잡고 모든 도전을 마주하며,
무한한 은총의 나선을 따라갑니다.

대천사 가브리엘이여, 나는 확신합니다.
대천사 가브리엘이여, 그리스도의 빛은 치유임을.
대천사 가브리엘이여, 모든 의도가 순수해지니,
대천사 가브리엘이여, 당신 안에서 나는 안전합니다.

7. 대천사 가브리엘이여, 내 베이스 차크라에 오셔서 완벽주의의 저주, 즉 완벽함이 내가 특정한 조건에 따른다는 것을 의미한다는 거짓말을 정화해 주소서. 어떤 조건도 이원성의 마음 안에서만 존재할 수 있습니다. 이원성 마음에 있는 모든 조건은, 반대 극성을 갖거나 혹은 존재하지 않을 것입니다. 그러므로 그리스도 마음 안에서는, 어떤 조건도 실재가 아닙니다.

대천사 가브리엘이여, 당신의 화염이 흰빛으로 타오르니,
당신과 함께 밤을 벗어나 상승합니다.
에고가 달아나 숨을 곳은 어디에도 없으며,
나는 당신과 빛나는 상승나선 안에 거합니다.

대천사 가브리엘이여, 나는 확신합니다.
대천사 가브리엘이여, 그리스도의 빛은 치유임을.
대천사 가브리엘이여, 모든 의도가 순수해지니,
대천사 가브리엘이여, 당신 안에서 나는 안전합니다.

8. 대천사 가브리엘이여, 내 베이스 차크라에 오셔서 불완전에 반대되는, 완벽함의 이원적인 개념을 정화해 주소서. 나를 불완전하게 만드는 것은 어떤 조건이고, 완벽해지기 위해서는 다른 조건을 취해야 한다는 거짓말을 극복할 수 있게 해주소서. 나는 이제 "불완전한" 조건과 "완벽한" 조건이, 모두 분리된 자아의 실체를 확인시켜 준다는 것을 압니다.

대천사 가브리엘이여, 그리스도의 탄생이 다가옴을 알리는,
당신의 트럼펫 소리가 들립니다.
현존의 밝은 빛 안에서 나는 지금 다시 태어나,
찬란한 부활절 아침에 그리스도와 함께 상승합니다.

대천사 가브리엘이여, 나는 확신합니다.
대천사 가브리엘이여, 그리스도의 빛은 치유임을.
대천사 가브리엘이여, 모든 의도가 순수해지니,
대천사 가브리엘이여, 당신 안에서 나는 안전합니다.

9. 대천사 가브리엘이여, 내 베이스 차크라에 오셔서 순수함이 불순함의 부재가 아니라는 것을 경험하도록 도와주소서. 그것은 특정한 진동, 주파수, 살아 있는 의식의 흐름입니다. 나는 그 흐름에 조율하고

흡수하여, 이제 공동 측정(co-measurement)의 감각과 순수함의 진동과 하나됨을 얻습니다.

천사들과 함께 날아오르며,
나는 스스로를 초월합니다.
천사들은 진실로 존재하며,
그들의 사랑은 모든 것을 치유합니다.

천사들이 평화를 가져오면,
모든 갈등은 그칩니다.
빛의 천사들과 함께,
우리는 새로운 높이로 비상합니다.

천사 날개의 바스락거리는 소리,
물질조차 노래하는 기쁨이여,
모든 원자를 울리는 기쁨이여,
천사들의 날갯짓과 조화 속에서.

2. 어떤 조건에서도 가속할 수 있습니다

1. 엘로힘 아스트레아여, 내 베이스 차크라에 오셔서 내 의식의 진정한 반영인, 에너지를 내가 책임을 질 수 있게 해주소서. 나는 빛을 더 낮은 진동으로 채색하는 과정을 중단하겠습니다. 나는 네 하위체에 오용된 에너지를 축적해온, 내 의식 속의 환영을 살펴볼 것입니다.

사랑하는 아스트레아, 진실한 가슴을 지닌 존재시여,
백청색 원과 검으로 무지(無智)의 드라마를 잘라내어,
당신이 모든 생명을 자유롭게 하시니,
우리 행성은 퓨리티의 날개를 타고 올라갑니다.

**사랑하는 아스트레아여, 신 안에서 퓨리티는,
내 모든 생명 에너지를 가속하고,
사랑의 마스터들과 무한 안에서
내 마음을 진정한 하나됨으로 들어올립니다.**

2. 엘로힘 아스트레아여, 내 베이스 차크라에 오셔서 의식을 변화시켜서, 내가 빛을 오용하는 것을 멈추게 해주소서. 내 육체에서 구현된 질병의 메시지를 보고, 그 뒤에 있는 의식을 내려놓을 수 있게 해주소서. 나는 이미 오용된 에너지를 정화하겠습니다.

사랑하는 아스트레아여, 모든 생명을 향해,
퓨리티는 오늘 구원의 광선을 발산합니다.
순수함으로 가속하며, 나는 이제 자유로워집니다
사랑의 순수함에 이르지 못한 모든 것에서.

**사랑하는 아스트레아, 우리와 하나되신 존재시여,
백청색 번개 같은 당신의 원과 검은,
퓨리티의 빛으로 거침없이 불순함을 잘라내고,
내 안의 모든 진실을 드러냅니다.**

3. 엘로힘 아스트레아여, 내 베이스 차크라에 오셔서 내가 자기중심적인 관점에서 벗어나게 해주소서. 에너지를 정화하는 방법은 에너지를 파괴하는 것이 아니라는 것을 명확하게 인식할 수 있게 해주소서. 그것은 에너지를 가속하여 불완전한 진동을 떨쳐내고 다시 사랑의 수준, 즉 순수함의 수준으로 끌어올리는 것입니다.

사랑하는 아스트레아여, 우리 모두를 가속하소서.
당신에게 열렬히 구원을 요청합니다.
모든 생명을 불순한 비전에서 자유롭게 하소서
두려움과 의심을 넘어 나는 분명히 상승합니다.

사랑하는 아스트레아여, 나는 기꺼이,
자유를 구속하는 모든 거짓말을 통찰하며,
퓨리티의 빛과 함께 영원히,
모든 불순함 너머로 높이 올라갑니다.

4. 엘로힘 아스트레아여, 내 베이스 차크라에 오셔서 내가 최상의 잠
재력을 인식하고, 문제와 상처, 좌절, 질병에서, 그리고 나를 방해하는
어떤 상태에서도, 진정으로 나 자신을 가속할 수 있게 해주소서.

사랑하는 아스트레아여, 모든 이원성 투쟁과
갈등 너머로 삶을 가속하소서.
신과 인간 사이의 분열을 모두 소멸하시고,
신의 완전한 계획이 구현되도록 가속하소서.

**사랑하는 아스트레아여, 사랑으로 요청드리니,
보이지 않는 분리의 장벽을 부숴주소서.
나는 타락을 가져오는 모든 거짓말을 버리고,
모두의 하나됨을 영원히 확언합니다.**

5. 엘로힘 아스트레아여, 내 베이스 차크라에 오셔서 분리된 자아의
실체를 확인하는 것에서 벗어나기로 결심하게 해주소서. 이것은 나에
대한 것이 아니며, 내가 얼마나 기분이 나쁘고 부담스러운지에 대한
것이 아닙니다. 이것이 내가 실제로 이 지구에 온 이유입니다. 즉, 내
가 상승 마스터들을 섬기고, 신을 섬기고, 다른 사람들을 섬기고, 성
저메인의 황금시대를 여는데 봉사하기 위해서 여기에 왔습니다.

사랑하는 아스트레아, 진실한 가슴을 지닌 존재시여,
백청색 원과 검으로 무지(無智)의 드라마를 잘라내어,
당신이 모든 생명을 자유롭게 하시니,
우리 행성은 퓨리티의 날개를 타고 올라갑니다.

사랑하는 아스트레아여, 신 안에서 퓨리티는,
내 모든 생명 에너지를 가속하고,
사랑의 마스터들과 무한 안에서
내 마음을 진정한 하나됨으로 들어올립니다.

6. 엘로힘 아스트레아여, 내 베이스 차크라에 오셔서 문제로부터 도망치거나, 문제와 싸우고 파괴하려는 이원적 반응에 빠지지 않게 해주소서. 문제에서 빠져나오기 위해 어떻게 가속해야 하는지 배울 수 있게 해주소서.

사랑하는 아스트레아여, 모든 생명을 향해,
퓨리티는 오늘 구원의 광선을 발산합니다.
순수함으로 가속하며, 나는 이제 자유로워집니다
사랑의 순수함에 이르지 못한 모든 것에서.

사랑하는 아스트레아, 우리와 하나되신 존재시여,
백청색 번개 같은 당신의 원과 검은,
퓨리티의 빛으로 거침없이 불순함을 잘라내고,
내 안의 모든 진실을 드러냅니다.

7. 엘로힘 아스트레아여, 내 베이스 차크라에 오셔서 내가 에고의 무가치함과, 교만을 극복할 수 있게 해주소서. 이원적 조건의 비논리적인 본성을 보고, 완벽함을 정의하는 조건을 설정할 수 없음을 깨닫게 해주소서. 조건부 불완전함도 조건부 완벽함도 모두 실재가 아닙니다.

사랑하는 아스트레아여, 우리 모두를 가속하소서.
당신에게 열렬히 구원을 요청합니다.
모든 생명을 불순한 비전에서 자유롭게 하소서
두려움과 의심을 넘어 나는 분명히 상승합니다.

사랑하는 아스트레아여, 나는 기꺼이,
자유를 구속하는 모든 거짓말을 통찰하며,
퓨리티의 빛과 함께 영원히,
모든 불순함 너머로 높이 올라갑니다.

8. 엘로힘 아스트레아여, 내 베이스 차크라에 오셔서 어떤 조건을 설정해도, 완벽함을 정의할 수 없다는 것을 인식하게 해주소서. 완벽함은 무조건성을 의미합니다. 무조건성이 개성의 상실을 의미하지 않습니다. 나는 무조건적이 됨으로써 무(nothing)가 되는 것이 아닙니다. 나는 이원적인 영역에서 어떤 것, 어떤 정체성 감각에도 얽매이지 않게 됩니다.

사랑하는 아스트레아여, 모든 이원성 투쟁과
갈등 너머로 삶을 가속하소서.
신과 인간 사이의 분열을 모두 소멸하시고,
신의 완전한 계획이 구현되도록 가속하소서.

사랑하는 아스트레아여, 사랑으로 요청드리니,
보이지 않는 분리의 장벽을 부숴주소서.
나는 타락을 가져오는 모든 거짓말을 버리고,
모두의 하나됨을 영원히 확언합니다.

9. 엘로힘 아스트레아여, 내 베이스 차크라에 오셔서 내가 국소적인 인식에서, 전반적인 인식으로 본질적인 전환을 할 수 있게 해주소서. 어떤 조건도 신에 대한 나의 봉사를 방해하지 못하게 할 것입니다. 나는 이것 이상을 좋아합니다. 나는 기꺼이 내 분리된 자아를 똑바로 바라보며 이렇게 말할 것입니다. "네가 나에게 내가 할 수 없다고 말하는 것은 옳지 않다. 내 안에 있는 나의 신은 내가 신과 함께 모든 것이 가능하다고 말한다."

순수함으로 가속하소서. 나는(I AM) 실재하며,
순수함으로 가속하소서. 모든 생명은 치유됩니다.
순수함으로 가속하소서. 나는(I AM) 무한히 초월하며,
순수함으로 가속하소서. 모든 의지는 비상합니다.

순수함으로 가속하소서! (3번)
사랑하는 아스트레아와 퓨리티.
순수함으로 가속하소서! (3번)
사랑하는 가브리엘과 호프.
순수함으로 가속하소서! (3번)
사랑하는 세라피스 베이.
순수함으로 가속하소서! (3번)
사랑하는 I AM.

3. 나는 불순함을 숨기려 하지 않습니다

1. 세라피스 베이여, 내 베이스 차크라에 오셔서 순수의 4광선 입문을 통과할 수 있게 해주소서. 내가 완전함의 충만함에 이르기 위해서, 내 존재를 가속해야 한다는 것을 알 수 있게 해주소서.

세라피스 베이여, 당신의 정화하는 눈 배후에,
권능이 있습니다.
세라피스 베이여, 그것은 당신의 숭고한 은거처로,
들어가기 위한 치료제입니다.

오 성령이시여, 나를 통해 흐르소서.
나는 당신을 위해 열린 문입니다.
세차게 흘러오는 전능한 빛의 강이여,
초월은 나의 신성한 권리입니다.

2. 세라피스 베이여, 내 베이스 차크라에 오셔서 내가 너무 피곤하고, 너무 아파서 가속할 수 없다는 느낌을 극복할 수 있게 해주소서. 나 자신을 역할과 동일시 하게 되었다는 것을 알게 해주소서. 그 이미지에 내 마음을 집중함으로써, 나는 그것을 내 물리적인 사원에서 일시적이지만, 현실로 분명하게 나타냅니다.

세라피스 베이여, 지혜의 성취자시여,
당신의 말씀은 언제나 지극히 심오합니다.
세라피스 베이여, 우리 마음에는 진실로,
당신을 위한 자리밖에 없습니다.

오 성령이시여, 나를 통해 흐르소서.
나는 당신을 위해 열린 문입니다.
세차게 흘러오는 전능한 빛의 강이여,
초월은 나의 신성한 권리입니다.

3. 세라피스 베이여, 내 베이스 차크라에 오셔서 이런저런 조건 때문에, 가속할 수 없다는 환영을 극복하게 해주소서. 치유 과정의 이 특정한 단계에서 필요한 것은 휴식이 아니라, 가속이라는 것을 깨닫게 해주소서.

세라피스 베이여, 초월적인 사랑에 응답하며,
우리의 가슴은 높이 도약합니다.
세라피스 베이여, 당신의 생명은 시(詩)가 되어,
별이 빛나는 고향으로 우리를 부릅니다.

오 성령이시여, 나를 통해 흐르소서.
나는 당신을 위해 열린 문입니다.
세차게 흘러오는 전능한 빛의 강이여,
초월은 나의 신성한 권리입니다.

4. 세라피스 베이여, 내 베이스 차크라에 오셔서 내가 어떤 것에서도 벗어날 수 없음을 알게 해주소서. 나는 이원성 의식을 사용해서는, 이원성 의식을 초월할 수 없습니다. 에너지를 변형하는 것과 제거하는 것은 같지 않습니다.

세라피스 베이여, 당신의 확실한 인도를 받으며,
베이스 차크라는 순수한 흰색으로 정화됩니다.
세라피스 베이여, 우리를 에워싼 영혼은,
더 이상 우리를 가둬 두지 못합니다.

오 성령이시여, 나를 통해 흐르소서.
나는 당신을 위해 열린 문입니다.
세차게 흘러오는 전능한 빛의 강이여,
초월은 나의 신성한 권리입니다.

5. 세라피스 베이여, 내 베이스 차크라에 오셔서 내가 I AM 현존으로부터 빛을 받을 때, 내가 빛을 더 높거나 더 낮은 진동으로 채색하는 것을 볼 수 있게 해주소서. 낮은 진동으로 채색된 빛은 결국 세포에 축적되고 부담을 주어, 세포가 제 기능을 할 수 없게 되고, 따라서 질병이 나타날 것입니다

세라피스 베이여, 상처를 치료하는 향유는,
마음에 영원한 고요를 가져옵니다.
세라피스 베이여, 우리의 생각이 순수해지면,
우리는 당신의 단련법을 견뎌낼 것입니다.

오 성령이시여, 나를 통해 흐르소서.
나는 당신을 위해 열린 문입니다.
세차게 흘러오는 전능한 빛의 강이여,
초월은 나의 신성한 권리입니다.

6. 세라피스 베이여, 내 베이스 차크라에 오셔서 빛을 채색하는 것이, 분리된 자아의 환영이라는 것을 알 수 있게 해주소서. 다른 형태의 생명을 해친다 해도 나에게 가장 좋은 것을 할 권리가 있다는 거짓말을 포기할 수 있게 해주소서.

세라피스 베이여, 비밀스런 시험은,
최고가 되려는 에고를 드러내 줍니다.
세라피스 베이여, 우리의 조화를 앗아가는 에고를,
우리 내면에서 드러내 주소서.

**오 성령이시여, 나를 통해 흐르소서.
나는 당신을 위해 열린 문입니다.
세차게 흘러오는 전능한 빛의 강이여,
초월은 나의 신성한 권리입니다.**

7. 세라피스 베이여, 내 베이스 차크라에 오셔서 내가 질병과 그 에너지를 없애고 싶어 하는, 본능적인 반응을 넘어서게 해주소서. 나는 또한 내 세포에 부담을 주는 에너지에 대응하는 의식 상태를 해결해야 하므로, 불순한 에너지를 제거하는 것만으로는, 충분하지 않다는 것을 알 수 있게 해주소서.

세라피스 베이여, 감동적인 장면이여,
우리는 신성한 높이로 상승합니다.
세라피스 베이여, 신성한 동시성 안에서,
우리는 영원한 자유를 누립니다.

**오 성령이시여, 나를 통해 흐르소서.
나는 당신을 위해 열린 문입니다.
세차게 흘러오는 전능한 빛의 강이여,
초월은 나의 신성한 권리입니다.**

8. 세라피스 베이여, 내 베이스 차크라에 오셔서 내가 자기중심적이고 이기적인 태도를 넘어서게 해주소서. 무슨 일이 있어도 치유 받고 싶다는 반응, 증상을 억제하고 싶은 욕구를 넘어설 수 있게 해주소서. 의식의 변화를 통해 진정한 치유에 대한 열망을 키울 수 있게 해주소서.

세라피스 베이여, 우리의 요청으로,
당신은 일곱 광선을 모두 균형 잡습니다.
세라피스 베이여, 시간과 공간 안에서,
나는 자아의 피라미드를 올라갑니다.

오 성령이시여, 나를 통해 흐르소서.
나는 당신을 위해 열린 문입니다.
세차게 흘러오는 전능한 빛의 강이여,
초월은 나의 신성한 권리입니다.

9. 세라피스 베이여, 내 베이스 차크라에 오셔서 내가 당신의 가슴에 조율하고, 당신이 나와 함께 일하기 전에, 내게 특정한 수준의 순수함을 달성할 것을 요구하지 않는다는 것을 받아들이게 해주소서. 당신의 임무는 내가 분순함을 극복하는 것을 돕는 것임을 알게 해주소서. 그리하여 나는 당신께 나의 불순함을 숨기려 하는 대신 당신을 받아들일 수 있습니다.

세라피스 베이여, 당신의 현존은,
내면의 구체를 충만히 채워줍니다.
삶은 이제 신성한 흐름이 되며,
나는 모두에게 신성한 순수성을 부여합니다.

오 성령이시여, 나를 통해 흐르소서.
나는 당신을 위해 열린 문입니다.

세차게 흘러오는 전능한 빛의 강이여,
초월은 나의 신성한 권리입니다.

4. 나는 나의 치유를 받아들입니다

1. 세라피스 베이어, 내 베이스 차크라에 오셔서 내가 순수해지도록 돕는 것이, 당신의 가장 깊은 사랑이라는 것을 경험할 수 있게 해주소서. 당신에게는 어떤 불순함도 진짜가 아니므로, 당신은 기꺼이 나의 현재 수준에서 나와 함께 일합니다.

오 리버티여, 가난이란 악마의 저주에서
이제 나를 자유롭게 하소서.
나는 결핍을 어머니의 탓으로 돌리지 않습니다.
오 축복받은 어머니시여, 나를 되돌리소서.

오 우주의 어머니 리버티여,
풍요의 교향악을 지휘하소서.
나는 무엇이 최상의 봉사인지 알게 되고,
이제 풍요는 나에게 현실이 됩니다.

2. 세라피스 베이어, 내 베이스 차크라에 오셔서, 내가 모든 불순함 너머를 보고, 신의 마음에서 창조된 순수한 존재를 경험할 수 있게 해주소서. 내가 실재하며, 당신은 절대 나를 비난하거나 업신여기지 않는다는 것을 알 수 있게 해주소서.

오 리버티여, 나는 머나먼 해안에서,
그 이상이 되려는 희구와 함께 왔습니다.
나는 풍요의 흐름을 보면서,
풍요의 의식을 키워나갑니다.

오 우주의 어머니 리버티여,
풍요의 교향악을 지휘하소서.
나는 무엇이 최상의 봉사인지 알게 되고,
이제 풍요는 나에게 현실이 됩니다.

3. 세라피스 베이여, 내 베이스 차크라에 오셔서 내가 물질 우주에서 떠맡은, 어떤 불순함도 극복할 수 있다는 현실을 알게 해주소서. 내가 순수의 진동과 하나가 될 수 있게 해주소서. 그래서 순수함의 진동이 너무 높아서, 물질 우주의 낮은 진동 중 순수함으로 다시 가속할 수 없는 것은, 아무것도 없다는 것을 알게 하소서.

오 리버티여, 내가 한계에 속박될 수 있다는,
거짓말을 드러내소서.
마터 빛은 나의 적이 아니며,
나에게 진정한 부(富)를 가져다줍니다.

오 우주의 어머니 리버티여,
풍요의 교향악을 지휘하소서.
나는 무엇이 최상의 봉사인지 알게 되고,
이제 풍요는 나에게 현실이 됩니다.

4. 세라피스 베이여, 내 베이스 차크라에 오셔서 당신이 가져온 극한의 현실감을 경험할 수 있게 해주소서. 내가 극복할 수 없는 특정한 것들이 있다는 환영, 제거하거나 파괴해야만 하는 특정한 문제들, 심지어 환영을 극복하기 위해서는 특정한 통찰력이 필요하다는 생각을 극복하게 해주소서.

오 리버티여, 타락한 무리가 투사한,
책략을 드러내 주소서.
우주의 어머니시여, 나는 어머니가,

나의 적이 아니라는 진실을 봅니다.

**오 우주의 어머니 리버티여,
풍요의 교향악을 지휘하소서.
나는 무엇이 최상의 봉사인지 알게 되고,
이제 풍요는 나에게 현실이 됩니다.**

5. 세라피스 베이여, 내 베이스 차크라에 오셔서 내가 영적인 존재라는 것을 인정하고, 자아상의 변화를 겪을 수 있게 해주소서. 나는 이러한 물질적인 조건 이상이므로 진동을 높일 수 있는 잠재력을 가지고 있습니다. 나는 네 하위체에 구현한 어떤 상태의 진동도 높일 수 있습니다.

오 리버티여, 나는 이제 열린 눈으로,
악마의 거짓말을 거부합니다.
나는 지고의 신성한 아버지를 보며,
이제 신성한 어머니의 영역을 포용합니다.

**오 우주의 어머니 리버티여,
풍요의 교향악을 지휘하소서.
나는 무엇이 최상의 봉사인지 알게 되고,
이제 풍요는 나에게 현실이 됩니다.**

6. 세라피스 베이여, 내 베이스 차크라에 오셔서, 에고의 유령을 포기하는 것이, 방정식의 오메가 측면이라는 것을 알게 해주소서. 알파 측면은 고의적이고 의도적으로 나의 자아감을, 낮은 자아감에 절대 국한되지 않는 영적인 존재의 순수한 더 높은 진동으로, 가속하는 것입니다.

오 리버티여, 나의 하위체들은,

순수한 성배입니다.
나를 통해 당신의 교향악을 연주하소서.
당신의 선물인 우주의 자유가 흐르게 하소서.

오 우주의 어머니 리버티여,
풍요의 교향악을 지휘하소서.
나는 무엇이 최상의 봉사인지 알게 되고,
이제 풍요는 나에게 현실이 됩니다.

7. 세라피스 베이여, 내 베이스 차크라에 오셔서 내가 분리된 자아와 대중의식의 중력을, 마지막으로 밀어낼 수 있을 만큼 충분히 포기한 지점에 이를 수 있도록 해주소서. 나는 이제 내 자아감을 가속하는 알파의 추진력을 발휘합니다. 그리고 나는 내 정체성을 바꿨다는 것을 인정합니다.

오 리버티여, 나는 초월의 교향악을 위해,
열린 문입니다.
내 차크라 안에서 당신이 방출하는 빛,
이 사랑의 흐름은 결코 멈추지 않을 것입니다.

오 우주의 어머니 리버티여,
풍요의 교향악을 지휘하소서.
나는 무엇이 최상의 봉사인지 알게 되고,
이제 풍요는 나에게 현실이 됩니다.

8. 세라피스 베이여, 내 베이스 차크라에 오셔서 치유의 진정한 열쇠는, 내가 누구인지를 받아들이는 것임을 알게 해주소서. 수용은 의도적으로 그리고 의식적으로 내 자아감을 가속하기 위한 선택을 결정하는 적극적인 특성을 가지고 있습니다. 나는 그것을 가속하고 경험하고 있으며, 그것을 경험하면서 나의 치유를 완전히 받아들이고 있습

니다.

오 리버티여, 당신이 베푸시는,
풍요의 흐름을 방출해 주소서.
당신이 짜고 계신 황금의 담요를,
나는 받고자 합니다.

**오 우주의 어머니 리버티여,
풍요의 교향악을 지휘하소서.
나는 무엇이 최상의 봉사인지 알게 되고,
이제 풍요는 나에게 현실이 됩니다.**

9. 세라피스 베이여, 내 베이스 차크라에 오셔서 치유의 열쇠는 수용이지만, 수동적 수용 그 이상이라는 것을 알게 해주소서. 이로써 나는 내 자아감을 가속하고, 내가 더 이상 이 기원문을 시작한 환자가 아니라는 것을 받아들입니다. 나는 그것을 끝내고 있는 치유된 사람입니다.

오 리버티여, 지친 이들과 가난한 이들을 해방할,
치유의 힘을 방출하소서.
리버티의 사랑 노래는,
대중의 무리를 자유롭게 합니다.

**오 우주의 어머니 리버티여,
풍요의 교향악을 지휘하소서.
나는 무엇이 최상의 봉사인지 알게 되고,
이제 풍요는 나에게 현실이 됩니다.**

봉인
신성한 어머니의 이름으로, 나는 이 요청의 힘이 마터 빛을 자유롭게 함으로써, 나 자신의 삶과 모든 사람과 행성을 위한 그리스도의 완전한 비전을 구현할 수 있음을 전적으로 받아들입니다. I AM THAT I AM의 이름으로, 이것이 이루어졌습니다! 아멘.

19

크라운 차크라 정화하기

I AM THAT I AM, 예수 그리스도의 이름으로, 나의 I AM 현존이 무한히 초월해 가는 내 미래의 현존을 통해 흐르며, 완전한 권능으로 이 기원을 해주시기를 요청합니다. 나는 사랑하는 엘로힘 아폴로(Apollo)와 루미나(Lumina), 대천사 조피엘과 크리스틴, 로드 란토, 폴셔께 크라운 차크라의 모든 불순물을 극복할 수 있도록 도와달라고 요청합니다. 내 I AM 현존의 자유로운 지혜의 흐름을 거스르는 모든 패턴이나 힘으로부터 자유로워질 수 있도록 도와주소서...
(여기에 개인적인 요청을 추가하세요)

1. 나는 모든 거짓된 지혜를 초월합니다

1. 대천사 조피엘이여, 내 크라운 차크라에 오셔서, 세상의 지혜를 정화해 주소서. 내가 위대한 지혜를 얻었으므로, 이제 자급자족하며, 알아야 할 모든 것을 알고 있다는 환영을 정화해 주소서.

대천사 조피엘이여, 위대한 지혜의 빛 안에서,
모든 뱀의 거짓말이 우리 눈에 드러납니다.
마음에 숨어드는 거짓말이 아무리 교묘해도,
당신은 내가 찾은 최고의 스승입니다.

대천사 조피엘이여, 모든 거짓말을 드러내고,
대천사 조피엘이여, 모든 결박을 잘라버리며.
대천사 조피엘이여, 하늘들을 정화하면서,
대천사 조피엘이여, 진실로 내 마음은 비상합니다.

2. 대천사 조피엘이여, 내 크라운 차크라에 오셔서 사회뿐만 아니라, 생명의 강으로부터 스스로를 고립시키는 거짓된 지혜를 정화해 주소서.

대천사 조피엘이여, 당신의 지혜에 경배하니,
당신의 검(劍)은 이원성 베일을 갈라버립니다.
당신이 길을 보여줄 때 무엇이 실재인지 깨닫고,
나는 뱀의 의심에서 즉시 치유됩니다.

대천사 조피엘이여, 모든 거짓말을 드러내고,
대천사 조피엘이여, 모든 결박을 잘라버리며.
대천사 조피엘이여, 하늘들을 정화하면서,
대천사 조피엘이여, 진실로 내 마음은 비상합니다.

3. 대천사 조피엘이여, 내 크라운 차크라에 오셔서 내 에고가 내 주변, 심지어 전 세계를 통제하고 있다고 느끼게 하는 거짓된 지혜를 정화해 주소서.

대천사 조피엘이여, 당신의 실재는,
이원성에 대한 최고의 해독제입니다.
명료한 당신의 현존 안에서는 모든 거짓이 소멸하고,
당신이 옆에 계시니 어떤 뱀도 두렵지 않습니다.

대천사 조피엘이여, 모든 거짓말을 드러내고,
대천사 조피엘이여, 모든 결박을 잘라버리며.

**대천사 조피엘이여, 하늘들을 정화하면서,
대천사 조피엘이여, 진실로 내 마음은 비상합니다.**

4. 대천사 조피엘이여, 내 크라운 차크라에 오셔서 고정된 이미지를 형성하는 거짓된 지혜를 정화해 주소서. 사회의 전문가들이 그것이 진실이라고 주장하더라도, 내가 모든 거짓된 지혜를 꿰뚫어 볼 수 있게 해주소서.

대천사 조피엘이여, 신의 마음이 내 안에 있고,
나는 당신의 명료한 빛을 통해 그 지혜를 깨닫습니다.
내가 하나이신 존재를 볼 때 모든 분리는 사라지고,
내 마음은 완전한 전체성을 이룹니다.

**대천사 조피엘이여, 모든 거짓말을 드러내고,
대천사 조피엘이여, 모든 결박을 잘라버리며.
대천사 조피엘이여, 하늘들을 정화하면서,
대천사 조피엘이여, 진실로 내 마음은 비상합니다.**

5. 대천사 조피엘이여, 내 크라운 차크라에 오셔서 세상의 기관들이 추진하는 거짓된 지혜를 정화해 주소서. 엄청난 양의 정보를 축적하는 정교한 구조는, 단지 에고의 불안정과 생명의 강을 설명하지 못하는, 에고의 실패를 보여줄 뿐이라는 것을 알게 해주소서.

대천사 조피엘이여, 위대한 지혜의 빛 안에서,
모든 뱀의 거짓말이 우리 눈에 드러납니다.
마음에 숨어드는 거짓말이 아무리 교묘해도,
당신은 내가 찾은 최고의 스승입니다.

**대천사 조피엘이여, 모든 거짓말을 드러내고,
대천사 조피엘이여, 모든 결박을 잘라버리며.**

**대천사 조피엘이여, 하늘들을 정화하면서,
대천사 조피엘이여, 진실로 내 마음은 비상합니다.**

6. 대천사 조피엘이여, 내 크라운 차크라에 오셔서 사람들 사이에서 지혜롭다 여겨지고, 분리된 자아를 높이기 위해 스승이 되고자 하는 욕망을 정화해 주소서. 내가 하나됨을 위해 끊임없이 노력하게 해주소서. 그러면 나는 지혜의 샘이 나를 통해 흐를 수 있는 열린 문이 될 수 있습니다.

대천사 조피엘이여, 당신의 지혜에 경배하니,
당신의 검(劍)은 이원성 베일을 갈라버립니다.
당신이 길을 보여줄 때 무엇이 실재인지 깨닫고,
나는 뱀의 의심에서 즉시 치유됩니다.

**대천사 조피엘이여, 모든 거짓말을 드러내고,
대천사 조피엘이여, 모든 결박을 잘라버리며.
대천사 조피엘이여, 하늘들을 정화하면서,
대천사 조피엘이여, 진실로 내 마음은 비상합니다.**

7. 대천사 조피엘이여, 내 크라운 차크라에 오셔서 에고의 안전과 통제력을 유지하는데 도움이 되는 구조를 넘어서게 해주소서. 내가 당신의 무조건적인 지혜를 흡수하고, 분리감을 초월할 수 있게 해주소서. 내가 지금 볼 수 없는 것을 볼 수 있게 해주소서.

대천사 조피엘이여, 당신의 실재는,
이원성에 대한 최고의 해독제입니다.
명료한 당신의 현존 안에서는 모든 거짓이 소멸하고,
당신이 옆에 계시니 어떤 뱀도 두렵지 않습니다.

대천사 조피엘이여, 모든 거짓말을 드러내고,

대천사 조피엘이여, 모든 결박을 잘라버리며.
대천사 조피엘이여, 하늘들을 정화하면서,
대천사 조피엘이여, 진실로 내 마음은 비상합니다.

8. 대천사 조피엘이여, 내 크라운 차크라에 오셔서 치유의 진정한 열쇠, 즉 물질 우주 외부에서 흘러오는 에너지가 있다는 사실에서, 내 주의를 빼앗아 가는 모든 것을 정화해 주소서.

대천사 조피엘이여, 신의 마음이 내 안에 있고,
나는 당신의 명료한 빛을 통해 그 지혜를 깨닫습니다.
내가 하나이신 존재를 볼 때 모든 분리는 사라지고,
내 마음은 완전한 전체성을 이룹니다.

대천사 조피엘이여, 모든 거짓말을 드러내고,
대천사 조피엘이여, 모든 결박을 잘라버리며.
대천사 조피엘이여, 하늘들을 정화하면서,
대천사 조피엘이여, 진실로 내 마음은 비상합니다.

9. 대천사 조피엘이여, 내 크라운 차크라에 오셔서 비록 세상의 지혜로는 설명할 수 없지만, 치유의 기적을 받아들일 수 있게 해주소서.

천사들과 함께 날아오르며,
나는 스스로를 초월합니다.
천사들은 진실로 존재하며,
그들의 사랑은 모든 것을 치유합니다.

천사들이 평화를 가져오면,
모든 갈등은 그칩니다.
빛의 천사들과 함께,
우리는 새로운 높이로 비상합니다.

천사 날개의 바스락거리는 소리,
물질조차 노래하는 기쁨이여,
모든 원자를 울리는 기쁨이여,
천사들의 날갯짓과 조화 속에서.

2. 나는 지혜의 샘에 잠깁니다

1. 엘로힘 아폴로여, 내 크라운 차크라에 오셔서 봄의 진동, 멈출 수 없는 힘의 활력, 젊음의 샘을 불러일으켜 주소서. 나는 이제 이 젊음의 샘이 내 몸으로 흘러 들어와, 다리를 통해 위로, 몸통으로, 머리로 흐르고, 내 머리 주위에 황금빛 고리를 만드는 것을 느낍니다.

사랑하는 아폴로여, 당신의 지혜 광선으로,
내 눈을 열어주시어 새날을 보게 하소서.
나는 이원성의 거짓말과 기만을 꿰뚫어보며,
패배를 가져오는 마음의 틀을 초월합니다.

**사랑하는 아폴로, 황금빛 엘로힘이시여,
우리는 이제 당신의 찬란한 빛을 봅니다.
당신이 고요히 지혜의 페이지를 펼치면,
나는 모든 낡은 것에서 자유로워집니다.**

2. 엘로힘 아폴로여, 내 크라운 차크라에 오셔서 봄의 기적 뒤에 숨겨진 지혜, 생명의 강과 더욱 하나가 되어 영원히 자신을 초월하는 생명력 있고, 끊임없이 변화하는 지혜를 흡수할 수 있게 해주소서.

사랑하는 아폴로여, 당신의 화염 안에는,
언제나 생생한 지혜가 흐르고 있습니다.
당신의 빛 안에서 내 최상의 의지를 깨달으며,
나는 그 영원한 흐름에 합류합니다.

사랑하는 아폴로여, 당신의 빛은,
우리가 지상에 육화한 이유를 밝혀 줍니다.
우리는 선두에서 함께 일하며,
우리의 우주 구체를 더 높이 들어올립니다.

3. 엘로힘 아폴로여, 내 크라운 차크라에 오셔서 분리된 자아가 자신이 중요하고, 왕좌에 오른 기분을 느낄 수 있는 일종의 궁전을 짓기 위해, 세상의 지혜를 사용하는 대신, 내가 생명의 강에 잠기고 그 지혜로 흐를 수 있게 해주소서.

사랑하는 아폴로여, 모든 거짓말을 드러내 주시니,
나는 에고의 모든 결박을 끊어버립니다.
뱀의 이원성을 초월하는 진정한 열쇠는,
내 인식임을 깨닫습니다.

사랑하는 아폴로여, 이제 당신의 부름을 들으며,
우리는 위대한 지혜의 전당으로 인도됩니다.
타락으로 이끄는 모든 거짓말이 드러나니,
우리는 만물의 하나됨을 되찾습니다.

4. 엘로힘 아폴로여, 내 크라운 차크라에 오셔서 내가 내 현재의 인식과, 현재의 자아상에 도전하는, 살아 있는 지혜를 흡수할 수 있게 해주소서. 항상 스스로를 초월하는 그 끊임없이 변화하는 지혜의 샘과, 다시 연결되도록 자석처럼 나를 끌어당겨 주소서.

사랑하는 아폴로여, 당신의 지혜는 너무나 명료해서,
당신과 하나되면 어떤 뱀도 두렵지 않습니다.
나는 기꺼이 내 눈의 들보를 보며,
뱀이 만들어낸 이원론에서 해방됩니다.

사랑하는 아폴로여, 나는 고양된 비전으로,
새로운 단계로 올라선 지구를 봅니다.
꿰뚫어보는 당신의 시선은 나에게 힘을 주고,
나는 이원성의 미로를 벗어납니다.

5. 엘로힘 아폴로여, 내 크라운 차크라에 오셔서 지혜가 살아 있다는 것을 경험할 수 있게 해주소서. 지혜는 모든 생명에게 그 이상이 되는 방법을 알려주는 살아 있는 생명력입니다. 나는 지혜의 샘, 그 흐름, 그 진동에 조율합니다. 나는 지혜의 살아 있는 물에 잠기고, 그것과 함께 흐르는 가운데 치유를 경험합니다.

사랑하는 아폴로여, 당신의 지혜 광선으로,
내 눈을 열어주시어 새날을 보게 하소서.
나는 이원성의 거짓말과 기만을 꿰뚫어보며,
패배를 가져오는 마음의 틀을 초월합니다.

사랑하는 아폴로, 황금빛 엘로힘이시여,
우리는 이제 당신의 찬란한 빛을 봅니다.
당신이 고요히 지혜의 페이지를 펼치면,
나는 모든 낡은 것에서 자유로워집니다.

6. 엘로힘 아폴로여, 내 크라운 차크라에 오셔서 에고가 흐름을 막고, 내 에너지장이 폐쇄계가 될 때 질병이 발생한다는 것을 알 수 있게 해주소서. 이 폐쇄계를 무너뜨리는 힘을 받아들일 수 있게 해주소서. 그리하여 지속적인 자기 초월 안에서, 생명의 강과 함께 다시 자유롭게 흐를 수 있게 해주소서.

사랑하는 아폴로여, 당신의 화염 안에는,
언제나 생생한 지혜가 흐르고 있습니다.
당신의 빛 안에서 내 최상의 의지를 깨달으며,

나는 그 영원한 흐름에 합류합니다.

**사랑하는 아폴로여, 당신의 빛은,
우리가 지상에 육화한 이유를 밝혀 줍니다.
우리는 선두에서 함께 일하며,
우리의 우주 구체를 더 높이 들어올립니다.**

7. 엘로힘 아폴로여, 내 크라운 차크라에 오셔서 모든 이원적 논쟁에 대해, 그것을 부정하는 반론이 있다는 것을 알게 해주소서. 그것은 어떤 형태의 이원적 지혜도 상대적이라는 의미입니다. 나는 절대적인 지혜를 원합니다. 나는 무조건적인 지혜를 원합니다.

사랑하는 아폴로여, 모든 거짓말을 드러내 주시니,
나는 에고의 모든 결박을 끊어버립니다.
뱀의 이원성을 초월하는 진정한 열쇠는,
내 인식임을 깨닫습니다.

**사랑하는 아폴로여, 이제 당신의 부름을 들으며,
우리는 위대한 지혜의 전당으로 인도됩니다.
타라오르 이끄는 모든 거짓말이 드러나니,
우리는 만물의 하나됨을 되찾습니다.**

8. 엘로힘 아폴로여, 내 크라운 차크라에 오셔서 알게 해주소서. 나 자신이 지혜가 없다고 생각하기 때문에, 딜레마에 빠져 있습니다. 나는 내가 알고 있다고 생각하는 모든 것을 기꺼이 놓아버리고, 묻지 않고 그저 관찰하는 아이 같은 마음으로 딜레마를 극복합니다.

사랑하는 아폴로여, 당신의 지혜는 너무나 명료해서,
당신과 하나되면 어떤 뱀도 두렵지 않습니다.
나는 기꺼이 내 눈의 들보를 보며,

뱀이 만들어낸 이원론에서 해방됩니다.

사랑하는 아폴로여, 나는 고양된 비전으로,
새로운 단계로 올라선 지구를 봅니다.
꿰뚫어보는 당신의 시선은 나에게 힘을 주고,
나는 이원성의 미로를 벗어납니다.

9. 엘로힘 아폴로여, 내 크라운 차크라에 오셔서 에고가 영적인 여정에 대해 알고 있다고 생각하는, 모든 것에서 벗어날 수 있게 해주소서. 내가 나 자신의 상위 존재를 흡수하고 초점을 전환할 수 있게 해주소서. 나는 분리된 자아 너머의 무언가와 하나가 되는 것을 경험합니다. 그 하나됨의 경험 속에서, 나는 완전해지고 치유됩니다.

가속해서 나를 일깨우소서. 나는(I AM) 실재하며,
가속해서 나를 일깨우소서. 모든 생명은 치유됩니다.
가속해서 나를 일깨우소서. 나는(I AM) 무한히 초월하며,
가속해서 나를 일깨우소서. 모든 의지는 비상합니다.

가속해서 나를 일깨우소서! (3번)
사랑하는 아폴로와 루미나.
가속해서 나를 일깨우소서! (3번)
사랑하는 조피엘과 크리스틴.
가속해서 나를 일깨우소서! (3번)
사랑하는 마스터 란토.
가속해서 나를 일깨우소서! (3번)
사랑하는 I AM.

3. 나는 나의 영적인 가르침대로 살고 싶습니다

1. 로드 란토여, 내 크라운 차크라에 오셔서 뭔가 부족한 것이 있다는

것, 삶의 기적에 대해 더 이해할 것이 있다는 것, 그리고 삶이 기계적
법칙을 따르는 기계로 전락할 수 없다는 것을 알게 해주소서.

마스터 란토여, 황금빛 지혜로,
우리 안에서 에고의 거짓말을 드러내소서.
마스터 란토여, 의지를 갖추고,
우리는 자신의 통달을 성취하겠습니다.

**오 성령이시여, 나를 통해 흐르소서.
나는 당신을 위해 열린 문입니다.
세차게 흘러오는 전능한 빛의 강이여,
초월은 나의 신성한 권리입니다.**

2. 로드 란토여, 내 크라운 차크라에 오셔서 내 영적인 목표를 달성하
기 위해서는, 내 외부의 원천으로부터 일종의 지혜와 비밀 공식을 얻
어야 한다는, 믿음을 극복할 수 있게 해주소서.

마스터 란토여, 모든 것에서 균형을 이루소서.
우리는 지혜의 균형을 요청합니다.
마스터 란토여, 균형이야말로,
황금의 열쇠임을 알게 하소서.

**오 성령이시여, 나를 통해 흐르소서.
나는 당신을 위해 열린 문입니다.
세차게 흘러오는 전능한 빛의 강이여,
초월은 나의 신성한 권리입니다.**

3. 로드 란토여, 내 크라운 차크라에 오셔서 내 외부에서 지식을 구하
는 문제가 아니라, 내면에서 신의 왕국에 접근할 수 있다는 것을 깨
닫는 문제라는 것을 알게 해주소서. 나는 기꺼이 내면으로 들어가서,

지혜의 샘과 연결하고 내 의식을 고양할 것입니다.

마스터 란토여, 상위 영역에서 흘러오는,
분별력 있는 사랑을 요청합니다.
마스터 란토여, 사랑은 눈멀지 않았으며,
우리는 사랑을 통해 신의 비전을 발견합니다.

**오 성령이시여, 나를 통해 흐르소서.
나는 당신을 위해 열린 문입니다.
세차게 흘러오는 전능한 빛의 강이여,
초월은 나의 신성한 권리입니다.**

4. 로드 란토여, 내 크라운 차크라에 오셔서 그리스도 의식은, 자기 초월하는 생명의 강과 하나라는 것을 알게 해주소서. 그리스도는 끊임없이 자신을 초월하고, 그 이상이 되고 있습니다.

마스터 란토여, 우리는 순수하며,
우리의 의도는 그리스도의 양처럼 순수합니다.
마스터 란토여, 초월하며 나아갈 때,
가속은 우리의 가장 진실한 친구입니다.

**오 성령이시여, 나를 통해 흐르소서.
나는 당신을 위해 열린 문입니다.
세차게 흘러오는 전능한 빛의 강이여,
초월은 나의 신성한 권리입니다.**

5. 로드 란토여, 내 크라운 차크라에 오셔서 내가 지적인 것을 이해하는 것 이상으로 나아갈 수 있게 해주소서. 내가 영적인 가르침을 적용하고 실천할 수 있도록, 거울 앞에 서서 내 안에 있는, 이원성의 특정한 측면을 볼 수 있게 해주소서.

마스터 란토여, 우리는 완전한 전체이며,
우리 영혼에는 더 이상 분리가 없습니다.
마스터 란토여, 치유의 화염이여,
당신의 신성한 이름으로 모두가 균형을 이룹니다.

오 성령이시여, 나를 통해 흐르소서.
나는 당신을 위해 열린 문입니다.
세차게 흘러오는 전능한 빛의 강이여,
초월은 나의 신성한 권리입니다.

6. 로드 란토여, 내 크라운 차크라에 오셔서 지혜가 지성으로만 접근할 때, 내 마음은 폐쇄계가 된다는 것을 알게 해주소서. 이때 내가 데이터베이스에 갇히게 되며, 에고가 자신이 통제하고 있다고 느낄 수 있도록, 지혜를 데이터베이스의 어떤 범주에 맞추려 합니다.

마스터 란토여, 모든 생명에 봉사하며,
우리는 내면의 투쟁을 모두 초월합니다.
마스터 란토여, 진정한 생명을 원하는 모두에게,
당신은 평화를 부어줍니다.

오 성령이시여, 나를 통해 흐르소서.
나는 당신을 위해 열린 문입니다.
세차게 흘러오는 전능한 빛의 강이여,
초월은 나의 신성한 권리입니다.

7. 로드 란토여, 내 크라운 차크라에 오셔서 지성이 지혜의 샘에 연결하는 것을 도울 수 없다는 것을 알게 해주소서. 이것은 오직 가슴에서만 일어나기 때문입니다. 그러므로, 나는 분리된 자아를 초월하기 위해, 무엇이 필요한지 지적으로 이해할 수 없습니다.

마스터 란토여, 균형 잡힌 창조를 통해,
자유를 얻습니다.
마스터 란토여, 우리는 당신의 균형을,
기쁨의 열쇠로 사용합니다.

오 성령이시여, 나를 통해 흐르소서.
나는 당신을 위해 열린 문입니다.
세차게 흘러오는 전능한 빛의 강이여,
초월은 나의 신성한 권리입니다.

8. 로드 란토여, 내 크라운 차크라에 오셔서 내가 결정적인 정보를 놓치고 있다고 생각하는 한, 나는 그리스도 의식, 신의 왕국, 깨달음으로부터 분리되어 있다는 이미지를 잠재적으로 인정하고 있습니다.

마스터 란토여, 모든 것에서 균형을 이루소서.
당신은 일곱 광선을 모두 균형 잡습니다.
마스터 란토여, 우리가 높이 날아오르니,
삼중 불꽃이 찬란하게 빛납니다.

오 성령이시여, 나를 통해 흐르소서.
나는 당신을 위해 열린 문입니다.
세차게 흘러오는 전능한 빛의 강이여,
초월은 나의 신성한 권리입니다.

9. 로드 란토여, 내 크라운 차크라에 오셔서 내가 아직 찾지 못한 중요한 정보가 있음을 알게 해주소서. 그것은, 내가 가진 문제가 자신 안에서 접근할 수 없고, 외부 원천에서 찾아야 하는 무언가, 모르는 무언가가 있다고 느끼는 감각이라는 것을 깨닫는 것입니다.

사랑하는 란토여, 당신의 현존은,

내면의 구체를 충만히 채워줍니다.
삶은 이제 신성한 흐름이 되며,
나는 모두에게 신성한 지혜를 부여합니다.

오 성령이시여, 나를 통해 흐르소서.
나는 당신을 위해 열린 문입니다.
세차게 흘러오는 전능한 빛의 강이여,
초월은 나의 신성한 권리입니다.

4. 나는 참된 지혜를 얻습니다

1. 로드 란토여, 내 크라운 차크라에 오셔서 내가 분리된 정체성 감각의 닫힌 원 밖으로부터, 무언가를 필요로 한다는 것을 알게 해주소서. 나는 현재의 내 의식 상태 너머에, 무언가가 있다는 것을 보여줄 구루가 필요합니다.

오 폴셔여, 당신의 은거처에서,
당신은 어머니의 사랑으로 나를 맞이합니다.
나는 이제 모든 시험을 완료했으며,
더 이상 옛 패턴은 반복하지 않습니다,

오 폴셔, 기회의 시혜자여,
나는 이원성을 초월합니다.
나는 이제 내면에 초점을 두며,
당신과 함께 영원히 성장합니다.

2. 로드 란토여, 내 크라운 차크라에 오셔서 내가 스승이나 스승에게서 받은, 외적인 가르침을 듣는 것만으로는 전진할 수 없는 지점에 이르렀을 때를 알 수 있게 해주소서. 나는 가르침을 넘어서 구루를 통해 오는 진동을 흡수해야 합니다.

오 폴셔여, 정의는 당신의 이름이며,
우주적 영광의 불꽃을 들어올립니다.
현상 유지를 하기 위한 게임을,
나는 더 이상 하지 않을 것입니다.

**오 폴셔, 기회의 시혜자여,
나는 이원성을 초월합니다.
나는 이제 내면에 초점을 두며,
당신과 함께 영원히 성장합니다.**

3. 로드 란토여, 내 크라운 차크라에 오셔서 나의 마음과 가슴을 열고, 특정한 마스터의 진동을 받을 수 있게 해주소서. 나는 이제 말합니다: "내가 그대를 마시고 있는 동안, 나를 마시세요." 나는 마스터와 하나가 되기 위해 이 세상의 어떤 것이든, 분리된 자아의 어떤 부분이든 기꺼이 포기할 것입니다.

오 폴셔여, 나는 우주의 흐름 안에서,
당신과 하나되어 영원히 성장합니다.
나는 당신이 부여하는 우주의 정의를 담는,
이곳 지상의 성배입니다.

**오 폴셔, 기회의 시혜자여,
나는 이원성을 초월합니다.
나는 이제 내면에 초점을 두며,
당신과 함께 영원히 성장합니다.**

4. 로드 란토여, 내 크라운 차크라에 오셔서 내가 모든 것을 알고 통달할 수 있게 하는, 비밀 공식이란 없다는 것을 받아들이게 해주소서. 신은 분리 의식으로 접근하는 사람들로부터 생명의 비밀을 숨깁니다. 나는 생명의 강과 하나가 됨으로써, 생명의 비밀을 발견합니다.

오 폴셔여, 우주적인 균형을 가져오소서.
내 가슴은 영원한 희망을 노래합니다.
어머니의 날개는 나를 보호하고,
나는 만물과 하나됨을 느낍니다.

오 폴셔, 기회의 시혜자여,
나는 이원성을 초월합니다.
나는 이제 내면에 초점을 두며,
당신과 함께 영원히 성장합니다.

5. 로드 란토여, 내 크라운 차크라에 오셔서 내가 신의 무조건적이고 무한한 지혜의 색조로, 당신의 무조건적인 사랑을 받을 자격이 있다는 것을 받아들일 수 있게 해주소서. 당신과 하나가 된 참된 지혜를 내가 흡수할 수 있게 해주소서. 나는 이 지혜가 말, 공식, 의례 또는 가르침으로 축소될 수 없다는 것을 압니다. 왜냐하면 그것은 살아 있고 어떤 구조에도 저항하기 때문입니다.

오 폴셔여, 어머니의 빛을 가져오시어,
모두를 암흑의 밤에서 해방하소서.
당신 사랑이 하열은 영원토록 밝게 빛나니,
이제 성 저메인과 함께 나를 굳게 잡아주소서.

오 폴셔, 기회의 시혜자여,
나는 이원성을 초월합니다.
나는 이제 내면에 초점을 두며,
당신과 함께 영원히 성장합니다.

6. 로드 란토여, 내 크라운 차크라에 오셔서 내 몸이나 마음에 있는, 어떤 질병 뒤에 숨겨진 메시지를 발견할 수 있게 해주소서. 질병으로 구현된 환영이 무엇인지 볼 수 있게 해주소서. 내가 그 안으로 들어

가서, 그것을 보고, 그것과 하나가 되게 해주소서.

오 폴셔여, 나는 변형의 연금술에,
통달한 당신을 느낍니다.
당신이 발하는 실재의 빛 안에서,
나는 황금의 연금술을 발견합니다.

오 폴셔, 기회의 시혜자여,
나는 이원성을 초월합니다.
나는 이제 내면에 초점을 두며,
당신과 함께 영원히 성장합니다.

7. 로드 란토여, 내 크라운 차크라에 오셔서 질병으로부터 분리되고자 하는 것은, 분리의 환영을 강화할 뿐이라는 것을 알게 해주소서. 분리는 하나됨으로부터 도망치는 것이고, 분리에서 만들어진 것으로부터 도망치려고 해서는, 내가 하나됨으로 돌아갈 수 없습니다.

오 폴셔여, 우주의 흐름 안에서,
나는 인간의 꿈에서 깨어납니다.
에고의 들보를 제거하며,
나는 우주의 팀에 내 자리를 얻습니다.

오 폴셔, 기회의 시혜자여,
나는 이원성을 초월합니다.
나는 이제 내면에 초점을 두며,
당신과 함께 영원히 성장합니다.

8. 로드 란토여, 내 크라운 차크라에 오셔서 내가 나아갈 수 있는 유일한 방법은, 어떤 것으로부터 도망치는 것을 멈추고, 그 안으로 걸어 들어가는 것뿐이라는 것을 알게 해주소서. 그것과 결합하면서, 나는

이 불완전한 이미지 너머에 신의 표현인, 마터 빛의 실재가 있다는 것을 압니다. 나는 분리된 이미지 너머에 하나됨이 있다는 것을 알고, 분리된 이미지는 비실재라는 것을 봅니다.

오 폴셔여, 당신은 아득히 먼 곳에서 온,
우주의 아바타입니다.
당신이 펼치는 은혜에는 한계가 없고,
당신은 지구를 인도하는 별입니다.

**오 폴셔, 기회의 시혜자여,
나는 이원성을 초월합니다.
나는 이제 내면에 초점을 두며,
당신과 함께 영원히 성장합니다.**

9. 로드 란토여, 내 크라운 차크라에 오셔서 당신 승리의 진동을 받을 수 있게 해주소서. 진정한 지혜와 하나가 되어, 나는 물질세계의 어떤 상태도 극복할 수 있다는 것을 압니다. 그것들은 모두 비실재이고, 모두 비실재 이미지의 투사입니다. 나는(I AM) 실재하며, 내가 비실재인 것에서 도망치는 것을 멈추고, 대신 모든 것과 합쳐질 때 나는 실재와 결합합니다. 나는(I AM) 실재이며, 어떤 비실재의 표현 그 이상이라는 것을 압니다.

오 폴셔여, 나는 확신으로 충만한,
우주의 악기입니다.
나는 지구의 상승을 돕기 위해,
하늘에서 지구로 내려왔습니다.

**오 폴셔, 기회의 시혜자여,
나는 이원성을 초월합니다.
나는 이제 내면에 초점을 두며,**

당신과 함께 영원히 성장합니다.

봉인
신성한 어머니의 이름으로, 나는 이 요청의 힘이 마터 빛을 자유롭게 함으로써, 나 자신의 삶과 모든 사람과 행성을 위한 그리스도의 완전한 비전을 구현할 수 있음을 전적으로 받아들입니다. I AM THAT I AM 의 이름으로, 이것이 이루어졌습니다! 아멘.

저자 소개

킴 마이클즈는 뛰어난 작가이자 저술가입니다. 그는 15개국에서 영성 컨퍼런스와 워크숍을 진행했으며 수백 명의 영적인 학생들을 상담하고 영적인 주제에 관한 수많은 라디오 쇼를 진행했습니다. 킴 마이클즈는 1976년 이래로 영적인 여정을 걸어왔습니다. 그는 다양한 영적인 가르침을 광범위하게 연구해 왔으며, 의식을 고양하는 다양한 수행 기법을 행해 왔습니다. 2002년 이래로 그는 예수를 비롯한 여러 상승 마스터의 메신저로 봉사하고 있습니다. 그는 신비주의 여정에 관한 광범위한 가르침을 전해주었으며, 그 가르침은 그의 웹사이트에서 무료로 제공되고 있습니다:

· 진정한 예수님에게 물어보세요[17] - 원래 예수의 신비주의 가르침 제공.

· 상승 마스터들에게 물어보세요[18] - 다양한 주제에 대한 상승 마스터들의 답.

---

[17] www.AskRealJesus.com

[18] www.AscendedMasterAnswers.com

· 상승 마스터의 빛[19] – 영적인 성장에 연관된 모든 것에 대해 상승 마스터 가르침과 담화를 제공.

· 초월 도구들[20] – 빛을 기원하고 에고 의식의 제한들을 초월하기 위한 실천적인 영적인 도구들을 제공.

· 킴 마이클즈 정보[21].

초월 툴박스 1권

생명의 강과 함께 흐르기 (Flowing with the River of Life – Freedom from Internal Spirits)

이 책은 "생명의 강과 함께 흐르기"에 수반되는 책이며, 마하 초한의 가르침에 바탕을 둔 네 개의 고유한 기원문들을 담고 있습니다. 기원문들은 다음 사항을 성취하는 데 도움이 되도록 고안되었습니다:

· 죽음의 의식 초월하기,

· 공격적인 영체의 영향력에서 벗어나기,

· 지금 당장 여러분을 저지하고 있는 여러분 존재 안의 영체를 드러내기,

· 여러분 존재 안에 있는 영체를 놓아버리기.

이 책은 또한 죽음의 의식과 영체를 창조하고 초월하는 방법에 대한 함축적인 가르침을 담고 있습니다.

---

[19] www.AscendedMasterLight.com

[20] www.TranscendenceToolbox.com

[21] www.KimMichaels.info

책의 파트 2에는 영적인 광선들에 대한 7개월간의 집중 기원에 사용되는 디크리들이 모두 포함되어 있습니다. 이 집중 기원(vigil)은 일곱 광선의 창조적 에너지에 익숙해져서 여러분의 창조적 잠재력을 드러내는 데 도움이 되도록 고안되었습니다. 또한 각 광선의 순수한 특성과 왜곡에 대해 간략하게 설명하고 있습니다.

초월 툴박스 2권

생명의 노래 힐링 매트릭스 (The Song of Life Healing Matrix)

매일 우리는 불확실성, 감정적 혹은 정신적 혼란, 긍정적이거나 부정적인 스트레스에 노출되는 상황을 경험합니다. 우리가 겪는 모든 일은 우리의 개인적인 이야기에 흔적을 남깁니다. 어떤 사람들은 긍정적인 기억을 되살리고 있고, 다른 사람들은 트라우마를 피하기 위해 그 기억을 억눌러야 할 정도로 고통스럽습니다. 우리의 개인적인 픽픽의 세세한 이야기는, 우리가 누구인지 그리고 무엇이 우리의 성장을 가로막고 있는지 드러내 줍니다. 이런 개인적인 영역의 이야기에서, 우리는 삶과 서로, 그리고 우리 자신을 바라보는 방식에 영향을 미치는 우리의 가장 깊은 신념, 개념, 감정, 생각을 숨깁니다. 이것은 종종 우리의 멘탈체, 감정체 혹은 육체에 질병을 일으킵니다.

"생명의 노래 힐링 매트릭스"는 여러분에게 여러분 자신의 생명의 노래의 가장 깊은 세밀한 곳에 빛을 가져올 수 있는 독특한 도구를 제공합니다. 대단히 효과적인 이 도구는 행성 지구의 신성한 여성성을 대표하는 상승 마스터들인, 여덟 분의 신성한 어머니의 대리자들의 가르침을 담고 있습니다. 그들은 여러분의 개인적인 치유의 장애물을 다루고 생명의 노래 형태로 매우 효과적인 도구인 소리 치유(sound healing)를 소개합니다. 쉽게 배울 수 있는 여덟 개의 기원문들은 다음과 같은 유형의 치유를 불러옵니다:

· 여러분이 인간의 몸속에 있는 영적인 존재임을 깨닫도록 여러분의 정체성 감각 변형하기.

· 장애가 되는 모든 환영과 파괴적인 생각 패턴으로부터 여러분의 멘탈체 정화하기.

· 감정적인 상처 치유하기 및 자기 파괴적인 반응 패턴을 강화하는 누적된 부정적인 감정 방출하기.

· 모든 질병에서 여러분의 신체 기관과 조직 치유하기.

· 삶의 목표를 실현하지 못하게 가로막는 모든 결핍 의식 치유하기.

· 영적으로 물질적으로 풍요로운 삶을 구현하지 못하게 가로막는 결핍 의식 치유하기.

· 무조건적인 사랑의 수용과 여러분을 통해 흐르는 사랑의 흐름을 가로막는 모든 장애물 치유하기.

· 여러분의 진정한 정체성은 신과 함께하는 공동창조자이며 우리는 모두 신성한 여성성 일부라는 사실을 부인하는 태도 치유하기.

초월 툴박스 3권

가슴으로 소통하는 방법 (How to Communicate from the Heart)

모든 인간관계에서 의사소통은 평화와 협력을 가로막는 가장 큰 장애물입니다. 불행하게도, 대부분의 의사소통은 표면적인 인간의 인식이 갈등과 불협화음을 일으키는 수준에서 일어납니다.

상승 마스터들이 이 책에서 밝힌 신비 가르침은 여러분이 더 높은 형태의 의사소통을 발전시키는데 도움을 줍니다. 여러분은 어떻게 우리의 영혼과 마음속에 평화와 조화를 만들고, 여러분의 상위자아와 연결하며, 일곱 영적인 에너지를 사용하는지 배울 것입니다. 여러분의 상위자아와의 연결은 가슴으로 소통하기 위한 문을 열어주고, 이것은 여러분 자신의 정신과 관계를 치유하는 데 도움을 줄 것입니다.

이 책은 가르침과 실천적인 연습의 독특한 조합을 통해 에고의 인식을 넘어 여러분의 의사소통 능력을 향상시키는데 도움을 줄 것입니다. 다음을 배울 수 있습니다:

- 타인과 자신의 자유의지를 존중하는 방법
- 지혜롭게 주는 법
- 무조건적인 사랑이 흘러가게 하는 방법
- 여러분의 의도를 정화하는 방법
- 제어 게임 및 조작을 피하는 방법
- 평화로운 상태에서 다른 사람들을 섬기는 방법
- 여러분의 관계에서 진정한 자유를 찾는 방법

초월 툴박스 4권

차크라를 정화해서 자신을 치유하세요 (Heal Yourself by Clearing the Chakras)

많은 영적 탐구자는 우리가 차크라라고 불리는 몇 개의 에너지 센터가 있는 개인적인 에너지 장을 가지고 있다는 것을 알고 있습니다.

차크라는 높은 빈도의 에너지가 우리의 영적 자아에서 우리의 낮은 존재로 흘러가게 하는 문입니다. 차크라가 막히면, 우리의 창의력이 떨어지고, 우리의 영적 행복이 떨어지고, 정신적, 육체적 질병이 발생할 수 있습니다.

7개의 주요 차크라 각각은 특정한 유형의 창조적 에너지 또는 영적 광선과 연결되어 있습니다. 차크라를 열어두는 열쇠는 해당 광선의 에너지를 사용하는 것입니다. 이 책에서, 승천한 스승들은 일곱 개의 영적 광선을 이용하여 여러분의 차크라를 정화하는 방법에 대해 심오한 가르침을 줍니다.

가르침과 실천적인 연습을 통해, 이 책은 여러분의 삶을 치유하고 여러분의 영적인 여정에 대한 결과를 얻을 수 있는 강력한 도구입니다. 다음을 배울 수 있습니다.

• 무조건적인 사랑을 받아들임으로써 당신의 가슴 차크라를 막는 방법
• 태양신경총 차크라에서 분노를 제거하는 방법
• 힘을 올바르게 사용하여 목 차크라를 여는 방법
• 어린아이 같은 마음을 통해 영혼 차크라를 정화하는 방법
• 더 높은 비전을 통해서 제3의 눈 차크라를 여는 방법
• 모든 불순물을 넘어 베이스 차크라를 가속화하는 방법
• 세속적인 지혜를 초월하여 크라운 차크라를 여는 방법

초월 툴박스 5권

모든 것을 용서함으로써 치유하기 (Heal Your Life by Forgiving Everything)

완전한 용서는 완전한 치유로 이어집니다

대부분의 사람들은 다른 사람들이 특정 조건에 부응해야 그들을 용서할 수 있다고 믿습니다. 이것은 여러분의 개인적인 성장을 다른 사람들에게 의존하게 만들기 때문에 힘을 빼앗아 버리는 접근법입니다.

이 책은 무조건적인 용서를 가르칩니다. 용서하지 않음으로써, 여러분은 자신과 여러분에게 상처를 준 사람들과 에너지적으로 묶이게 되고 영적인 발전에 방해를 받게 됩니다.

이 수행서는 과거의 모든 상처와 고통을 놓아버릴 수 있는 힘을 부여해 주는 영적인 수행법과 함께 이와 연관된 상승 마스터들의 가르침을 제공합니다. 이 수행서는 영적, 감정적, 물리적인 질병을 치유하는 데 돌파구가 될 수 있는 토대를 제공합니다. 만약 과거에서 자유로워지고 싶은 열망을 가지고 있다면, 이 책은 여러분의 삶에서 상향 나선을 시작할 수 있는 강력한 도구를 제공해줄 것입니다. 여러분은 다음 사항을 배울 수 있습니다:

- 진정한 치유로 이어지는 사고방식을 채택하는 방법
- 가장 깊은 감정의 소유권을 취하는 방법
- 신에 대한 분노를 놓아버리는 방법
- 자신을 무조건 수용하는 방법

· 무조건적인 용서를 실천하는 방법

· 감정적인 고통을 놓아버리는 방법

· 제한적인 과거의 패턴을 깨트리는 방법

안내: 이 책에는 8개의 담화 또는 상승 마스터들의 담화에서 발췌한 내용이 포함되어 있습니다. 이 담화들은 이전에 상승 마스터의 빛 웹 사이트에 게재된 바 있습니다. 이 책에는 상처를 치유하고 과거를 극복하기 위한 14가지 기원문도 포함되어 있습니다.

▶ 아이앰 출판사 연락처
· 이 책의 오류 및 아래 내용과 관련된 문의 사항은 메일로 해주세요.
· biosoft@naver.com (아이앰출판사 대표 메일)

▶그리스도 의식 카페 안내
　용어집: cafe.naver.com/christhood/2411 (그리스도 의식을 추구하며 카페)
　이 책에 나오지 않는 용어는 카페의 용어집을 참조하거나 카페에서 검색을
하면 다양한 정보를 얻을 수 있습니다. 카페 회원 가입시 상승 마스터 가르침
과 관련된 개인적인 질문, 답변도 가능합니다.

▶온라인, 오프라인 모임 및 행사 안내
· 공부 모임: 서울, 경기, 대전, 대구, 경남 등에서 매달 온/오프라인 모임
　(공부를 하기 위한 진지한 목적으로는 누구나 참여 가능함)

· 온라인 기원문 낭송: 카페에서 매주 1~2회 저녁에 공동 기원문 낭송

· 성모 마리아 500 세계 기원: 매월 마지막 일요일 개최
　(오후 3시~7시 또는 8시~12시. 전 세계적으로 같은 시간에 진행)

· 상승 마스터 국제 컨퍼런스 및 웨비나: 한국에서 매년 또는 정기적 개최
　(한국, 유럽, 러시아, 미국 등에서 매년 개최함)

· 더 상세한 내용은 네이버 카페 공지사항을 참조하시기 바랍니다.
　(cafe.naver.com/christhood)

▶ 자아통달 과정

상승 마스터들은 2012년부터 매년 한 광선에 해당하는 자아통달 시리즈의 책을 킴 마이클즈를 통해서 전해주었습니다. 이 과정은 책만 구입하면 별도의 비용이 들지 않고 개인적으로 누구나 수행할 수 있습니다. 처음 수행하는 분은 비영리 단체인 '그리스도 의식을 추구하며' 카페에서 진행과 관련하여 도움을 받을 수 있습니다.

· 단계별로 종이책 또는 전자책을 구입 후 개인적으로 수행을 해도 됩니다.
  (서적 구입: 네이버에서 "아이앰출판사" 또는 서적 이름으로 검색할 수 있습니다. 일부 책은 yes24 등의 전국 온라인 서점에서 구입 가능합니다)
· 초기에는 온/오프라인 모임과 카페의 '자아통달' 메뉴에서 도움을 받을 수 있습니다.
· 각 과정은 책을 읽고 기원문을 낭송하는 방식으로 진행됩니다.
· 수행 시간은 매일 약 20분~40분 내외입니다.

자아통달 시리즈 책

한글 서적 명	번역서	시리즈
'영원한 나'를 찾아가는 여정	**출판됨**	1
내면의 창조적인 힘 (1광선)	**출판됨**	3
'신성한 지혜'를 찾아가는 여정 (2광선)	**출판됨**	4
'조건 없는 사랑'을 찾아가는 여정 (3광선)	**출판됨**	5
'영적인 순수함'을 찾아가는 여정 (4광선)	**출판됨**	6
'초월적인 비전'을 찾아가는 여정 (5광선)	**출판됨**	7
'내면의 평화'를 찾아가는 여정 (6광선)	**출판됨**	8
'영원한 자유'를 찾아가는 여정 (7광선)	**출판됨**	9
생명의 강과 함께 흐르기 (8광선) (내면의 영체들을 초월하기)	**출판됨**	2

주의 사항: 상승 마스터 가르침을 처음 접하면, 몇 권의 책을 읽고, 기원문을 일정 기간 낭송하면서 자신에게 적합한지 살펴본 후에 이 과정을 시작하세요. 이 과정 전체를 마치려면 약 2년의 기간이 소요됩니다.

▶그리스도 의식 과정

　이　과정은 ‘그리스도　의식에　이르는　여정(Master　Keys　to　Personal Christhood) 1~3권’ 및 ‘그리스도 의식 기원문’ 책으로 진행합니다.
　이 책에는 2008년 예수님이 킴 마이클즈를 통해 전해주신 17개의 핵심적인 담화가 담겨 있습니다.
　그리스도 의식으로 안내하는 이 17개의 담화를 읽고, 이 내용의 체화를 돕는 기원문을 33일간 낭송하는 방식으로 공부해 나가도록 되어 있습니다.

그리스도 의식 시리즈 책

한글 서적 명	번역서	시리즈
그리스도 의식에 이르는 열쇠 1권 Master Keys to Personal Christhood	**출판됨**	1
그리스도 의식에 이르는 열쇠 2권 Master Keys to Personal Christhood	**출판됨**	2
그리스도 의식에 이르는 열쇠 3권 Master Keys to Personal Christhood	**출판됨**	3
그리스도 의식 기원문	**전자책**	4

주의 사항: 상승 마스터 가르침을 처음 접하면, 몇 권의 책을 읽고, 기원문을 일정 기간 낭송하면서 자신에게 적합한지 살펴본 후에 이 과정을 시작하세요. 이 과정 전체를 마치려면 약 2년의 기간이 소요됩니다.

▶ 아바타 과정

‘예수와 함께했던 나의 생애들’ 책은 지구에 육화한 어느 존재의 수많은 전생 이야기를 통해 지구 문명과 예수 그리스도의 사명과 악의 기원에 대해 깊은 통찰을 제시하는 자서전적 소설입니다.

‘힐링 트라우마’ 책은 소설 ‘예수와 함께했던 나의 생애들’과 짝을 이루는 수행서(workbook)입니다. 그 소설은 많은 영적인 사람이 자원자나 아바타로 지구에 오게 되었다는 개념을 소개합니다. 우리는 그때 지구에서 겪은 경험의 결과로 깊은 영적인 트라우마를 받았습니다.

아래의 책들은 이러한 개념에 대한 더 많은 가르침을 포함하고 있습니다. 또한, 여러분이 그 트라우마들을 치유하고, 이 행성에서의 삶의 태도에서 모든 부정성을 극복할 수 있도록 도울 수 있는, 실제적인 도구들을 포함하고 있습니다. 이 책을 활용하기 전에 우선 ‘예수와 함께했던 나의 생애들’ 소설을 읽어볼 것을 권합니다. 그 소설이 여러분이 치유 과정을 시작하도록 도울 수 있는 중요한 가르침을 많이 포함하고 있기 때문입니다.

아바타 시리즈 책

한글 서적 명	번역서	시리즈
예수와 함께했던 나의 생애들	**출판됨**	1
힐링 트라우마	**출판됨**	2
신성한 계획 완성하기	**출판됨**	3
최상의 영적인 잠재력 구현하기	**출판됨**	4
지구에서 평화롭게 존재하기	**출판됨**	5

▶ 상승 마스터 가르침 책 구입 안내

·아이앰 출판사에서 출간된 모든 종이책 및 전자책은 네이버 '아이앰출판사' 스토어에서 구입할 수 있습니다. (https://smartstore.naver.com/iampublishing)

네이버 서적 구입용 QR

·종이책 구입처: 네이버, yes24, 알라딘 및 전국 대형 서점, 카페에서 판매
·전자책(eBook) 구입처: 네이버, 리디북스, yes24, 알라딘, 카페에서 판매

그리스도 의식 시리즈 책

한글 서적 명	번역서	시리즈
그리스도 의식에 이르는 열쇠 1권 Master Keys to Personal Christhood	**출판됨**	1
그리스도 의식에 이르는 열쇠 2권 Master Keys to Personal Christhood	**출판됨**	2
그리스도 의식에 이르는 열쇠 3권 Master Keys to Personal Christhood	**출판됨**	3
그리스도 의식 기원문	**전자책**	4

아바타 시리즈 책

한글 서적 명	번역서	시리즈
예수와 함께했던 나의 생애들 My Lives with Lucifer, Satan, Hitler and Jesus	**출판됨**	1
힐링 트라우마 Healing Yout Spiritual Trauma	**출판됨**	2
신성한 계획 완성하기 Fulfilling Your Divine Plan	**출판됨**	3
최상의 영적인 잠재력 구현하기	**출판됨**	4

Fulfilling Your Highest Spiritual Potential		
지구에서 평화롭게 존재하기 Making Peace with Being on Earth	출판됨	5

초월 툴박스(힐링, 심리 치유) 시리즈 책

한글 서적 명	번역서	시리즈
생명의 강과 함께 흐르기 (내면의 영체들을 초월하기) Flowing with the River of Life (Freedom from Internal Spirits)	출판됨	1
생명의 노래 – 힐링 매트릭스 Song of Life – Healing Matrix	출판됨	2
가슴으로 소통하는 방법 How to Communicate from the Heart	출판됨	3
차크라를 치유함으로써 자신을 치유하기 Healing Yourself by Clearing the Chakras	출판됨	4
모든 것을 용서함으로써 치유하기 Heal Your Life by Forgiving Everything	출판됨	5
무조건 믿지는 마세요 Don't Drink Your Own Kool-Aid Second Edition	출판됨	
영적이지 않은 사회에서 영적으로 존재하기 Being Spiritual in an Anti-Spiritual Society	예정	
현실 시뮬레이터, 테라 Getting the Life Experience You Want	예정	

풍요 시리즈 책

한글 서적 명	번역서	시리즈
물질을 넘어선 마음 Mind Over Matter	출판됨	1
삶에 대한 사랑 표현하기 Expressing Your Love for Life	출판됨	2
풍요를 위한 인생 계획 Your Lifes Plan for Abundance	출판됨	3
풍요 시리즈 기원문 모음	출판됨	4

한국 컨퍼런스/웨비나 시리즈 책

한글 서적 명	번역서	시리즈
한국의 미래를 위한 신성한 선물 (2016)	**출판됨**	1
통일 한국의 황금시대를 위한 신성한 지혜 (2017)	**출판됨**	2
독재를 부르는 우리 안의 심리 (2019)	**출판됨**	3
지구 행성을 위한 열린 문이 되기 (2021)	**출판됨**	4
여성의 영적인 자유 상/하 The Spiritual Liberation of Women	**출판됨**	5
영적인 스승들과 연결하기 Connecting with Your Spiritual Teachers	**출판됨**	
일상생활에서 살아 있는 그리스도가 되기 Being the Living Christ in Everyday Life	**출판됨**	

예수의 가슴으로부터 시리즈 책

한글 서적 명	번역서	시리즈
예수의 신비주의 가르침 The Mystical Teachings of Jesus	**출판됨**	1
예수님의 신비 여정을 걷기 Walking the Mystical Path of Jesus	미정	2
신비 여정에서 더 높이 오르기 Climbing Higher on the Mystical Path	미정	3
에고 환영에서 벗어나기 Freedom from Ego Illusions	**출판됨**	4
에고 게임에서 벗어나기 Freedom from Ego Games	**출판됨**	5
에고 드라마에서 벗어나기 Freedom from Ego Dramas	예정	6
신비주의가 과학과 종교를 통합하는 방법 How Mystics Can Unify Science and Religion	미정	7
예수님은 그리스도교에 대해 뭐라고 말할까요? What Would Jesus Say about Christianity	미정	8

세계 영성화 시리즈 책

한글 서적 명	번역서	시리즈
세상의 변화를 돕는 방법 How You Can Help Change the World	미정	1
상승 마스터들과 함께 전쟁 없는 지구를 만들기 Help the Ascended Masters Stop War ➜ 은하문명에서 "전쟁과 세계경제조작 배후의 영적인 원인과 그 해법"으로 출간됨	**출판됨**	2
사람들이 과거를 극복하도록 돕기 Help People Overcome the Past	미정	3
성 저메인의 황금시대 수용하기 Accepting Saint Germain's Golden Age	**출판됨**	4
성 저메인의 황금시대 구상하기 Envisioning Saint Germain's Golden Age	**출판됨**	5
성 저메인의 황금시대 구현하기 Manifesting Saint Germain's Golden Age	예정	6
미국 문제의 영적인 해법 Spiritual Solutions to America's Problems	미정	7
미국을 위한 영적인 정화 A Spiritual Clearance for America	미정	8
독재를 부르는 우리 안의 심리 Ending the Era of Dictatorships	**출판됨**	9
광신주의 시대를 끝내기 Ending the Era of Fanaticism	예정	10
엘리트주의 시대를 끝내기 Ending the Era of Elitism	예정	11
여성의 영적인 자유 상/하 The Spiritual Liberation of Woman	**출판됨**	12
이념의 시대를 끝내기 Ending the Era of Ideology	예정	13